非常民の民俗文化

生活民俗と差別昔話

赤松啓介

筑摩書房

目次

非常民の民俗文化

——生活民俗と差別昔話

本書は一九八六年七月二〇日、明石書店より刊行されたものである。「ちくま学芸文庫」既刊の『夜這いの民俗学・夜這いの性愛論』『差別の民俗学』と内容的に重複する箇所もあるが、単行本としての独立性を尊重して選別は行なわなかった。また本書には、今日の人権意識に照らして差別的語句とされるものが含まれているが、著者が故人であること、かつ著者の意図が差別の告発・解消にあったことに鑑み、敢えてそのままとした。読者のご理解を乞う所以である。

（編集部）

はしがき

これは一人の男の、敗北と挫折の記録である。いまから金儲けしようとか、立身出世したいという希望をもっているような人間が読んで、ためになるような本では断じてないだろう。また労働運動、反差別運動、平和運動など、いわゆる社会運動のなかで、あるいは加わって、民衆を指導し、指揮しようという大志をもつ連中も、読まない方がよい。社会変革を達成するために、民衆、あるいは市民を鼓舞激励する手法などは、なに一つ発見できないからである。むしろ民衆とは、市民とは、こんなつまらないものであるかと、失望するだろう。いや、そう見せかけて、実は民衆の、あるいは市民の、かくされた大きな潜在力を暗示し、その発掘を示唆しているのだ、などと買いかぶるのはやめてもらいたい。そうした大逆転、ドンデン返しの手法は、決してかくされていないからである。

いったい民衆とか、市民とか、あるいは柳田のいう常民とは、どんなものなのだろうか。というのが私の疑いであった。母子家庭に育ち、漸く小学校高等科を卒業させてもらい、証券会社給仕を振り出しに、小商店や廉売市場の丁稚小僧、露店やヤシ仲間の下働き、超零細工場の工員、どれ一つとっても、まともなものは一つもない。私のような育ちの者は、民衆、市民、常民の端にも加えてもらえないのではなかろうか。それが長い間の、私の疑問であった。世間でいう民衆、市民、あるいは柳田の常民には、どこかで切り捨てている部分がある。てめえらは人間でねえ、犬畜生にも劣る屑だという感覚が、どこかにあるのだ。私は、いわゆる部落出身ではない。私も部落差別の強い地方で育ったから、子供の頃から部落差別をする方の体験をしている。長じて、いわゆる世間に出てみると、てめえは人間の屑だと、どこかで頭を押さえつける部分があった。しかし、ここから、ここまでが民衆、市民、常民であり、これ以下はそれに入れない人間の屑だという、そのラインがわからない。普選以前のように、納税額によって選挙権を与えるということなら、そのラインは明瞭である。しかし明確なラインのわからない世間の中での、差別ということになると、どうしようもないと迷うほかあるまい。なにを迷うことがあるものか、金儲けしたり、立身出世してみろ、そんなライン突破ぐらい屁の河童だぞ。多額納税で貴族院議員になってみろ、大礼服に短剣ぶら下げて貴族仲間にでも入れるではないか。その通りにちがいないが、仏教でいう大へんな因縁と幸運の下に生まれてきた人間世界なら、それだけで十分ではないのか、この上になにを望むことがあるのだろう。それが私の、小さな疑いであった。

小商店や廉売市場などの丁稚小僧、超零細工場の職工見習などという最低層の水準から、この世界を眺めて見ると、小商店主、市場商人、超零細工場主ですら、われわれには到達できそうもない、はるかな雲の上の人たちである。ここらあたりまでが民衆、市民、常民の下限であるとすれば、なるほどわれわれは人間の屑であった。そうして気がついてみると、俺と同じような人間の屑もぎょうさん居るわい、とわかる。神戸の川崎の職工が、道端で小便していたら、ガキどもが寄ってきて、おーい、みてみ、川崎の職工が小便しとらあ、とぬかしやがった。なんぼ川崎の職工でも小便ぐらいするぜえ、と怒った。日本を代表する川崎造船所の職工さまでも、この通りなら、わいらみたいな人間は屑だと、心底からわかる。街裏の口入屋の紺のれんをくぐって、次から次へと渡り歩かねばならない渡りてくる坊主小僧。二年、三年の年季で雇われてくる小商店、廉売市場の丁稚小僧、超零細工場に入っ奉公。半季か一年契約で商店、一般家庭へ雇われてくる子守、女中。大、中、小工場に雇われる女工たち。更に苛酷な生活が待つ女郎、芸妓、仲居、酌婦、女給などという賎業婦たち、みんなわれわれと同じ人間の屑であった。

しかし、われわれには、まだなんとか自分の生活があり、未来への展望がないこともない。だが、全く未来への展望すらなくなった、なにを杖とも、柱ともして生きておられるのか、はっきりわからないような生きざまの世界もある。俺は人間の屑で、最低だと思っていたが、まだまだ、その下の暮らし、下の世界があるとわかってびっくりした。先輩が、お前ら、まだええんじゃ。人間も、あそこまで落ちたら、もうあかん。もう這いあがれんぞ、と脅しながら案内してくれたのが、その頃の今宮、今の釜ケ崎である。なるほどドヤにしても、百軒長屋にしても、大へんな世界といえるだろう。そうするとドヤの人たちに、お前、なにをいうか。公園へ行ってみろ、野天で暮らしているのもおるぞ、と叱られた。つまりルンペンだが、これにも屑屋などという正業のある人たち、乞食などをしている人たち、全く職業らしいものもない人たちなどと、またいろいろの段階がある。しかし考えてみたらルンペンが一番、人間らしく、かつ結構な世界でなかろうか。火事があっても焼かれるものはなし、地震があっても潰れる家はなし、豊田グループが勧誘にきてもカネはなし、なにがあろうと身一つで逃げればよい。

これでなるほど、とわかった。「もぐらの嫁さがし」の実態は、これだあ。まだ底がある。もう一つ下にも、まだ底がある。その底にも、まだ下の底があった。たどりついた底には、なんにもない。人間が生まれたままの、裸の世界。ルンペンは、まだ着物を着ているし、いろいろの食器ぐらいもっている。しかし、まあ無一物の世界としておけば、裸で生まれて、いろいろ食ったり、着たりしてみたが、ぜいたくじゃ、ぜいたくじゃと掘って行くと、到達したのが裸の世界。これで死ぬときは、いよいよ無一物の世界になる。とすれば人間の世界を、ここから上は人間、ここから下は屑と差別してみてもつまらない。みんな一列一体、朝、日が登ると、家を出て畑をたがやし、日が暮れると、家へ帰って眠る。

たまに一杯の酒でも飲めればよいではないか。社会だの、国家だのと、そんなものは狐か、狸にさせておけばよい。日航ジャンボ機、新幹線、二階バス、阪神トラ狂、ありゃみんな狐や狸が演出してくれた共同幻想だ。たまにゃ正体も見せてやらにゃと、日航ジャンボ機を落として見せたり、二階バスを転がして見せたり、親切なことである。

民衆、市民、常民、ありゃなんじゃ。どこにも実体のない、われわれの共同幻想だ。どうして、そうした共同幻想が必要なのか。門地、学歴、資産等、等、これで制限しないことには、みんなが一列一体に民衆、市民、常民になったのでは面白くない。といって明確なラインを引けば、不平、不満の連中が革命を起こしかねないだろう。押せば引き、引けば押す柔構造にしておけば、そうした危険分子が、俺は市民、民衆、常民だと幻想を共有してくれる。それから振り落とされた、落ちこぼれは、身分不相応な望みは、身の毒とあきらめるほかなかろう。つまり他動的にも、自覚的にも人間の屑なのである。俺は人間の屑だと、共同幻想を振り捨ててみれば、われわれの仲間も結構たくさん居るではないか。底から底へと連帯を拡大して行けば、俺たちこそ本当の人間で、人間だと思っている野郎どもは、かえって反人間、非人間であった。かれらの世界には自由も、平和も、尊厳もない。水平社の人たちは、われわれ「が」人間だと宣言した。われわれ「も」ではない。そうだ。われわれが人間だ。反民衆、反市民、反常民。非民衆、非市民、非常民。われわれが展開する世界、それがほんとうの人間の世界である。

われわれ人間の世界が、どのようなものであるか。非民衆、非市民、非常民は、民衆、市民、常民がそうであるように柔構造であり、どのようにでも変化する。これがほんとうの人間だ、などと固定された観念はない。しかし民衆、市民、常民が、常識であるとか、国民道徳、市民倫理などというものは信用しないし、かえってその枠の外に人間を見るだろう。ある暴走族の手記を読んでいたら、お前、まだ童貞か、そりゃいかんぞ、と先輩が女のアパートへ連れ出して、筆下ろしさせてくれたそうだ。これが人間であり、人間としての連帯である。昔のムラには、この連帯があった。考えてみたら暴走族、暴力団、泥棒、みんな人間ではないか。いまいうオチコボレ、学校暴力、集団いじめ、少年非行とは、ありゃなんだ。政府、資本家、革命屋、学校、新聞その他、あらゆる加害集団が、一斉に新しい差別を造出していることの実証である。金儲けする、立身出世する、これがほんとうの人間だという仮説、規範を作っておいて、これに反抗し、従順でないガキどもは徹底的にしごこうとするのが、臨教審というアホタレがいう自由教育、個性教育だ。こどもを黄金魔や権力鬼に仕立て上げることを成功だと思っている民衆、市民、常民のバカどもが、そうだ、そうだとわめいている。こうした非人間的集団が、人間を作ろうなどとどだい無理なはなしだ。これからはみ出し、追い出されてくるオチコボレ、学校暴力、集団いじめ、少年（少女）非行、暴走族たちこそ、人間の精神をもった人間なのである。

そんなら、てめえら、なんでしんきくさい説教さらすねん。好きなことを、好きなようにやりゃええんだろう。その通りである。親が嘆こうが、セン公がもう少し注意してやっておればと、くやもうが、バタ公の精一パイ、二〇〇キロの高速で、アッという間に激突、背中のナオンもろとも脳天かち割って、壮烈に死ぬのもカッコええぞ。拳銃を抜くが早いかパン、パンと必殺の銃声、忽ち数名の暴漢をなぎ倒す。御存じ西部劇の一幕。あれに俺、弱いんだ。しびれる。とくに公正と正義の味方、護民官のパン、パンときたら、もうたまらねえ。なんで今頃に日本へ生まれたんだ。同じ人間として生まれるのなら、カリフォルニアあたりの広原で撃ちまくっていたかった。日本の暴力団では、すこし舞台が狭すぎる。だから私は暴走族だろうが、暴力団だろうが、泥棒だろうが、決して悪いとはいわぬし、やめろともいわぬ。もとより私の身内が暴走して脳天をかち割って死ねば、悲しくて、ヨ、ヨと泣き伏すだろうし、暴力団に脅かされたら、カンニンしてくれと土下座するだろうし、ありもせぬ家財を盗まれれば、早くとっつかまえて取り戻せと警察の尻を叩くだろう。それは、しようがあるまい。そういう煮えきらない男であったから、なんとか「人間」として生き残れたのだ。

いわゆる民衆、市民、常民といわれるような階層の他に、その底、あるいはそのまだ底、その下の底などにも、いくつもの人間集団があり、かれらがどのような生活意識をもち、どのような生活民俗を育ててきたか。その極めて概要を説明してみたいと思ったのが、「非常民の民俗文化」である。日本の民俗学では、常民以下の生活集団は余計者として排除、つまり疎外してしまう。常民までは人間だが、それ以外の生活集団は、非人間として対象から外した。稀にとりあげたとしても、山人、海人、芸能人、木地屋、サンカ、バクチウチ、ゴゼなどと、世外の人間としてより見ていない。そうではなくて、われわれが「世外の人間」「非人間」「余計者」と見てきた人たちの方が、ほんとうの人間でなかったのか、という疑いを、私は持ってきた。いわゆる民衆、市民、常民と常識的にいわれてきた階層が、九〇パーセントまで中流意識をもつようになったという。これは日本だけでなく、おそらく世界的な現象だろうと思われる。つまり封建社会では町人、百姓、職人であった連中が、近代社会では主人公に上昇し、民衆、市民、常民となり、民主主義、あるいは自由主義で自分たちの世界を作りあげ、あるいは社会主義、共産主義などで新しい枠を造って再生しようとした。もはや古くされた枠にしがみついて革命しようとしても、失敗するのは当然のことである。いまや膿腐れて、死臭がただよっている民衆、市民、常民に、われわれがなにを期待できようか。

いつの時代、どんな社会であろうと、古い社会を打破し、立て直すのは、いつも少数派である。貴族社会では奴婢、郎従、下司にあまんじていた武士たちが、次の社会では主人公となって、新たなる地平を切り開いた。民衆、市民、常民が近代社会を支配し、やがて腐敗したのは当然だろう。反民衆、反市民、反常民。非民衆、非市民、非常民。この人たちによってのみ、新しい人間の地平は切り開かれるだろう。古い民衆、市民、常民、かれらがそのなかにかかえていた非民衆、非市民、非常民。反民衆、反市民、反常民とはどんなものであろうか。いつも人間の屑、あるいは人間外のものとして取り扱われていた底の人たち、まだその下の底の人たち、まだその底の人たち。かれらは自らの社会機能、社会意識、社会規範を作って生活してきた。民主選挙が腐敗し、あらゆる市民運動が失敗し、社会主義、共産主義の革命運動が堕落し、核による人間社会の絶滅が日程に上っているとき、これを造出してきた民衆、市民、常民階層が中流に上昇して、かつての革命的精神を喪失したいま、私たちがかれらになにを期待できようか。反人間、非人間の集団が、われわれ人間の、新たなる地平を切り開くときが来たのである。「部落」の人たちも、「在日」朝鮮人も、その他、一切の差別されている人たち、一切の差別を絶滅させるために連帯しよう。そして、われわれのうちなる非民衆、非市民、非常民。反民衆、反市民、反常民を発掘し、育てようではないか。

人間のもつ、もっとも根源的なものの一つである性的機能が、どのように歪められてきたか、その発掘も重要だろう。非人間、反人間集団の意識、機能、規範が、最も尖鋭に現れているからだ。だがある時、大変尊い人の事を言い出して、その人は御殿に奥様を三十人も持っており、そのためにお道具が擦り切れてしまって一寸も短い（『高』資料、一九頁、日本裏文化資料選書一三、日本裏文化研究会編、昭和五十七年六月刊）という話が流布されているし、戦前のわれわれも酒に酔っ払うと二つとや二人娘とするときにゃ、姉の方からせにゃならぬ、から九つとや○○陛下とするときにゃ、羽織袴でせにゃならぬとわめき、または一つずらして十とや、尊いお方とするときにゃ、とどなった。これが反人間、非人間の民衆、市民、常民的性感覚に対する徹底的な揶揄であり、批判であろう。私の性民俗に対する考えは明らかであるし、その資料としたところはすべて体験、実見、確実な伝聞資料であって、ただの一つもフィクションはない。ただ地名、人名は殆ど省略したが、その必要を認めなかったからである。底辺の人たちに対する民衆、市民、常民の攻撃は、仮借のないもので、女郎、芸妓、仲居、酌婦、軍慰安婦はもとより、子守、女工、女労働者に対する凌虐は無惨というほかあるまい。しかし非人間、反人間の世界では、そうした呵責、凌虐は起こらなかった。起こしたとき、すでに「人間」になっているからである。反人間、非人間に固有名詞は必要でない。われわれは連帯を求めるために、新たなる性意識と性機能、性規範とを確立するために、お互いの経験を提供している。つまらぬ結婚儀礼や売春構造を否定するためにのみ、われわれの経験は生かされねばならない。人間にワイセツはあるが、われわれ反人間、非人間にワイセツはなかった。新たなる性民俗の発掘と、その建設のために、われわれは連帯しよう。

いま反人間、非人間の世界の発掘と建設とが始まった。民衆、市民、常民と、かれらの世界、かれらの運動を打倒し、非民衆・非市民・非常民、反民衆・反市民・反常民は連帯しようではないか。いまわれわれは、どこに位置するか、それもわからない。しかし、われわれのみが、金儲けとも、立身出世とも無縁な場所で、人間の新たなる地平を切り開く任務をもっていることは明らかである。われわれの連帯のために、心から固い握手を。

赤松啓介

I

生活民俗と差別昔話

もぐらの嫁さがし
——昔話の階級性——

はしがき

戦前、『俚俗と民譚』という民俗学関係の雑誌があった。一九三二(昭和七)年一月に創刊、一九三四(昭和九)年三月、十六号で廃刊している。その短期間に昔話の「もぐらの嫁さがし」に関係した論文が、中里龍雄、南方熊楠、栗山一夫すなわち私の三人で書かれた。「もぐらの嫁さがし」という昔話が、実は差別を肯定させるための階級性をもっていることを、明らかにしたものといえる。いま三つの論文を、順次に原文のまま紹介したい。*

* ただし表記を新字・新仮名遣いに改めた。(編集部)

1　朝鮮民譚もぐらの嫁探し

中里龍雄

『俚俗と民譚』第五号　昭和七年六月刊

むかし、朝鮮のある処に、野鼠の老夫婦があった。その間に一匹の男の子があって、これを非常に可愛がり、もはや、年頃にもなったので、お嫁さんを貰ってやろうとしたが、同じ野鼠仲間では面白くない。天下無双の大巨族と、結婚させたいと相談した。そこで無双の巨族といえば、天よりほかにはないので、天に向かって結婚を求めた。

＊

そして、吾れに大事な子がある。つねに掌中の珠のように可愛がっているのだが、ひとつ、世界一の巨族と結婚さしてやりたいと思う。けれども、それは天に如くものがない。どうかわが愛児と結婚して呉れと、懇にしきりと頼んだ。すると天のいうことには、吾れは大地を覆うて万物を生じ、群生を育成するが、雲には敵わない。雲は吾れを蔽い隠してしまうから、雲より偉いものはない。天下の巨族といえば、雲に如くものがない、というのであった。

＊

野鼠はそこで、雲のところへ行って、吾れに一子あり、これを愛して、世の珍宝よりも大切にしている。いま無双の巨族を択《えら》んで、結婚さしたいと思っているが、あなたは天下に並びない、無二の巨族であるからと言って、雲に結婚を請うた。すると雲は、吾れよく天地を塞ぎ、真蒙《まつくら》がりにしたり、また山河を晦《くら》くして、万物を暗夜の如くにしてしまう。しかしながら、唯風のみが、よく吾れを散じて終う故、風には及ばないといった。

＊

野鼠はこんど、風にこれを願った。われに可愛い一子がある。いま無双の巨族と結婚させたいのだが、無双の巨族といえば、あなたに若くものはない。何うか、わしの大事な子と、結婚して呉れと頼んだ。すると風は、吾れはよく向うみずに突進して、大木を折り、大屋を吹き飛ばし、また、山を振り動かしたり、海の大波をあげたりするので、われに歯向うものは何もないのに、唯々川辺りの石弥勒《せきみろく》だけ、どうしても倒すことができない。吾れもあの石弥勒にだけは、何んとしても及ばないといった。

＊

そこで、野鼠はこんど、川辺りの石弥勒に、同じようなことを謂って頼んだ。わしは一子を生んでこれを愛し、また、これを非常に大事にしている。どうかして無双の巨族を選んで、結婚さしてやりたいと、常に心掛けているが、無双の巨族を考えるのに、あなたに勝るものは、外にあるまいと思う。どうか、吾が子と結婚して呉れと、こいねがった。すると、石弥勒のいわくに、われはこの野原に屹立して、千百歳を経るが、なお確乎不抜として一歩も動かない。それだのに、野鼠が日頃吾が足もとの土を掘るので、いまや顚《たお》れようとしている。われも野鼠には到底及ばないといった。

＊

そこで野鼠も、初めて吾れにかえり、自分を省みて、瞿然《くぜん》として驚きあやしんだ。そして嘆じて云うのに、天下無双の巨族というのは、吾が一族に若くものがないのだといって、遂に野鼠と結婚させたということである。

これは『於干野談』という、古い朝鮮の写本で、二度もみた話である。この本は三巻三冊あって、支那、朝鮮の話しや、豊臣秀吉の朝鮮征伐のときの話などを聚《あつ》めた、漢文の随筆である。このほど朝鮮本、四五千巻閲する機を得たのであるが、随筆は割合に少い。多くは朝鮮活字版でなった、詩文集である。亦この話は、私の幼い頃、どこかで聞いたことがあり、この本には、野鼠とあるが、土竜と太陽であったし、石弥勒というのは石地蔵であった。どちらでも同じ訳だが、いま文献を調べる余裕がない。どなたか、御報導下さらば、大へん悦ばしく思う。

2　もぐらの嫁さがし

南方熊楠

『俚俗と民譚』第九号　昭和七年九月刊

中里君が一巻五号一〇至一一頁に書かれたこの朝鮮譚は予には耳新らしい。然し大同小異の譚は朝鮮外にもザラに在る。

若年の折り、東京の寄席で屢ば聞たは、猫に猫ちょう名を付ると、猫より虎が勝る、虎と付よというから虎と付た。すると、虎は竜に勝てないから、竜と改めよと勧むる者あり。由て竜と付た。竜から雲、雲から風と改むる事朝鮮譚の通りで、風は障子を通さず、障子は鼠に咬《かみ》破らる、鼠は猫にとらると順次に勧められ改名して、終に其猫が、根本の猫ちょう名に舞い戻ったと云ので、たしか三馬や一九の戯作等にも此話は有たと覚える。曾て東洋学芸雑誌に、松村武雄博士が、故芳賀矢一博士より示されたとて、此噺の根本らしい者を古今図書集成より引き有た。其雑誌は只今持たぬが、集成は自宅にある。由て二時間程盲ら滅法に捜してヤッと見出した。彼書の明倫彙編、交誼典、一〇二巻、嘲謔部雑録二の九葉表に応諸録より引た話がそれで、云く、斉庵家畜二一猫一、自奇レ之、号二於人一曰二虎猫一、客説レ之曰、虎誠猛、不レ如二竜之神一也、請更レ名曰二竜猫一、又客説レ之曰、竜固神二於虎一也、竜升レ天須二浮雲一、雲其尚二於竜一乎、不レ如二名曰一レ雲、又客説レ之曰、雲靄蔽レ天、風倏散レ之、雲固不レ敵レ風也、請更レ名曰レ風、又客説レ之曰、大風飈起、惟屏以レ牆斯足レ蔽矣、風其如レ牆何、名レ之曰二牆猫一可、又客説レ之曰、維牆雖レ固、惟鼠穴レ之、牆斯圮矣、牆又如レ鼠何、即名曰二鼠猫一可也、東里丈人嗤レ之曰、噫嘻、捕レ鼠者猫也、猫自猫耳、胡為三自失二本真一哉と。猫は猫だけの力しかなきに、無暗に其名を強くせんと、努力した愚を笑ったのだ。

　今より六百四十九年の昔成した砂石集〔沙石集〕巻八に、果報は定まり有て、人力で転じ難き事を述べ、「既に定まれる貧賤の身、非分の果報を望む可らず、鼠の娘儲けて、天下に双びなき聟《むこ》を取んと、おおけなく思い企て、日天子こそ世を照し給う徳目出たけれと思うて、朝日の出給うに、女を持て候、みめ形ちなだらかに候、進らせんと申すに、我は世間を照す徳あれども、雲に逢ぬれば、光もなくなる也、雲を聟にとれと仰せられければ、誠にと思いて、黒き雲のみゆるに逢て、此由を申すに、我は日の光をもかくす徳あれ共、風に吹立られぬれば、何にてもなし、風を聟にせよという。さもと思いて山風の吹けるに向て、此由申すに、我は雲をもふき、木草をも吹靡かす徳あれ共、築地に逢ぬれば、力なき也、築地を聟にせよと云う。げにと思いて、築地に此由をいうに、我れ風にて動かぬ徳あれ共、鼠に掘るる時、堪難き也と云ければ、扨《さ》て鼠は何にも勝れたる迚《とて》、鼠を聟に取けり、是も定まれる果報にこそ」と説きある。此話の次に、「和泉国の癩人が娘、播磨国の癩人が子、共にならびらかなりけるが、本国にては人知て、賤しく思えり、京の方へ行て、常の人を夫にし、妻にせん迚上りけるが、鳥羽の辺にて行つれて、互いに只の人と思いて、語らい寄て妻夫に成たりける、鼠の聟取りに違わず」と、述た。若年の折り一寸聞たは、辺土の卑民の男女が、各其土地に住では、平人と交通し得ざるを憂い、大阪へ上り奉公中、互いに思い合て夫婦となり、扨素性を探ると、二人乍ら甲乙なき部民と分って呆れたと。事実有りそうな話でも、右の砂石集を蒸返した様でもある。又其頃瞥見した「扇の富士」ちょう戯作に、鎖国時代には珍らしく、多分ボッカチオの十日譚（三日六話）を翻案した様な話が有た。某の藩士幾田助太夫の娘おみき十六歳、岩出仙九郎宛の艶書を落し、下女お杉が拾う。今宵九つの鐘を相図に、表二階で逢んとの手順と、読み知たお杉は大悦び、常々思う仙九郎様、此文を「自分の情夫で、同家に僕たる」友平殿に持せてやり、おみき様を出しにして、仙九郎様に暗がりで見参せんと、乃ち彼文を友平に持せやり、表二階でお杉が俟つと、時刻差えず忍び来た。無言の儘に歓会興極まった時、さしこむ月に見合す顔、二人はびっくり、ヤア友平殿か、そんならおみき様と思いしは、お杉どんで有たよな、さっきの文をみた処が、今宵忍ぶの相図の玉章、文をば中でぶんざばき、新を占んと工みの裏、やっぱり二世と云交した、コリャ女房のお杉で有たよな。モシこちの人深い縁しで有増すなあ。折柄月夜烏がアホ、アホ、アホてな事だった。此通りいくら人間が齷齪《あくせく》しても、天の定めた分際を乗越す事はならぬちょう譬喩として、砂石集にこの鼠の聟探し譚を載せたのだ。

　此様な譚は種々の意義に受取れる者で、本話如きも、応諧録と砂石集の見様が同じくない。扨予が若い時聞た落語家は、余りそれもいや、これもいやと、嫌い通しても、遂に恰好な物に出くわさぬから、人は諸事足るを知れという訓えに、此話をした。随って無暗に昂上するを戒めた応諧録とも、非分を望む可らずちょう譬《たと》えに引た砂石集とも見様はやや違う。砂石集は、六百四十九年前の筆に係り、応諧録は、明朝の物と思わる。故に予が聞た落語家の意義の取り方は、是等二書より迥《はる》か晩出の様だが、其実最も古かった者だ。印度最古の譬喩譚集パンチャタントラは、西暦四世紀、又それ以前に成たという。それに早く此の「鼠娘が鼠に成た」話が出居る。其概要は、恒河岸に浄行したヤジュナヴルキア聖人が、河に垢離《こり》した後ち、口を洗い始めると、鷹が口にくわえた牝鼠を彼の手へ落した。聖人神力もて之を少女に化し、庵につれ帰って妻をして娘として育てしめた。娘十二に成て、はや娵《よめ》入り時ときたので婿を択び、先ず太陽を招いて娘にみせると、此男は余り熱いから一件が炎上する筈とて嫌うた。汝より上の者があるかと日に問うと、吾れは雲に蓋われると形をかくす、雲が吾に勝ると云た。因て雲を召して娘にみせると、是は黒くてつめたいから好かぬと云た。雲に勝る者はと問うと、風と答えたので、風を延見すると、一向落ちつかぬ者故嫌いだという。山こそ吾に勝れと風が言たに由て、山をみせると、全体粗くて堅いと難癖をいう。そこで聖人山に向って、汝に勝る者ありやと尋ねると、鼠よく吾を穿つ、吾に勝る者は鼠だと答えた。乃ち鼠を招いて娘に示すと、娘は胸躍り身震えて悦び、是こそ吾が同類なれ、速かに吾を鼠に化して彼に嫁がせと云たので、聖人娘を本の鼠になし、鼠同士を夫婦にしたと有て、「山や日や、雲よ風よと択んでみたが、元の鼠がましじゃ物」コーラサイと様な偈を出しある。定まれる果報は何とも変改し得ないちょう、砂石集著者の見解と同じだが、鼠娘が逐一候補聟を嫌うた為め、折角聖人の娘に成て居た身が、元の鼠に成り落ちたとした処は、落語家の説き様に同じ。（大英百科全書、一四版、九巻二一頁。一九二五年シカゴ板、ライダーのパンチャタントラ三五三至三五七頁）

応諧録に猫を此話の立物としたるに、パンチャタントラ、砂石集、並びに少しも猫が話にはいりおらぬ。だから支那や日本で猫を此話に入れたは、印度譚と較《や》や別途の物と想う人もあるべきが、是亦実は然らず。印度より伝えた事疑いを容れざるセイロンの俚譚に、梵志が牝猫を育て上て、世界第一の偉い男に嫁せんと志ざし、太陽にみせると、吾よりも雲が偉いと云た。雲が風、風が土蟻封〔蟻塚〕、土蟻封が牝牛、牝牛が豹、豹が猫と逓次推譲したので、牝猫を牡猫に嫁がせて事が済だとある。蓋し土蟻封は堅固で、どんな強風にも敗れず。然し牝牛の角で、何の事なく突砕かる。豹はよく牝牛を害し食うが、猫には劣る。印度の俗信に、豹嘗て木を攀登る事を猫に習うたが、木より下る事を教え呉なんだ。

豹は猫を旧師として尊敬すというから此言あり。こんなに、印度地方既に、鼠に代るに猫を以てした譚が有たので、鼠の話も東漸して、種々と変化し、日本と支那に残ったとみえる。

西暦十二世紀の初め頃カシュミル国ソマデヴ、ブハッタが訂纂したカトハ、サリット、サガラ（譚流大海）に、旃陀羅賤民の娘が、世界最勝尊に嫁せんと、自ら男択みをする。国王を尤も偉いと思うたが、王が上人を拝するをみて、上人を偉いと思い付た。其上人がシワ神像を拝するをみて、シワ神を夫としたくなる。所へ犬が入来ってシワ神よりも偉くみえたので、犬に随いゆくと、犬が旃陀羅賤男の家に入り、其足下に転げ廻ったので是ぞ尤も偉い者と、其男に嫁ぐと、自分と等しい賤民だったとある。上出、泉播二州の癩人の子女、又大坂で奉公した賤民出の男女が婚姻後、自他の素性が知れて呆れた話に、大分よく似ておる。又地中の鼠を掘て常食する野人が、美しい娘を、世界一の偉い男に嫁せんとて、日、雲、風、山と例に依て尋ね歩き、地鼠よく山を穿てば迚、地鼠を訪うと、吾を掘出して食う野人には迚も勝てないと言たので、成程と合点し、鼠掘りの娘は、鼠掘りの男に嫁して、大事の穴を掘らせたとは面白いじゃおまへんか。（一九一四年板、パーカーのセイロン村譚、二巻四二五至四二九頁）

3 「もぐらの嫁探し」に就て

『俚俗と民譚』第十号　昭和七年十一月刊

栗山一夫

南方先生の「もぐらの嫁さがし」拝読、その一、二例を書き添える。

私が小学生時代、富山県伏木の人で宮野先生というのに教えられた。作文の時間に先生が話したのを聞いて、後からそれを書くというのであった。その話が、或る処に石屋があった。夏の日、太陽がカンカン照りつけるので、ああ太陽になりたいと思うと太陽になった。で早速これまでの仇討ちと照らしていると、黒雲が出て来て掩うてしまった。これは駄目だ、黒雲の方が強い、黒雲になりたいと思うと黒雲になった。処が風が吹いて来たので、黒雲も忽ち蹴散らされてしまった。黒雲も駄目だ、風になりたいと思うと風になった。そこで大風を吹かして木や家を吹き飛ばしたがタッタ一つビクともしないものがあった。それは石だ。その石を割る石屋は更に強い。で結局元の石屋になったというのである。私は幼い頃から話し好きだったので覚えているが、大体この通りであったと思う。

その次は、「砂石集を蒸返した様でもある」と記されている話であるが、事実談と信じて良いと思う。その訳は高橋貞樹氏著『特殊部落一千年史』二三二―三頁に、次の記事がある。

大阪の或る遊廓での出来事、まだ二十歳にも足らぬ若い美しい妓があった。ある不図したことから綿商の息子と云う若者と、深い馴染になった。こんな所に足踏みするものに見られない頼もしい所がある好い青年であった。女も浮き浮きしない落着いた妓であった。互いに恋し恋されて、遂に女は若者に身請された。けれども不思議にお互いに其の出生に就いて問うたり話したりすることはなかった。女はただ大和の国と聞いたのみで、男について汽車に乗った。

汽車から降りて、其処は河内との境に近い所であった。二人は黙々と歩いた。若者は生まれ故郷へ、女は初めて見る愛人の村へ。けれども近づくに従って、女の顔色は青ざめた。いよいよ峠の上に来て先程から悟られたと思って黙して居た青年は暗い顔をして彼方を指した。点々として見ゆる屋根、白壁それは所謂被差別部落であった。

女は遂に声をあげて泣き出した。若者も思わず女を抱いて泣いた。そして女が涙ながらに語るところによると、女も亦程遠からぬ道のりの矢張り部落の生まれであった。

幾時間か泣いたのち、男は言った「別れよう」、女は答えた「別れましょう」と。

私は長く原文を掲げたが、これを読んで涙なき者があるだろうか。南方先生が若年の折り聞かれたものかも知れないが、こんな話は沢山あるそうである。高橋氏はいう。「この悲しき心理を何人か理解し得るであろうか。其の境遇を忘れ去らんとして悲しみと苦しみとに堪えたものが、何時までも離れ難き宿命の影に泣き、如何に悲しみと驚きに襲われやがて最終の破局に至ったか、何人かよくこれを理解し得ようか」と。同書によれば部落の女子は、どんな貧乏人でも良いから、普通民と縁組みしたいというので芸妓や娼妓、女給になって他郷へ出て行くということである。

一歩進んで私達は考えよう。こうした民譚が如何なる役割を持つかということである。賤民は賤民、平民は平民、貴族は貴族、それはやがて現在の社会に於いて無産者は無産者、資本家は資本家ということになる。又全社会機構がその秩序を維持する為に出来上ている。民譚も亦、それに協力していることの良き一例をこの「もぐらの嫁さがし」が示しているのだ。印度に支那に朝鮮に日本に、この民譚が伝播し、渡来し、語られていた。又現在でも語られているというのは、これ等の国々が長い階級社会を、そして現在もまだ続けているということが最大の原因なのである。又、それが為にこそ、この民譚は必要ある国々に輸入されたのだ。私は唯、時代時代の支配階級の巧妙な抑圧政策に感歎するのみである。

私達は唯、この話を笑って聞くに止めていてはならない。少しでも嘲笑的な気持ちを持つ者があるなら恥じよ。南方先生はどんな精神から「もぐらの嫁さがし」と「賤民の結婚」を取り上げられたか知らないが、この二つの民譚――後は事実談としても存在する

――は正に相通じている。単に形式が相通じているのみではない。この「もぐらの嫁さがし」民譚は恐らく後者の如き事実から発生したものと見て良い。即ち階級社会が――支配階級が自己の権益の擁護の為に生んだものである。そして更に恐るべきはこれが被支配階級間の分裂政策として為されていることである。「賤民と賤民」はやがて「平民と平民」でなければならぬ。支配階級はその上に「貴族と貴族」として存在するだろう。これが現在では「資本家と資本家」として存在する。ブルジョアジーは成程、特殊部落民を法制上では解放した。しかし事実は如何、広島控訴院が部落出身の男が或る女と結婚したが、部落出身であることを理由とした女からの離婚請求にかく答えた――現時ノ社会状態ニ於テ原告ノ要求ヲ至当ナリト認メザルヲ得ズ――と。これは全く正しい――現在の資本主義社会では、特殊部落の解放があり得ないということが。かくて労働者農民の階級闘争の進展と共に荊冠旗の下に団結せよの水平社運動が渤起した。新しき状態の下に全国水平社の戦闘的革命的解消運動が青年部を中心に捲き起こされている。それは「平民と平民」「賤民と賤民」の支配階級の分裂政策に乗ることでなくして、労働者農民として団結の威力を示すことである。覚醒した労働者農民はこの運動を積極的に支持し後援している。新しき太陽の下に特殊部落は解消するだろう。賤民は空語となるだろう。この民譚は、その汚れた屍を、憎悪すべき支配階級の政策の一として書き残されるだろう。私はそれを確言し得ることを喜ぶ。（一九三二・一一・一〇）

4　一つの解説

昔ばなし、いわゆる「民譚」、戦後の「民話」のなかにも、いろいろの差別的な意識、生活規範、社会機能を肯定したり、それを下敷きにしたものが、かなり多いと私は推定している。最も露骨なのは「心学」だが、明治維新直後から教育勅語までの段階で、庶民啓蒙に作動していたのは『幼学綱要』であった。そのなかには昔ばなしから換骨奪胎したようなはなしが、かなり多い。昔ばなしを、民衆の生活のなかから生まれた、民衆のための物語などと過信するのは危険である。ほんとうに反体制的な目的の昔ばなしなら、いつの時代であろうと必ず支配階級は弾圧するものだ。いま残って伝承されているということは、ある程度まで、これまでの支配階級によって去勢され、歪曲され、無害化されているからと思ってよい。母にだかれてお乳をのみながら、つまり体制好みの修身講話を聞かされていたわけなのである。「民話」などと口当たりのよいことをいうけれども、「昔ばなし」とはそうした性格のものと考えてよい。

この「もぐらの嫁さがし」などは、賤民や平民の上昇志向を断念させるための修身教育説話として、その役割をかなり直接的に表明したものといえる。南方熊楠がただちに、そのかくされた役割を看破したのは、さすがに炯眼とすべきであろう。それに追尾して私は、ただ蛇足を加えたにすぎまい。

当時、ぼつぼつ昔ばなしの採取も盛んになっており、『旅と伝説』が昔ばなしの特集号を二、三度出すようになっていたし、昔話や伝説の地方採取の出版も多くなったから、私の手で及ぶかぎりの類例を探したが、その頃に公表されたものでは発見できなかった。なお古典的資料の方は、ほぼ南方さんの提示で尽きると思う。

ところが砂石集の和泉の国の癩人の娘と播磨の国の癩人の子とが恋し合った話は、同じような類例にときどき出会うことがある。大阪のある遊廓での出来事として、高橋貞樹が報告しているのも、その一例であった。後に私が郷里の播磨の国加西郡で聞いた話では、姫路の野里遊廓で結ばれた二人が、岡山県境の峠で双方の出生を知ったということになっている。ただし同じ地方の出身ではなく、女の方は播磨という話になっていた。また大阪の新世界の女給の話では、初めは知らずに交際していたが、すぐに男の素性がわかったということで、しかし結婚したそうである。すなわち似たような話が、あちらこちらでかなりあるようだ。昔ばなしというよりも、世間ばなしとして現代にも発生している。世間ばなしとしての伝承もあるだろうが、なかには事実談もあるし、離別だけでなく、結婚した例もあるのだろう。

男女の、一方の素性が違うというので離婚したり、あるいは反対を押して結婚した話は、これもときどき身近にも発生している。ただ、こうした例は事実として確認されるものが多い。つまり明確な紛争という形で現われるので、それだけ現実の問題として提起されるからであろう。

「もぐらの嫁さがし」の昔ばなしは、このような「世間ばなし」や、現実の問題を基盤として、その解説のために流布されたものとみられる。もとよりその目的は、おのれの身分を考えろ、という差別的啓蒙教育の材料としてであった。いずれの身分、階層であろうと、おのれの身分を越える高望みはするなという教訓である。

しかし他方では、身分を越えた高い欲望を持ち出し、かえって成功した昔ばなしもあり、この方はかなり広い地方から採取され、多くの類例があった。

5 山田の白滝姫物語

摂津の国の武庫郡の山奥に山田村というのがあり、その原野に栗花落《ツユ》の井戸が残り、白滝明神の神祠と白滝姫の墓というのがある。私が郷里で祖母から聞いた話では、その村の源右衛門という男が、京へ上がってある公卿の仲間になった。ある日、朋輩二人と庭掃除をしていて、つれづれに自分の欲しい物の話をし合ったが、一人は白味噌が樽一ぱい欲しいといい、一人は小判がざる一ぱい欲しいという。源右衛門は、私はこの家の美しい姫君が欲しいといった。ところがそれを後ろで公卿が聞いておられ、お前たちの望みを叶えさせてやろうと、それぞれおいしい白味噌一樽、黄金をざる一ぱい与え、源右衛門には姫と歌合わせして勝てばやろうと約束される。するとすぐ家の奥から姫君の歌が聞こえ、源右衛門が返しをした。負けた姫君から二の歌が出され、源右衛門がまた二の返しでも勝ったので、遂に姫をいただいて故郷へ帰ったという。この姫は源右衛門には負けたが、歌の名手で、山田地方一帯が日焼けで困ったとき、歌をよんで雨を降らせた。そのときできたのが栗花落の井で、どんな日焼けでも水が枯れることはない。さて、その歌合戦であるが、私の母の話では源右衛門でなく、杢蔵という名で、姫がまず、

天ヨリ高イ咲ク花ニ
何ノトドコゾ杢蔵ニ

と歌い、杢蔵が、

天ヨリ高イ咲ク花モ
散レバ杢蔵ノ下トナル

と返したので、姫は更に、

何クソクソ烏
高木ノ空ニ目ヲカケナ

と出し、杢蔵は、

クソ烏トテ羽ガイヒロゲテ

　　タツ時ハ五重ノ塔モ下ト見ル

と答え、歌合戦に勝ったというわけだ。同じ東播地方でも多少の小異はあるが、だいたいの話の筋は同じである。

　ところが本場の山田村の伝承では、奈良朝、淳仁天皇の御時、恵美押勝が乱をなした。横萩大納言豊成は芝居で有名な中将姫の妹、白滝姫を連れて、山田の郡司、真勝の下へ難を避け、やがて二人は結ばれたという話になる。享保頃から流行しだした「兵庫ぶし」「兵庫くどき」では、

〽縁は不思議なものにて御座る、父は横萩豊成公や、姉は当麻の中将姫や。妹白滝二八の姿、一のきさきに備り給う。フシ縁は甚だ限りなし。〽ここに津の国山田の谷に、利左衛門とて賢き男、内裏白洲の夫《フ》にとられつつ、塵を拾うて勤めていしが、簾の恋風吹きまくりつつ、一のきさきの白滝様の、局まる寝の御姿をば、ちらりと見るよりはや恋となり、

とうたい、ここでは賦役で上京した人夫の利左衛門になった。

恋は日本天竺までも、高きいやしき隔てはあらじ、一首つらねし歌よむならば、望みかなえて建させんものと、フシじきに御感の有難き、そこで男と白滝様と、両方互いに智慧競べにて、やがて一首の歌よみ給う。末の落句に白滝様の、よませ給うは、

　雲たにの濁りかからぬ白滝を

心なかけそ山田おのこ

と遊ばされける。そこで男もまず取り敢えず、

みなづきの稲葉の露に焦れつつ

山田に落ちよ白滝のまえ

とよみ上げければ、君を初めて公卿大臣も、これはあっぱれ御名歌ぞと、上下ささめきよろこび給う。時に君より御褒美には、いとし盛りの白滝様を、利左が女房と名を付け替えて連れて帰れと召し下さるる、

ということで、めでたし、めでたしになる。

これと同じような類話は、かなり広く分布しているが、東北の宮城県桃生郡の伝承では、昔、ある殿様に三人の廻符持が使われていた。殿様に好きな物を問われ、一人は酒が飲みたい、次は餅が食いたい、三人目の山田は殿の十二妃のうち白滝が欲しいと望む。殿様も困ったが、白滝に聞くと自分の歌に返歌ができれば行くと答える。そこで、まず白滝が、

朝日さすかげにもささぬ白滝が

なぜか山田の下となるぞや

と詠むと、廻符持の山田が、

かんばつで山田のいねもかれはてる

おちて助けよ白滝の水

とつけたので、白滝をもらうことになった。

詳しい伝承の比較は他の機会に譲るが、ともかく東北から九州に至るまで、似たような伝承が分布しており、その概要は仲間、賦役人夫、廻符持など低階層の男が、公卿とか后妃など上層の女性に恋し、歌合わせに勝って女房にする、という筋である。つまり身分を越えて、上層の女性と結婚する話であった。「もぐらの嫁さがし」は、どのようにしてみても、賤民は、賤民とより結婚できないという話であったが、ここでは「歌」という文学的才能で、はるかに上層の身分の女性とでも結婚できるということで、前者の閉鎖的な役割に対して、かなり開放的な説話になっている。もともと昔ばなしには貧乏な者が、ある機会と手段によって富める者になる形式が多い。これもその一類例といえるが、たとえば「鶴女房」とか、「蛇女房」などと同一様式でありながら、かなり「世間ばなし」、あるいは事実談的な色彩を濃厚にしている。

もとより歴史的事実のように語ってはいるが、虚構であることはいうまでもない。ただ他の昔ばなしとちがい、どうして歴史的事実のような粉飾をしなければならなかったかという、疑いが残る。いうまでもないが、『霊異記』以来の伝統を継承したものであろう。『霊異記』、『今昔』、『宇治』以下、物語的説話のなかには、低級の法師、下人などが、ある機会に上層の公卿、高僧、女性たちと接触する話が多い。現実に起こり得るもののように見えるが、よく考えて見ると架空の絵空ごとである。「世間ばなし」とはそのようなものであるが、その伝承のなかに民衆の夢、かぼそい願望が秘められていると思う。天ヨリ高イ咲ク花ニ、何ノトドコゾ杢蔵ニとか、雲たにの濁りかからぬ白滝を、心なかけそ山田おのことか、朝日さすかげにもささぬ白滝が、なぜか山田の下となるぞや、などと罵られながら、ともかく高貴な女性を押さえ込む快感は、いつの時代であろうと庶民の夢であり、マスターベーションの一類と考えてよかろう。そう理解すると、さすがに宮城県のウタは、東北らしい率直さがある。「なぜか山田の下となるぞや」も、「おちて助けよ白滝の水」も、甚だ肉体的であった。庶民的感覚からいえば、そうした幻想こそ物語の本質であり、説話伝承の階級性、つまりは共同幻想の悲哀ということになる。

6　信太の森の葛の葉

『万葉集』、『風土記』の昔から、一般の下層の民衆も歌を唄い、歌合わせをしたことは明らかであった。中世以降、公卿や武士たちの歌合わせは残っているが、庶民の記録は殆ど欠けている。しかし中世の庶民も、民俗的行事のなかで歌合わせを楽しんだであろうことは、催馬楽、今様などでわかった。近世、とくに盆踊りが盛んになり、いわゆる二十六字型の歌が固定化されてくると、作りやすいこともあって、庶民歌謡として爆発的に激増している。山田の白滝姫物語の唄も、この形式であり、したがって凡その発生年代もわかった。この形式の歌、近代的にいえば「郷土民謡」の特色は、その地方、地域で創作され、発生したと思われるものが極めて少なく、その殆どは他国にも類歌の多い流通性の高いものであり、一部の歌詞や地名を変改するだけで、その土地の民謡になりうるという互換性に富んでいる。またフシづけして唄いやすいというのも特色で、とくに新しく渡ってきた弦楽器の三味線ともよく合い、農耕作業や機織り作業など労働動作にも適応したので、単なる座敷唄、祝儀唄としてでなく、むしろ作業唄として発達した。

「山田の白滝姫」は「兵庫ぶし」の流行で、短期間に広く伝承したものと思われるが、東播地方の「杢蔵」系統の方が古い形式を残しているようで、他の二人の下人が播磨では白味噌一樽、黄金をざる一ぱいといい、宮城県では酒、餅を腹一ぱい喰いたいなど、昔ばなしの様式を濃厚にもっている。その東播地方でも「クソガラストテ、ハガイヒロゲテタツ時ハ、五重ノ塔モ下ト見ル」の歌詞が、「くそがらすとて空とぶときは、五重の塔も下に見る」よりも古式であろう。普通に流布している「兵庫ぶし」「兵庫くどき」の「山田のつゆ」は、土地の伝承から取材したものとはいえ、かなり文人的な潤色が加えられており、原型は東播に伝承されているようなものであろうと思われる。そうすると宮城県へは二つの系統のものが流伝し、複合されたのか、あるいはその途中で複合されたものが伝播したのだろう。

山田村原野、いま神戸市北区山田町原野の栗花落井には、白滝姫を祀る神祠があり、前の灯籠には「寛政四年壬子六月吉日、江州高島郡」云々とあり、恐らく江州高島郡、栗太郡などに本拠を置く流浪遊芸者たちの献納であろう。同地にはいまも人形芝居が残っているので、その関係はほぼ推定できる。「殿様の娘」ぐらいの伝承を、公卿の横萩大納言豊成の二女白滝姫とし、その姉を中将姫に造成したのは、これらの遊芸者であり、また広く諸国へ流伝させたのもかれらであろう。ただ同所に白滝姫の墓としている宝篋印塔は、室町末期の様式で、附近のムラの寺院や墓地にも、同じ時代の同じ様式のものが数カ所に残っており、造立の広いことがわかる。したがって白滝姫伝承の定着を、「兵庫ぶし」発生の頃とみれば、かなり年代的な差ができるだろう。宝篋印塔造立から集落としての栗花落井が、室町末期には形成されていたとみてよいけれども、すでに「白滝姫」の伝承を作品化していたとは思われない。附近には無動寺や六条八幡神社などがあり、鎌倉時代から室町時代にかけて地方の中心となっていたので、また遊芸者群の去来、定着があったことは当然だが、その頃、すでに「白滝姫」の作品化が起こっていたわけでなかろう。

ところで、こうした物語でかなり大きい役割をもっているのが、歌の応酬である。中世の「歌合わせ」であるが、近世、近代ではウタゲンカ、カケアイウタなどといった。上代、中古の説話集、物語などには和歌が多用され、和歌の応答が多いことはいうまでもあるまい。近世に伝承されている昔ばなしにも、歌や歌合ワセのあることは、「山田の白滝姫」でわかる。「白滝姫」伝承では、いずれも二度の応酬で決着をつけており、他の昔ばなしの歌合わせでもだいたい二度の応答で勝敗をつけていた。つまりは、それが一つの慣習として定着していたのだろう。ただし中世の庶民の「歌合わせ」規範がどのような形式であったか、まだ歴史的な変遷はわかっていない。

さて「山田の白滝姫」物語は最下層ともいうべき下人が、公卿のお姫様を妻にする話であるが、下人層の娘が公卿の総領と結ばれたために悲劇となった「葛の葉」物語がある。これは芝居ばなしとして有名で、私などは子供の頃、母や祖母から「葛の葉子別れ」という題目で聞かされていた。私の出身の隣のムラが東高室で、いわゆる播州歌舞伎の本場であるが、夏や秋仕舞後の農閑期になると、周辺の村むらでは高室芝居を買って興行する。まだ小学校へ行く前であったか、後であったか忘れてしまったが、ともかく稲刈りのすんだ後の田へ小屋がけして芝居した。そのときの出し物の一つが「信太妻《しのだづま》」で、詳しい筋もわからなくなったが、ともかく障子紙に狐の影が映ったのを覚えている。それから夜になったり、夜中に目がさめると障子紙に狐の影が映るように思えて怖ろしかった。だいぶん母や祖母たちを困らせたらしく、この子はカンシャクもちだからと警戒させたらしい。そして妙に障子紙へさらさらと書き残した、歌の文句だけ記憶している。

恋しくば　たずねきて見よ
　　和泉なる信太の　森の葛の葉

というのだが、これも、

恋しくば　たずねきて見よ
　和泉なる森の　恨み葛の葉（和泉）
あいたくば　訪ねてきて見よ
　信田の森に　いつも森に住む（紀伊）

など、大同小異の民謡が諸国に流布していた。

　中世伝来の有名な物語なので、詳しくいうまでもないが、山田の白滝姫が身分の低い男の妻となるのに反し、身分の低い信太の葛の葉が都の公卿の妻となり、後に一児を残して故郷へ帰るわけで、全く逆の物語になっている。葛の葉は狐の化身ということで、また人獣交婚説話にもなっていた。しかし、もう一つ裏返して信太の森の附近に被差別部落があり、彼女はその出身のために悲劇となったのでは、という説もある。だが南王子村の成立は説教ぶしの「信田妻」よりも新しいようだから、直接の関係はないだろう。それにもかかわらず近世後期、芝居や盆踊りが盛んになるとともに、同じような解説が広く流布されたことも事実である。葛の葉の子別れという芝居は、阿波の十郎兵衛の巡礼お鶴、苅萱道心の石童丸とともに、田舎では人気があった。私なども、そうした芝居を見たり、大人たちから物語を聞かされて育ったのだが、葛の葉の出身が被差別身分であったから、あんな悲劇になったなどと聞かされている。巡礼お鶴と母親との「して、ととさんの名は」「かかさんの名は」などというのは、芝居がすんでからしばらく餓鬼どもが真似して喜んでいた。映画が出現するまでの田舎では、そうした芝居や人形芝居より他に、話の種を残すようなものはなかったのである。

私が初めて「信太山盆踊り」を見学したのは昭和七年の夏で、上方郷土研究会の主催によるものだが、当夜は小谷方明さんが世話方で、部落の人たちが接待と解説をされたと思う。なにしろ郷土研究会の一行は、古い浪花の伝統を継ぐ粋人や芸達者で著名な名士、芸能家たちが多かったので、唄や踊りも専門的な鑑賞や批判があり、私も大いに教えられた。空池の中央に二階ヤグラを組み、下に二十人近い三味線、太鼓、胡弓などのハヤシ方、上のヤグラでは三十人近い音頭取りが交替して技芸を競うという「大寄せ」である。唄は「しのだくどき」と「しのだぶし」が中心で、後者は新作の歌詞ということであった。「しのだくどき」は、

古き伝えの信太の森に　ソレヤイドッコイセエ　昔ながらの月様照れど　愛と浮世のあの板挟み　いとしつま子とこの世の別れ　思い残して障子に歌を　あわれ悲しき葛の葉姫よ　心ひかるるわが子の寝顔　せめて一目よ保名の君よ　思い残して津の国の里　あわれはかなく信太の森へ

と語る。三味線の糸がよく切れるので、細竹の尖に糸輪をつけて補給しているのが、今でも記憶に残っていた。そうして小休止した女性にいろいろと質疑を出し、だいぶん困らせた覚えがある。当夜は踊り子二千、観衆三万といわれるほど栄え、盛時には踊りの輪も三

重、四重になり、内の輪と外の輪とが逆廻りしていた。堤の上や周辺の畦道、駅からの街路などには夜店が続くという、大へんな賑いで、盆踊りとしては大阪府はもとより、周辺の府県でも比肩するのは少ないだろう。

当時の地形は記憶がうすくなって明確でないが、空池の近くは松林や雑木林の低平な丘陵地帯で、そのなかに小学校があり、しばらく休養させてもらい、翌日の始発近くの電車で帰った。夜を徹して踊る人も多かったので、踊り場近くの森の中で意気投合した男女が、自由恋愛を楽しんだという噂が高かったものである。現代版「葛の葉」物語も発生しているのではないかという幻想であろうが、踊り子や観衆の人数から考えても無理であった。ただし畿内や周辺の国ぐにでは、どこでも同じであったと思うが、盆踊りの夜に集まった男女の性的解放を伴うムラが多い。だが同じ地方でもムラごとに違いがあって、他所者であろうと双方の合意にまかせる開放型と、そのムラの住人や出身者の他は許さない閉鎖型とがある。なかには娘たちへの手出しは禁止するが、嬶《かかあ》、後家、下女などは開放する限定型のムラもあり、大和、河内、播磨などでは多いようであった。

手拭いや笠をかぶって踊っておれば、どうして娘か、女かわかるのだと聞いたら、若い衆たちの動きをよく見ておればわかる。踊りながらなにかとちょっかいかけられているのは、まあ娘と思えと教えてもらい注意していたら、なるほど若い雌は雄を誘うものとわかった。その頃は投光器などというものはなし、せいぜい五十か六十燭光ぐらいの電球をいくつか釣り下げるぐらいで、うす暗くて遠目では判別が難しい。とはいうものの若い男の感覚で、娘か、女かぐらいはだいたいわかるし、どこから踊りにきたの、などと女の方から誘いにきた。その地方の「夜這い」などの風習とも関係があるけれども、盆踊りの夜の交渉は一過性がタテマエで、後を曳くのを嫌うムラが多い。しかし「夜這い」では閉鎖型であっても、盆踊りは開放型、限定型になるムラもある。そのときのムラの条件によって、さまざまに変わるということだ。他所者は遠慮しておくのが無難であるが、若い時は冒険もまた楽しいのである。それであってこそ昔も今も、いろいろの物語が発生した。

7　民衆伝承の光と影

昔ばなしや物語が、民衆の夢と願いとを反映させているとすれば、身分の賤しい男がなにかの特別な手腕や運命によって、高貴な女を妻にするという話は、民衆の夢と願いとを代表するものであろう。これを降嫁型伝承とみれば、長者の風呂焚きとなり、芝居見物で娘に見染められて聟となる灰坊太郎。狼に教えられた木の葉の液で、殿様の娘の目がみえないのを治して聟となった者。殿様の娘が神の指示に従って炭焼五郎の妻となり、床下の金棒を発見して炭焼長者になる話など、白滝姫と同じ類型が多い。いずれにしても民衆伝承物語の、「光」の部分といえるだろう。しかし羽衣をかくして天女を妻としたが、それを発見されて昇天されてしまう漁夫の話。竜宮の姫の聟となりながら、帰国して老人と化した浦島太郎などの破局型もある。山田の白滝姫も、三歳を過ぎて一子左衛門佐真利を生み、姓を栗花落と賜ったが、まもなくあえなく死んだともいうから、また破局型の一類型かも知れない。俗諺の「釣り合わぬは不縁の因」とか、「身に合わぬ高望みはするな」ということでもあろう。

負傷をして助けられた鶴が、羽毛で織った反物を高価に売らせて報いるが、これも末には正体を現わして飛び去った「鶴女房」のはなし。貧乏で一人暮らしの男が女房をもらい、子を産むことになるが、見るなの禁を犯したため、大蛇の正体を現わして池へ帰る「蛇女房」のはなし。欲のない漁師が余分の魚を逃がしてやっていると、美しい女が妻にしてくれと訪ねてきて、うまい味噌汁を作っていたが、やがて尻尾で味つけしている魚の正体がわかり、海へ帰る「魚女房」のはなし。これらは「信太の森の葛の葉」と同じ型のはなしで、賤しい身分の女が人間、つまり高い身分の男と結婚するが、やがてその身元がばれたため、自ら退出しなければならないことになる。はなしの筋道では多少の違いはあるが、主要な基幹は同じとみてよかろう。

同じ泉南郡で採取された「狐女房」ばなしでは、ある男が川へ釣りに行くと、狐が流されてきたので助けてやった。あるとき、女中に使ってくれという女がくるが、そのうち仲よくなって子どもができる。大きくなった子どもが、母が尻尾で庭を掃いていると父に教えた。正体を見られた狐は「恋しくばたずねきて見よ、和泉なる信太の森の、恨み葛の葉」と書いて去ったというはなしになっている。鶴、蛇、魚、狐などの信仰は、古いトーテムと関係があるだろうが、それが零落して昔ばなしになると、身分の低い女が、身分の高い男と結婚したものの、やがて破婚するという悲劇的終末になった。こうした低い身分の女が、高い階層の男と結婚するというのも、民衆の夢と願いであるが、だいたい破婚に終わっている。身分の低い男が身分の高い女と結婚するよりも、更に永続関係が難しいということだろう。こうした破婚型伝承が女の側に多発しているのは、それだけ女性の社会的地位の低下と関連すると思える。つまりは婚姻形態の変化、家族関係の変遷を反映しているとみてよかろう。

いわゆる三輪山神話では、美わしい男が娘へ通い、子どもを妊ませて蛇の正体を現わすが、男は大物主神という三輪山の主であり、生まれた子どもは後に祭主となって、父の権威を継承するということになっている。しかし昔ばなしでは身体に糸針を刺され、それをたどって棲処がわかり、正体を露顕するまでは同じだが、娘に妊ませた子種を堕す方法まで立ち聞きされて、全面的な破婚になった。同じ系統のはなしだが、蛇の聟入り、蛙の報恩ばなしでは、千なり瓢に針を差したのを呑み込んで殺されることになっている。トーテム段階では神であったものが、やがて神の化身となり、神の使いとなり、後には厄介な邪魔物として排除されて行く過程が昔ばなしの変化にも顕われているわけで、他の鶴、魚、狐、狼、猫などの昔ばなしも同じ解体の様相をたどっていた。そうした、いわば下降の動物トーテムの昔ばなしが、身分の低い賤民層と結びつけられて変形したことは、「昔ばなし」にも階級性があるのをしめしている。どのような昔ばなしであろうと、長い階級社会を経由して存続してきた過程で、歪曲され、傷つけられなかったものはあるまい。

さて下の階層の男たちが、上の階層の女性を妻とし、また下の階層の女たちが、上の階層の男性を夫にしたいという願望は、いろいろの昔ばなしや伝説に色濃く現われている。そして成功した型のものもあるが、それが永続せずに、末には破婚という型が多い。これを現実の社会的反映とするのは短絡にすぎるが、民衆の上昇意識や、その運動の挫折が物語の主題として選別されたものと解釈してもよかろう。そうした伝承のなかに、民衆は「光」を見出そうとし、また暗い「影」を感じたのである。昔ばなしの「もぐらの嫁さがし」は、民衆の「光」と「影」との間の動揺に楔を打ち込む役割を果したであろう。民衆の上昇意識と、その運動を沈降させるために体制側が積極的に関与した「造話」なのか、民衆の側の自己抑制的な「作品」であったのか、それはまだわからない。ただ「山田の白滝姫」や「信太の森の葛の葉」物語などの昔ばなしと違って、支配権力の強い意志を嗅ぐことだけはできるだろう。そうした「人畜無害」に見える昔ばなしも、いろいろの社会的構造、その権力構成と無縁のものではありえないということの一つの例証として、旧稿を土台に解説してみたのである。

村落共同体と性的規範

1　むかしばなし

　すこし学問的な題目にしてみたが、それほどまとまった報告にする意志はない。ないというより、これまでの資料ではできかねるとした方がよいだろう。したがって、こんなムラの性的慣習が、まだ残っていないだろうかを問うことと、そうした慣習の起源や役割を、どのように理解すればよろしいかという問題提起にとどめておきたい。ここにムラと表現したのは明治の地方制度として創出された「村」ではなく、それ以前からある単元としての共同体、近代では大字、部落、地下（ジゲ）などと呼称されるものをいう。

　周知のように日本民俗学の主流であった柳田派は、こうした性的民俗については、実に頑強なまでの拒否反応をしめした。当時の民俗学の置かれた状況からみて、ある程度までの自制を必要とした立場は、私にも理解できる。しかし彼と、その一派の拒否反応は異常というべきまでに昂進してしまい、人間生活にとって最も重要な半面の現実を無視する誤りを犯した。私は早くから柳田は、ほんとうにムラで民俗を採取した経験があるまいと推測していたのである。ムラの住人たちは、そうやすやすと他国の人間、とくに肩書のついた人間にムラの事情、とくに秘事を話すものでないからだ。当たり障りのないことはしゃべるが、ムラの不為になると思うようなことになると貝のように口を閉じる。ムラとムラとの交渉ごと、もめごとの協議になると、オメコとチンポの話が出るようになれば、まあすんだようなもんだという。民俗の採取にしても同じで、オメコとチンポの話が出ない段階までのことは誰にでも一応のことはできる。それではムラの表皮を撫でてみただけで、かれらの生活の奥まで踏み込んだことにならない。だから柳田の引例する資料をみていると、私には隔靴搔痒の感がある。それは柳田の性格にも由来するもので、しょせん彼はムラの住人とドブ酒を飲んで、オメコ、チンポの話に興ずる人間ではない。彼の民俗学の本質は、いわれるように「常民」の民俗学ではなく、「士大夫」の民俗学であり、恐らく彼は「神州、清潔の民」を理想的国民像としていたであろう。

近頃、私が最も嫌いなのは「民話」という新造語である。なぜ、いままでの「むかしばなし」(昔話)でいけないのか。「民話」と「民」をつけるだけで、これまでの昔話がことごとく人民のためになる良いお話、人民が喜んで親から子供へと伝えてきたお話になると思っているとすれば、全く浅はかとよりいいようがない。木下順二の「夕鶴」その他、松谷みよ子の換骨奪胎程度の「民話」ぐらいで、一斉に昔話が人民のための良いお話になるわけがなかろう。昔話の殆どは民衆が生活のなかから創出したものではなく、長い時代にわたって、そのときどきの支配者たちが、いかにしてかれらにとって好都合の人間を育て、作るかに苦心して流した教化目的のものである。吉右衛門ばなしなどにしても、民話論者が空想するほど人民主動の抵抗ばなしでなく、明らかに緩衝を目的とする意図の「さげ」がついていた。今日のラジオ、テレビその他、いわゆるマスコミ、ジャーナリズムの役割を考えてもわかることで、いくら昔でも反体制的なものなら弾圧されることに変わりはない。長い歴史の濾過で本質がうすめられているものもあるが、だからといって口当たりのよい「民話」といいかえれば、それで変質するようなあまいものでなかろう。かえって昔話の階級性を故意に被覆しているとすれば、かれらこそまさに「人民の敵」である。私も昔話のなかに時代の民衆の動き、その生き方、かれらの願望が秘められていないとはいわぬ。だがいわゆる「民話」といえるほど主動的でも、構造的でもなかった。昔話のなかから民衆の動きや考え方を選別する作業は、民話論者がやっているような手軽な方法では不可能だろう。いまつまらぬ昔話の換骨奪胎程度の「民話」を作るのなら、資本主義社会の様相に応じた子供のための話を創作するのが本筋である。

私はむかしばなし（昔話）の系列を、

むかしばなし
いいつたえばなし
世間ばなし

の三つに類型化したい。むかしばなしは「むかしあった」という頭がつき、人間と事件と時代と場所についての明確な限定がないものをいう。いいつたえばなしはいわゆる「伝説」で、人間と事件と時代と場所とが限定されたものとなる。もちろんそれが歴史的に事実だというわけでなく、伝えている人たちにとって信じられているなら、それでよかった。世間ばなしがいいつたえばなしと異なる点は、時代がいま、つまり現代に特定されていることであり、多少の差はあっても時事的ニュースの形式をもつのが特色である。世間ばなしにも、時の支配者たちが故意に流したものが、含まれていないとはいえぬ。しかしだいたいは支配者たちが「流言ひ語」として治安維持のために弾圧の対象としたり、あるいは「卑語猥談」として風俗壊乱の取締の対象とするような内容を含むものが多い。これが表面に浮上して政治的性格を帯びてくると古代の「童謡」、中世・近世の「落書」「落首」「狂歌」などとなるが、その底には更に多種多様のおびただしい世間ばなしが流されていた。もし「民話」というに価するものがあるとすれば、この「世間ばなし」のなかに含まれているだろう。

私は「世間ばなし」を、「時事ばなし」と「笑いばなし」の二種にわけてみたい。「時事ばなし」とは下手をすると治安維持の対象となって弾圧される「流言ひ語」の類であり、「笑いばなし」とは要するに猥談か、それに近いもので、ときに風俗壊乱として公開、または公表を禁止される類のものである。もとより時事ばなしといい、笑いばなしといっても双方にまたがるものもあるが、だいたいこの二つに分けてよかろう。播磨では「時事ばなし」を「うわさばなし」ともいったが、「笑いばなし」は「すきばなし」「おんなばなし」といった。そのうち公開禁止になりそうなのを「やたけたばなし」「ばればなし」、もっと直接的に「ぼぼばなし」ともいっている。「時事ばなし」や「おんなばなし」程度まででは、まあ普通に聞けるが、「やたけたばなし」以上になると、そういうわけにはならない。時と所、寄っている人間の性格、そのときの環境によって差ができてくる。私は「わらいばなし」のなかに、古い神信仰の残存、村落共同体の性的規範の面影が伝えられていると思う。

2　わらいばなし

男が三人寄れば、猥談ということになっている。だが猥談の好きなのは、なにも男だけに限らない。私は十七から十八歳までの間に、一年ばかり結核の治療で休養していた。いま思うと重症でもなかったらしいが、ともかく阪大病院で「肺尖加答児《カタル》」、一カ年の休養を要するということになる。一月ぐらいは静養していたが、そう寝ておれるものでないから朝晩の涼しいときには運動することにし、そのうち自転車で走り廻るようになって、どこが悪いのと笑われた。目的もなしに走り廻っておれないので古墳、廃寺址などの調査を始め、また各地の民俗習慣、方言、昔話などに興味をもって採取しだしたのである。田舎だから農作業には繁閑があり、水稲作業はだいたい男、畑作業は女が多い。男は単独でする作業が多く、女は集団でできる作業が多いということで、田や畑などの畦に腰かけて他所者と話をしてくれるのは、どうしても女が多くなってくる。また尋ねるにしても、採取の初期には女の方が話を聞きやすい。私は二、三歳は若く見られたので、男は一人前に扱ってくれないときもあり、主として女性から聞いた。農繁期は男も女も共働き、子供も狩り出しての多忙であるから、他所者を相手に話をする余裕などない。夏とか冬などの農閑期になると、出稼ぎに行かないなら男にも、女にも余裕ができてくる。とくに庭仕事もすんで「亥の子」も終わると、だいたい翌年の春に「田植え」が始まるまで、女にはヒマが多くなった。農家のカドサキや外縁側などがヒマになった女たちの溜り場となり、また麦の世話をして働きながらツボキの陰に寄って話し込んだりする。そんなときに採取に行くと、よい鴨にされてだいぶんなぶられた。

その後、二十五歳ぐらいから二度目の採取を始めてみると、若いときに聞いていた話が、もう聞けなくなったのである。子供だと思って警戒しなかったわけで、一人前の男になると自由にしゃべらない。だから民俗資料の採取には、相手の条件もあるが、採取者側によっても、その内容に変化が起こってくる。ただ前に経験があれば、なんとか嗅ぎ出すことはできた。そうしたものには性関係の民俗が多く、ムラの秘事というような性格のものは、通常ではなかなか採取できるものでない。しかしムラは生きものなのだから、他のムラが秘事にしていることでも、あるムラではべらべらとしゃべってくれる。自身のムラのことだけでなく、あすこのムラはまた変わった面白いことをやっている、などと教えてくれた。男は養子にでもならないと他のムラのことはわからないが、女は生まれ在所のムラと、結婚して嫁してきたムラと、最低でもそれだけは知っている。それに女同士の情報は、どうしても風俗習慣が多くなり、男の政治乃至経済的なものの多いのと違う。もとよりだいたいの傾向としてそうだというので、それ以上の意味ではない。

そんなことで私は男はもとよりだが、女からも笑い話、つまり猥談を聞く機会が多かった。そこで気がついたのは、男の猥談はだいたい底が知れている。難しくいうと形式的、類型的、三日も続けて聞くともううんざりした。しかし女の猥談は個性的、具体的であって、とても男の及ぶものでない。男の夜這いや女郎買い話を聞いても、三、四人の話を聞けば後はもう大綱において大きい差がなかった。男は性的交渉の背景説明に力を入れるが、性交そのものについては極めて粗雑な表現よりできない。女はその逆で、性的交渉の背景は極めて簡略よりしないが、性交の段階になると詳密になる。とくに三十代後半、四十代の女性が四、五人も集まると、ひどいことになった。といって、どんな場合でもということではなく、一人前の男が一人でも加わってくるとしらける。ただし男も検査（徴兵）前の子供なら、よい鴨にされた。中年男が若い娘をからかう程度のものでなく、もっと具体性のある性教育になる。民俗資料の採取でも同じことだが、男の場合は事実、あるいは体験と伝聞との境界が明確に分離できないときが多い。女の場合は伝聞だということでも、むしろ体験と考えてよいものがある。双方とも一致するのは、あの話が出るようになってくると、他所者との警戒心がうすくなって、いわゆるホンネとか秘事が聞けることだ。

ウタ（民謡）にしても、町村誌、郡誌に採録されるのは教育的、公安的に無害なものを選別するので、どことも似たようなものばかりになる。しかしかくされた破礼《ばれ》唄や諷刺あてこすり唄は、更に多数であり、また具体的な内容のものや、ムラの人にはすぐわかるような人物、事件が登場した。たとえば不義、姦通などが暴露されるのは、こうしたウタの形が多い。私の幼少年時代はすでに大正初期であったから、かなり国家の教化政策が浸透してきたため、前代の多くの民俗を良風美俗に反するとして矯正しようとした。とくに祭りや盆踊りなどが、その代表的なものである。盆踊りもムラ毎に一夜、十二時以降は禁止ということになっていた。しかも駐在所や本署の警官が臨席し、十二時になると中止させ、解散させる。だがこれには、ウラがあった。各ムラごとに一日ずつ日をずらして興行したから、附近のムラを廻れば二十日間ぐらい連夜遊べる。東播地方ではだいたい八月五日から二十五日までが、盆踊りの季節であった。時間も十二時になると、区長やムラの顔役があいさつし解散を宣言する。臨監の警官も、ムラの顔役たちと帰ってしまう。

こうして二、三十分ぐらい休止し、それからがほんとうの盆踊りになる。ヘソから下のウタが盛んとなり、踊りも腰の振り方、手の廻し方が違ってくるし、男と女のカラミも出て、ときには風俗壊乱の不心得者もあった。だいたい夜這いはヨソムラの連中を拒否するものだが、盆踊りは自由に交遊するし、その結果としてどんなことになろうと踊りの夜のことは知らぬのをタテマエとする。だから盆踊りがほんとうに終了するのは翌朝の五時、六時頃になった。それを警官や顔役たちが知らなかったかというと、よほどのカナツンボでなければ、カネやタイコのハヤシ、ウタ声や歓声が聞こえないわけがない。通達の通りに正十二時に一ぺん解散を宣言すれば、その後のことは関係ないというわけだ。

これはだいたいどこでも同じで、昭和四年頃から大阪府下の和泉、河内地方の盆踊りを見物に廻っていたが、所轄警察署の方針で時間や取締内容に多少の寛厳があり、またその年によっても差があったけれども、なかなかお触れ通りには守られていない。当時、和泉の信太《しのだ》の森の池の底で開いていた大盆踊りは五千、一万の見物を集めたといったが、十二時頃に休止して、また再演していた。この附近と貝塚、岸和田周辺のムラが、とくに盛んであって、殆ど徹夜、それに仮装で踊り廻る一群が多かったようである。河内は河内音頭の本場で、とくに星田、八尾、富田林周辺が盛んであった。鳴り物は泉州がカネ、タイコ、三味線と賑かなのに対し、河内はタイコだけである。泉州が短い盆踊り唄であるに対し、河内は物語形式の段物、クドキが多かったからだろう。河内では適当な時間になると、ムラの顔役が警官を引っ張って帰っているのもあった。それから後が無礼講で、踊り子のハヤシもだんだんとえげつなくなる。今東光が河内女の悪口をだいぶん書いて有名になったが、大阪へオナゴシで働きに出る女は河内、大和出身が多い。それも前借の年季奉公で、期間中の自由がなく、男の奉公人と問題を起こすので、河内の女に「見せるな」ということになっていた。だからというわけでないが、盆踊りの夜はかなり自由でなかったかと思う。それも娘さんより、中年の既婚者の方が誘うのでないかという感がある。

なお、あまり知られていないが、河内音頭は男であるが、女には御詠歌競演が行われた。これも盆が中心で、あちらこちらの寺院や堂舎で、附近のムラの講が集まって競詠する。少女、娘、中年、老女に分かれ、十人、二十人と一群になって、鈴を振りながら御詠歌を競う。これも大和流、河内流、京流など、フシに特徴があり、また個人優勝、団体優勝、地区優勝などとあって、優勝旗を争奪していた。昭和初め頃はなかなか盛んで、昼だけでなく、徹夜で興行するのも多い。生駒山麓の水行場のオコモリでも御詠歌競演が多く、男は世話方、審判方に廻された。私など若かったので、声やフシ、鈴振りで採点しないで、顔や身体を見て採点すると叱られたものである。単調なフシのようだが、それぞれに工夫があって、よく聞いておれば興味も出た。

ところで戦前は、盆踊りも十二時以後は禁止したとか、猥せつなウタは歌わせなかったとか、いろいろ弾圧したと書いている本もある。警察その他の布令、通達ではたしかにそうであるが、そのまま実行されていたかというと、地方の役人やムラの顔役たちの馴れ合いで骨抜きにされていたのは、どこでも同じであった。盆踊りや祭礼だけでなく、風紀その他の慣習も同じで、節約が喧しくなってくると冠婚葬祭が第一に槍玉にあげられる。結婚の荷物は簡素にしてタンス、長持は廃止などときめても、ムラを出るときはタンスも長持もないが、婚家へ着くときにはタンス、長持その他の豪華な荷物を積んだ車が、いつのまにか続いていることになった。そこでわかることは、徳川時代でも一般庶民、農民の生活、とくに衣食住の奢りとか祭礼、盆踊り、遊芸などをことこまかに規制するお触れを出しているが、その殆どは地方役人とムラ役人たちの馴れ合いで骨抜きにされていたものと思ってよい。だから幕府や各藩の法令を読んで、文字通りに守られていたと考えて、徳川時代の庶民や農民の生活を推量したり、想像すると、当時の実情とはかけ離れたものになる。いくら厳罰で脅してみても、昔でも今でも無理は通らぬということだ。なん度も同じような内容の布令を出しているのは、それが守られなかった証拠である。

3 ジゲ（地下）

ムラには村落共同体を維持するために、いろいろの申し合わせが行われた。それには大略してムラオキテと、ムラギメとの二つがある。

ムラオキテはだいたい不文律的な慣習法で、伝統的な継続性のあるものが多い。ムラギメは成文的なものが多く、毎年変わるような臨時の規約である。もとより両者が明確に分離されているようなムラは少なく、もし疑義があれば軽いものは区長が処理し、それで解決しないものは区長とムラの顔役が協議して決定した。ムラの危急存亡を賭けるというような大事になると、ムラヨリアイを招集して議決に従う。しかし通常の場合は年一回、年首に開かれるハツヨリアイ、ハツサンカイなどとよぶムラヨリアイで区長や幹部の提案、報告で了承ということになる。ムラオキテの内容はムラによって差があるが、だいたいはムラの存立の基本的な約束といってよい。家の格、宮座の序列、祭礼の執行、他所ムラとの接触、ムラの役職、村八分、冠婚葬祭の慣習、ムラの構造といった関係のもので、殆ど成文化されず、慣行として継承されている。それについての違反や外部との違和を生ずると、ムラの大問題となった。

ムラギメもムラによって差があるが、その主なものは田植え、稲刈りなどの日傭の賃金、山番、水番などの給与、その他補助金の給付、兵役、出征などの見送り、冠婚葬祭の節約、市町村役場費の割当、戸数割の決定などといった日常的な申し合わせ、規約で、たいてい文書に記録として残され、あるいはムラの各所に掲示する。ムラギメに違反があっても、区長や顔役の注意というようなことですました。ただ、その取り扱いの寛厳、軽重というのは事件の内容その他の条件で違うから、いつの場合でも同じとは限らない。たとえば田植えの日傭を頼んだとして、協定の賃金では来てもらえないので三食を提供するとか、割増金を支払うとすれば、ある年度には黙認されても、翌年度には重大違反として告発されることもある。ムラで生活するには、そのへんの状況を十分に考えないと村八分にされかねない。

現代の行政構造からいえば、日本に国籍のある者はどこに住んでもよいし、そのために法律的に差別されることはないのである。市町村役場へ届け出るだけで、住民として認められ、選挙権その他も与えられた。しかしムラに住むと、住んでいるというだけではムラの住人と認めてもらえない。いまでもよほど都市化したところは別だが、殆どのムラは同じである。つまり行政的にいう「住民」と、ムラのいう「住人」とは違うのだ。戦時中、田舎へ疎開した都市民たちが、畦の草を刈ったといっては苛められ、山で枯れ枝を拾ったといっては叱られ、もう二度と来るものか、と怒って帰ったというような話は、どこでもうんざりするほど聞かされる。これは都市民たちが「住民」になれば、自動的にムラの

「住人」になっていると錯覚したためだ。ムラは現代の行政構造から離れた別の共同体なのだから、その共同体の人間として認められない限り、三十年住んでも、あるいは親から孫へ三代住んでも、いつまでたっても他所者でしかない。たとえ土地を買い、家を建てても、である。他所者がムラの「住人」として認めてもらうには、ムライリするより他にない。

どこのムラにも家筋、家柄というような目に見えない階層がある。だいたいは草分け、本家、分家、水呑み、被官という程度だが、更にいくつかに分かれているムラもあって、ムラでかなりの差があるし、名称もいろいろ違って独特のものも多い。基本となる考え方は、ムラの開発および起立、定着に関係した家を中心に置き、それから枝分かれ、郎従下人、新規移住というように家格が下がってゆく。そうしたムラは一つの姓が半数以上を占めているから、だいたいの推察ができる。主な姓以外の家は、後からの移住者か、開発者の郎従下人、つまり被官の子孫ということだ。ムラの祭礼、とくに宮座の厳守されているムラでは、その席順で家の格の上下が明確であり、開発者の一族分家たちは拝殿の上に登れるが、他の家は地上にムシロを敷いた上に座る。もう一段低い家はいろいろと雑役に使われて、座る場所も与えられない。その保守的性格は、いまの現実の経済的実力に関係のないことでわかる。現在は没落して土地をもたぬばかりか、かつての被官筋の家の田畑を借りる小作人であっても、祭礼となると、拝殿の上の、最上座に座る者があるし、いまは百万長者となり、代議士に選出されていたとしても、祭礼の当日にはお酒のカン番をするということになった。また私塾を開いたり、医者になって「先生」といわれたとしても、新規移住者の家であれば、ムラとしての家格は低く扱われる。婚礼、葬式などになると、平素はかくれていたこうした慣習が、急上昇してきてムラの性格を顕在化させるだろう。これがムラのもつ、一つの性格である。

そこでムラヨリアイ、ハツヨリアイ、ハツサンカイというムラの議会へ出席、決議などの執行はどうなっているか。いま殆どのムラは、一戸から一人の出席が基準といえるだろう。いうまでもなく「住民」であっても、「住人」でない家は出席できない。それでは「住人」であれば出席できるかといえば、厳しいムラでは開発当初からの家筋、つまり草分け、本家などだけで、分家とか新宅、あるいは被官、新規の家などは認めないのがある。だから分家その他の家に意見があるとすれば、本家筋を通じて発言してもらうほかない。一戸一人出席というムラでも、他所ムラから婿養子を取ると、養子一代は認めないムラがあり、また戸主以外の代理出席は認めないムラ、長男で一人前以上なら代理を認めるムラ、後家は一切出席を認めないムラ、後家でも長男の出席なら認めるムラ、親類が代理出席を認めるムラなど、さまざまである。その席順もだいたい宮座に準ずるムラ、区長、村会議員、消防小頭、青年分団長といった顔役を中心に、家格に準じて決めるムラ、幹部を中心に、ほぼ平等に扱うムラなど、これもいろいろだが、新入りの家は酒のカン番とか雑務に使役されるのが多い。厳しいムラになると後から新入りの家があるまで、二代、三代でも勤めさせられた。

新規にムラの住人にしてもらうことを、一般にムライリ、シンイリなどという。これから何代にもわたってムラの住人として共同体を支えるわけだから、住民届のように一片の用紙に署名し印判するだけでは承認されない。まずムラの土地を買い、家を建て、確実な職業を持ち、人柄も信用してもらい、これから何代の後までも居住するという意志を、ムラの人たちに認めてもらわねばならぬ。ムラの人たちがだいたい了承するだろうという見込みがつくと、区長その他の顔役に後見人になってもらうように頼む。幹部の協議でよかろうということになると、相当の割賦金を納めハツヨリアイの日に酒二本などを持参する。ここで後見人が紹介し、異議がないということになって、初めてムラの住人として公式に認められた。しかしムラによると後見人を本家、または親方として子孫に至るまで従属させられるところもあり、本人一代はヨリアイでも雑務に使役され、議事の発言はできないというところもある。それほどでなくとも、だいたいは新入りとして遠慮しなければならなかった。戦前は、それでも希望者があったけれども、いまは殆どないだろう。ということはムライリすれば畦の草も刈れるし、山の枯れ枝も取れるし、池や川の魚も釣れた。その代わりヒヤクなどには出なければならぬし、山番、川番などの廻ってくるムラもある。だが子供の結婚ということになれば、一応は家の信用がつくし、死ねば共同墓地に埋めて、墓も立てられた。いまはムラの長男でも百姓を嫌って都市へ出て帰らないし、牛や馬も飼わぬし、燃料はプロパンガスで必要はなし、いわゆる部落有林とか、部落財産もなくなるし、改めてムライリする必要は殆どなくなっている。都市や近郊のムラが団地や新住宅地に侵略されているように、古いムラのなかにも高速道路が通じたとか、高校が建ったりすると他所者が進出してきて、アッという間に新市街区を作ってしまう。かれらはムライリしようなどとは考えもしないし、古いムラの慣習などにしばられないし、いつでも他所へ移住する自由をもっている。こうして、いまや古いムラ、村落共同体は崩壊しつつあるといえるだろう。

こうした古いムラの構成を、播磨地方では一般に「ジゲ」といった。ジゲを漢字にすると「地下」であり、播州方言で表現すると「メンメのムラ」のことである。

4　若衆入り

若衆入りが、だいたい十三から十五歳、その脱退が二十五歳であることは、すでに書いた。ムラでかなりの大差があること、その根本的理由が要するに現役兵力の確保であることも説明の通りである。共同労働慣行とか、婚姻制度の維持とか、表向きの美辞麗句はいくらでもあろう。それだけのことなら、一面では煙たがられる部分も大きかったのだから、すでに早く解体されている。若衆組が明治後半から青年会、青年団などと官製団体に改編され、あるいは併存しながら、敗戦まで殆ど保持されたのには、それだけの理由があった。ただし農村の青年会、青年団などの官製団体が、ムラの若衆組を完全に解体し、吸収したことは一度もない。官製団体への入団、退団年齢がムラの若衆組と合致しないし、その方針が必ずしもムラの要請と一致するわけでもないから、表向きは官製団体に統一され、若衆組は消滅したことになってはいたが、どっこい、いつまでも生きていた。要するに公式の団服を着ると青年団員であるが、ムラで私服を着ておれば若衆組という二重生活をしていたのである。しかも公式の団服を着て召集されるのは年に二、三回ぐらいなものであるから、官公庁の通達や文書、記録の上では青年団のみが存在しているようになっているが、事実としては青年団など存在したことはかつてなかった。

それはムラの上空を吹きぬけて行く風のようなもので、下に根を張った若衆組をどうする力もない。青年団分団長にはムラの中老層から選任されたが、事実として支配したのは若衆組のカシラである。戦前の大日本青年団の基盤は都市の青年団であって、農村の青年団は形式だけのものだ。そうはいっても都市化した近郊農村もあるわけだから、その間にいろいろの段階はある。しかし全国的に見れば、概してその通りであった。ムラの青年団乃至若衆組の記録、文書を検討するときは、その間の事情を明確にしないと、表向きのものか、ホンネか判断できまい。とくに民間伝承的資料よりも、官公庁的文書記録を重視することになれば、ますますムラの実態から遠いものとなる。官公庁的文書記録を信用するなら、明治後半から大正初めにかけて、殆どの若衆組は解体されていたはずだ。ムラには御上の命令なら生きた人間を殺し、死んだ人間を生き帰らせるぐらい平気でやってのける伝統がある。事実として官公庁からの照会に対して、私のムラにはもう若衆組などという不逞の仲間は居りませんと回答しているのが多い。恐らく若衆組と相談もしないで、区長や幹部だけで「適当」に、あるいは「要領」よく回答したのだろう。もし世の学者たちが、この官公庁への回答を「事実」と認定し、某地方の若衆組は大正某年には殆ど消滅していたなどと立証するなら、馬鹿䡄ばなしもよいところだ。

さて若衆入りの儀礼は、どうなっていたか。殆どのムラでは、正月の適当な日、たとえば講と関係があればその日を選ぶ。大師講なら二十一日、地蔵講なら二十三日ということになろう。ムラの他の正月行事と重ならぬようにということなら、十五日以降の大安乃至先勝などにする。またムラによってトンドの夜とか小正月の夜とかきまっているのもあった。武庫郡甲東村下大市では、二月二日のヤイトスエの日にする。明石郡大久保町江井ケ島では、十月三十日の秋祭りの日にした。こうした他と異なった日にするムラは、そんなに多くはない。ヒノデとか、デケワカとよばれる新入りは、武庫郡甲東村下大市、印南郡東志方村大宗、加西郡芳田村上新田など、いずれも入会の日、酒一升を持参して仲間たちに飲んでもらう。だいたいこの程度で、入会のアイサツをすますムラが多い。なかには明石郡大久保町松蔭のように、一年中の仲間たちの飲み食いの半額を負担させられるムラもあった。だいたい新入りは年に三―五人だから、その年によって差があるとしても、かなり相当の額になったらしい。明治中頃までは、その出費が多額になったので、ときに費用が出せないで苛められ、他国へ逃亡した例もあった。これほど極端でないが、明治の頃は他の地方でも相当に派手な出費を強制したムラが多い。つまり初入り、寄合、祭礼などの飲食酒宴が派手に行われ、また他のムラの若衆組との交際も派手であったから、出費が多かったのであろう。若衆組の経営費の負担は、これらムラによって差があるが、だいたい均分に入用を持ち寄るのが多い。定額の納入になったのは大正に入ってからで、その額もいろいろであり、なかにはコメで徴収するのもあった。

祭礼その他の行事、ムラ関係の作業には、ムラから費用を出すのが一般で、とくに祭礼行事などの場合の飲食酒宴の入用はムラの各戸からハナ（寄付金、祝儀）をもらって充当する。また若衆組の基金とか、遊んだり、活動費を欲しいときには、角力、自転車競走、芝居などを勧進し、観覧料、ハナなどをもらって作った。ただしいずれも天候次第と、出演者にも依存するので、雨天続きでかえって大損をしたということも多い。ともかく若衆組は喧嘩や山番、川番、野守だけをやったわけでなく、自分の自前の興行もやって、資金を作り、それで伊勢参宮、大峯登拝などの宗教的行事の費用を作った。加西郡、美囊郡などで松茸の産地のムラでは、ムラの松茸を若衆組の所管とし、その払い下げ入札による収入を活動資金とするムラや、若衆組が所有者から買い入れて業者へ売り渡すムラ、自ら松茸山狩りを経営するムラなどもあり、儲けた利潤を経費の補助としている。加西郡九会村網引では六反ほどのムラヤブを若衆が管理し、竹をまびいて切ったり、竹の子を掘って売り、組の費用とした。よくいえば活動資金捻出のために、こまめに財源を探しているわけだが、村人は飲んだり、食ったり、遊んだりの費用を作るものと推察している。いずれも若い時の経験があるから、「シダイ、シオクリ」として苦情をいう筋もない。また若衆田などがあって、共同耕作し、その米で一年の食糧をまかなうムラもあった。小さいムラはともかく、大地主や酒造業者などのあるムラでは、芝居興行で出た多額の欠損、不時の多額の費用などは、かれらに肩代わりさせる。昔の親方的慣行を残しているので、その代わりに選挙などには手兵として働かされた。

若衆組の共同集会所、つまり若衆宿、寝宿などの残っているムラは、加西郡多加野村、大和村など山奥のムラにあったが、その他のムラでは特別に建ててはいないが、寺院、庵寺、仏堂などを集会所に利用している。ムラによっては個人住宅の一部を借りたり、低額の借料を支払うのもあった。夜間、宿泊するムラは少なくなっていたが、寄合や祭礼行事のときには宿泊するムラが多い。一定の集合場所を定めていないムラでも、好意のある家に寄り合う場を作っており、これを「ヨリバ」といい、その家の農作業を手伝うなどして、その代償とした。これらのムラでは、ときにヨリバが移動する。毎晩、集会所へ集まるムラもあるが、決められた日に集まったり、幹部の招集で集まるムラも多い。どことも雨天などには集まって綯ない、ワラジ作りなどの軽作業をし、またウススリ、精米、製粉などの時季には、娘さんのある家へ手伝いに出かけた。手助けを受けた家では当夜の茶菓は当然として、作業が終わると餅や団子を作って招待する。そうした伝統は、農機具の機械化が始まるまでは残っていた。

だいたい尋常小学校、または高等小学校を卒業すると、どこのムラでも娘仲間へ入った。娘仲間は若衆組のように明確な組織を残しているムラは少なく、かなり結合が弱くなっている。しかし庵寺の庵主とか、旦那衆の夫人（オイエハン、ゴリョハン）などを師匠に頼んで裁縫とか習字の指導を受けた。そして「お針仲間」「筆子仲間」を組んだが、いずれにしても裁縫や習字だけでなく、茶、花など女子一般の教養を仕込まれたので、まさに花嫁学校の源流である。仲間入りには庵主や夫人へ扇子、料紙、少額の金銭を納め、古い仲間へは縫針、尺、爪などを贈った。三月の淡島さんには折れ針を集めて供養し、いつも使っている部屋を清掃し、茶菓などで一日を遊んだが、野遊びに出るのもある。礼としては盆、暮れは餅、新米、銭などを贈るだけで、教授料とか貸部屋料などといえるものでなく、全くの奉仕であった。庵主や夫人たちにとっては、ムラへの義務のようなものである。針子や筆子が結婚するときには、針親、筆親として記念品を贈り、また仲間も一日集まって「ワカレ」をして祝い、贈物をした。ただ針子や筆子にはそのムラの娘だけでなく、評判の良い針親、筆親には他所のムラの娘たちも仲間入りを頼んでくる。そういうことで針親、筆親たちが結婚の媒介をしたり、頼まれることも多かった。師匠が死ぬと彼女たちは娘分として参列するムラもあり、また費用を持ち寄って墓碑を建てることも多い。すなわち明治後半から古い娘宿より脱皮し、一種の女子教養教室へ変質したわけであるが、女学校が普及するにつれて後退し、大正後半にはだいたい消滅したようである。

若衆仲間へ加わると、どういう待遇をムラから与えられるか。その基本的な要件は、これによって一人前の男として認められることである。ムラが一人前の男として認めれば、あらゆる日傭仕事、耕耘、草取り、稲刈り、ムラ日役その他一切に一人前としての賃銭を支払われた。若衆入り前なら、どれほど働く者でも三分とか五分とか差し引かれる。若衆になって才能があるとか、腕があるとかになれば相対で分増しができた。しかし、いずれにしても基本になるのは、一人前いくらという協定価格、賃金である。そこで、どこのムラでも、各種の作業について、だいたい一人前の作業量、仕事量の暗黙の了解があった。それだけの仕事量を達成できなかったとしても、一人前の日傭賃は払われるが、あいつは怠け者だとか、手がとろいとかの非難は当然であり、したがって依頼する者がなくなる。それだけでなく、結婚の条件に直接ひびいた。だから若衆たちも、一人前の作業量を消化できるように努力する。

ところで一人前の作業量だが、これはムラでかなりの差があるものと、ほぼ似たようなものとがあった。縄ない、稲こき、稲刈りなどはだいたい似たものだが、耕耘、草取り、土方作業などになると、その土質によってかなりの差ができる。また山村では林相や木材によって違うし、漁村では魚の種類、同じ魚でも季節によって違う。また単に仕事の「量」だけでなく、いわゆるダンドリ、ミコミなど作業の管理方法でも評価される。娘には糸つむぎ、機織り、仕立てなどについての一人前仕事量があった。ただし農作業や日傭仕事などの一人前量は、だいたい男の七〇―八〇%であるが、その代わり賃銭も安くされている。田植えはだいたい女の独占であるから、一人前量も、その賃銭も女が基準になった。その他、土持ちなどの土木作業、養蚕、製糸などの作業にも、各工程に応じた一人前の仕事量があり、新しい仕事であると双方が協議して決める。農作業、土木作業などはムラヨリアイで決めるが、他の重要でないものは昔の慣行通りにするし、新しいものは関係者の間で定めた。これらの資料についてはかつて一部を報告したので略しておく。

なおムラで一人前に評価する基準にするのは力量であり、だいたい若衆入りするまでに米俵一俵をかついで五十間とか百間を歩くのを規定とする。米俵は四斗入りのムラ、五斗入りのムラがあるので、歩く距離に差があった。ムラによると若衆組の集会所やヨリバに、平素は土俵、秋には米俵を置いて、お互いにかつぐ練習をする。娘や女が見物にきて、賑やかに発奮させるところもあった。また土俵、米俵を何分間差し上げておれるかの競争もよくやっている。なお長円形の川原石をとってきて、十貫目石、十五貫目石などと定め、それを持ち上げて競争した。どこども八貫五百匁から九貫匁ぐらいの石を「十貫目石」としたわけで、多少の水増しをする。これをチカライシ（力石）といい、最高二十貫ぐらいが普通だが、五十貫、百貫というのもあった。最高の石を持ち上げると、スミで年月日、氏名を書いて表彰する。五十貫、百貫ということになると年月日、氏名の他に立会人の氏名まで彫って、神社や寺院へ奉納する習俗もあった。いまの重量挙げの源流である。

また東播地方ではムラの鎮守社にはたいてい土俵を造り、夏祭りには子供組が角力をとり、何人抜きなどとやった。明治後半から大正初めにかけて青年、壮年の間で角力が流行し、郷社などではムラの対抗角力、他のムラからの飛び入りなどもあって、番附を作って奉納している。要するにムラでは、知能よりも力量が評価の基準となったわけで、娘や女性たちも、力持ちに憧れた。「男、男とたてられながら、いまに上らぬ五斗俵」となると、もうムラから逃げ出すほかあるまい。

若衆入りして、力も一人前であり、仕事も一人前にできる。そのため日傭に出ても、一人前の賃銭を支払われることになった。ムラの論理には、それなりに一貫性がある。つまり女性との性交も一人前に認めることを疑う者はなかったし、結婚も一人前にできた。いまのように身体も成熟し、知能も一人前になったことは認めるが、性交だけはまだ早いというような不合理な考え方はしない。また大学は出たけれど、まだ生活が安定しないから、結婚は早いというようなバカなことは思いもしなかった。一人前の賃銭を支払うということとは、それで結婚してともかく生活できるのを保証したのである。もとよりいろいろの事情や世の中の変動で、そうタテマエのように進まぬことはわかるが、基本的条件は揃えてあるのだから、後は本人の努力であり、それができないようでは一人前とはいえぬ。一人前になる努力を放棄した者、あるいは身障者として生まれた人たちは、ムラから離れて無宿渡世へ入るか、遊芸人となって漂泊するか、勘当されて他所の土地へ逃げるか、いずれにしてもハンパモンに落ちるほかない。

「一人前」とは、いまの私たちが考えているような、安易な達成希望目標でも、単なる言葉の遊びでもなかった。ムラが生存する上で、根本的要件なのである。したがって「一人前」になれない者は、ムラの外へ無慈悲に排除した。そんなイガワリモンをかかえて、暮らせるほどの余裕はない。そのかわりムラに住んで「一人前」の努力をする者には、それだけの保証をするのが当然として、疑わなかったのである。いわゆる「夜這い」とか、祭礼行事の際の性的開放をもって、いまと同じように猥褻な風俗と考え、興味本位に見ることは誤解であろう。一人前の男、あるいは女として、ムラをどのように維持し、存続させるべきかを考えて、最も合意できる方法を選んだのである。それが宗教行事的な様相をもっているとしても、お互いに抵抗感や拒否感を増幅せずに、受け入れるための知恵として機能させた。もしそうした歯止めに対する意識を麻痺させるならば、彼および彼女は姦通、密通、不義として告発されて追放されるか、または自ら道行を演じて心中するほかないであろう。

こうした観察は、ムラの模型的な造形であって、現実のムラはもっと複雑多岐な様相をもっているし、歴史的な変遷、展開の行程にも緩急、遅速があって、更に事情を複雑化させている。しかし、どのように歪曲され、あるいは拡散されているとしても、ムラが存立し得る条件が否定されるようになれば、ムラは崩壊し、解体せざるをえないであろう。その存立の基本的条件がなんであろうか、それを考えてきたわけである。誕生、出産のさまざまな宗教的、習俗的様相は、要するに伴走的要件にすぎまい。子供組、若衆仲間の機構が、現実に存在する貧富を反映しないように努力しているのは、ムラの根源的な要件であろうと思われる。中老層以降の階層的、あるいは階級的分化の発生、展開は、ムラを分解させるための最初の最大の要因というべきだろう。誤解のないようにいえば、階層的、階級的分化の発生と発展が、根源的には均等同質的であったムラを分解させる第一次的要因になったというのである。したがってムラを腐蝕し、倒壊させる毒素は、あらゆる細胞に浸透するといわねばなるまい。どのようにして、その毒素を防止し、ムラの継続を維持すべきか。その対応はムラの状況によって異なるのが当然であり、さまざまの表相的な相違が生じた原因であろう。

徳川幕府の軍制、職制は、三河地方のムラの機能を拡大再生産したものと思われる。十五乃至十六の初陣というのは、若衆仲間へ入って出陣したことであった。若年寄とは若衆仲間の頭領であり、老中とは中老層から選出されたムラの役職であろう。親方、烏帽子親などと子方の契約関係は、組親と寄騎としての軍役と同じである。領主の召集があれば、ムラの機構がそのまま軍事組織となった。これは武田、上杉、織田など多少の差はあっても、兵農分離以前の形態は同じとみてよい。いわゆる原始氏族共同体まで遡源するか、否かは問題としても、中世武士団までは上れるだろう。それでは兵農分離以後、軍役を離れてムラの機構が変化したか。殆ど変化していないといってよく、平常的には祭礼、とくに他の多くのムラと競合する郷社の祭礼では、ムラの機構はそのまま軍役に転化する。

喧嘩祭として有名な姫路近郊、松原神社の祭礼では区長を総指揮に、幹部を副指揮その他とし、屋台の運行は中老から総取締、副取締、取締を選出、若衆仲間は若衆総取締、副取締、取締を選出して規制し、まさに戦闘序列であった。どこのムラでも「指揮」は名目であって、実際の屋台運行は「取締」によって行われ、「総取締」は「侍大将」である。どういう人物が「総取締」になっているか、青白い知識分子を選んでいるムラはただの一つもなかった。肥馬にまたがって戦陣を馳駆し、一軍を指揮するに足る、まさに「侍大将」を選んでいる。

私は徳川後半に続発した百姓一揆に参加した郷村は、このムラの祭礼行事の戦闘序列をそのままに軍役へ転化したと思う。百姓一揆にムラの名を書いたムシロ旗を立てて参加した一団の、鮮やかな離合集散は、とても烏合の衆のそれではない。百姓一揆を意識的農民の個人的参加とみるのは誤解で、ムラとして組織的に参加したのであり、その進退の指揮は「侍大将」がとったであろう。一揆後の鎮圧とともに「竹槍一本」につき三文とか五文とか科せられているから、適当に員数を作って申告したので、領主側も百も承知だが、参加者全部を探し出して入牢させ、農作業を停滞させるのは愚であり、この程度で妥協したのだ。

これは中老と若衆組、子供組によるムラの機構が、どのような役割をもち、したがってその役職を選ぶ基準を、どこに置いたかを解説している。子供組の大将、若衆組の頭、中老から顧問、青年団分団長、消防組小頭などを選出する基準は「侍大将」型人物であった。これに反して会計方、帳元などの役職は知能型の人物が選ばれ、いわゆる軍師、参謀的役割を果たしている。そうしたタテの系列の他に、同一集団内部では同一年齢によるヨコの系列があった。子供組、若衆組、とくに若衆組には同年組の意識が顕著であり、同級生、同年兵、同年次入社など同年齢感覚の源流とみてよかろう。若衆仲間内部の同年組で横断的な結合を作り、キモイリ、世話人などを選出しているムラも多い。いわゆる「同年齢感覚」の習俗は、またムラの一つの体制になっていた。

5　あの夜のことは

私が初めて「あの夜」のことを知ったのは、十七歳の頃、自転車で走り廻っていたときである。だいたい年中行事、誕生、結婚、葬式、民謡、方言という順で資料採取の目安を作っていた。その頃、私が参考にしたのは『民族と歴史』『社会史研究』が主で、他に『歴史と地理』ぐらいである。

加西郡九会村田原の山奥のムラで婦人たちから採取していたとき、結婚のことについて聞いていると、妙なことになり、まだ早いというわけであったが、一人がマアええやないか、というので教えてくれた。新婚の夜に、新郎と新婦が初めて床に入り、

あんたの家に柿の木がありまっか

へエ、おます

わしが登ってちぎってもよろしますか

へエ、どうぞちぎって下さい

そんならちぎらしてもらいます

というので、新婦の腹の上へ乗るのである。ここらのムラならニワか、ウラに柿の木のない家はないからええが、柿の木がない家の嫁はどないいうんやろ。そんなこと心配せんで

もええわいな。あんたとこ柿の木にミカンならしたいうこっちゃないか。あほいいな。いやほんまやいう話やで。という騒ぎになった。細部には、多少の差があり、

あんたの家に柿の木おまっか
ヘエおます
よう実がなりまっか
ヘエ、ようなります

が、

あんたの家に柿の木おまっか
ヘエ、おます
ようミカンがなりまっか
ヘエ、ようなります

というわけで新郎と新婦が協力して、柿の木にミカンをならしたのである。これは新郎の方が、あがってしもて、えらいことやったと話にしたのが噂にひろまったらしい。

その後、七、八年して加西郡下里村東笠原でも、殆ど同じ話を聞いた。ただし、それは少し知能の低い男が結婚することになったので、仲間の若衆が初夜の心得として教えたらしい。その教えた男は、私と毎夜のように遊んだ男なので、ほんとの話である。君はどないしたんかと聞くと、そう義理固いこともせん、というわけで、当時はもう義理固いのも、

不義理なのも自由になっていたらしい。

その後、加東郡上福田村三草から丹波へ出る山奥のムラを走っていると、山中に小仏堂があり、中年以上の女性数人が堂内で仏事をしていた。こうした機会はゆっくり話を聞けるので、いろいろと尋ねているうち、酒も飲んでいるようなので初夜の話を聞いてみる。あんた若衆入りすんだんか、おまえのムラの若衆入りはどうするということになって、このムラでは若衆入りの晩のことや、と教えてくれた。

この堂は薬師さんを祭っており、正月の薬師講の夜、若衆入りした十五歳の青年と女性がオコモリする。年によって人数が違うが、だいたい三―五人ぐらいらしい。女性の方は後家さんが主であるが、後家さんでも若い人は除いて、四十前後の人を選ぶ。が足らないときは四十前後の主婦から、クジビキその他で決める。三十七の厄年の主婦が厄払いとして加わることもあるらしい。薬師講は女の講なので、当日はムラの女性が全部集まってくるが、日暮れになるとオコモリを残して帰ってしまう。入れ替わりに若衆入りした青年たちがオコモリに来ると、本尊の前に座って女性たちが般若心経を誦し、若衆たちに教える。その頃でもまだ電灯ができておらず、ランプであったが、その他に本尊前に大ロウソク二本立てても、表も横も戸を閉めてしまいうす暗いらしい。般若心経をだいたい覚えられると一夜半になるが、それから西国三十三カ所の御詠歌をあげる。そのうちつかれてくると、一休みしようということになりフトンを敷く。誰と誰とが組むか、その方法はいろいろあるようだが、人数が少ないとジャンケンで決める。五組の場合は仏は本尊さんということで、男女別に掌にスミで南、無、阿、弥、陀と書いて見せた。同じ文字の合った者が組むことになる。フトンへ入って同衾、しばらく雑談して、気分が合ってくると、

おばはんとこに柿の木あるか

と問答になった。しかし女の方がまだ気が乗らぬと、

まだ青いでえ

とか、

まだちぎるのん早いでえ

と断るし、男がモジモジしていると、

あの夜のこと知っとるんか

と催促する。うまく合ったところで、

あるでえ

よう実なるか

なんぼでもなるでえ

ここまでの間に女は着物の帯を解き、腰巻の紐をほどいて、いつでも裸になれるようにしておく。

サア、よお見てんか

まず両乳を出して見せ、さわらせたり、にぎらせたりして、よくならし、それがすむと下の肢へ手を入れさせて、なでさせたり、いろいろと教える。双方の気が合ったところで、腰巻を外して全裸になり、

よお見んか

と開帳して拝ませた。若衆はたいてい参ってしまうらしい。

よう見たか

――

どないするねん

――

柿ちぎらへんのか

このくらい催促されて、

登ってちぎってもええか

なんぼでもちぎったらええ

――

お前、木登りもよおせんのか

親切な人は男の帯を解き、フンドシの紐をほどいて外させた。困らせるのが面白いという人はなかなか教えてやらず、着衣のままで登ろうとすると、

　そんなんで登られへん
と叱る。ともかく男も裸になって上ってくると、
　しっかりだきつかな落ちるでえ
ここで女体のだき方、組み方を教え、またクチスイ、チチスイもさせるが、女の方もフラフラになり、もうどうでもよいと思うらしい。
　サア、ちぎってんか
男のものを握って、自分の中へ入れさせる。若衆もいろいろでベソをかくのもいるし、あんがい上手にすむのもあり、平素はわからないような性格も出るらしい。なかなかうまくできんのもあって、女の方は一人前にしてやる役目があり、そんなのに当たると苦労するという。「柿の木問答」は、この程度が標準で人によって、時によっていくらかの増減はある。隣近所の運転状況を気にしたりすると、
　キョロキョロしよったら落ちるでえ
　もっと気入れてちぎらんか
などと叱った。女の方で公開できぬようなことをさせたり、いったりする人もあるが、自分が楽しむためでなく、初めての男を一人前にしてやるのが義務なので、はたが思うほどラクな仕事でないという。
　ともかく第一工程がすむと、中休みにした。フトンはそのままで、また仏前にならんで

般若心経や御詠歌をあげ、熱い茶で菓子や餅を食べながら雑談する。女の方が猥談をして聞かせ、夜這いの作法、女のくどき方、結婚までの心得、女体の特色、大人の性生活、出産などの話をして教育した。だいたいは一時間ぐらいの休憩で、またフトンへ入り第二工程へ移る。それからのことは当人たちにまかせるほかないが、四十八手の免許皆伝までは難しくとも、夜這いに行って恥をかかぬだけの教育はしたという。ただ、当夜、組み合わせの人を変えることはしなかった。早朝にフトンを上げ、洗顔してから、また仏前にならんで般若心経や御詠歌をあげ、まだうす暗い六時頃に家へ帰らせる。残った女たちは、後の掃除をして帰宅した。この夜のことはオコモリの女も、若衆の方も他人にしゃべるのはタブーである。儀式の内容については、別にタブーでない。具体的におばはんがよう泣いたとか、若衆がなかなか登れなんだとかは秘事であった。

そんな習俗の残っているムラは、他にもよくあるということなので、摂津、丹波、播磨の国境地帯や北播の多可、加西郡の山奥のムラなどを廻ってみると、当時はまだ残っていたムラ、近頃まで残っていたムラがある。加西郡でも多加野村、芳田村、大和村などでは、いろいろのムラが残っていた。この地方では一般にムラには、神社、寺院、仏堂が、だいたい一カ所はある。大きいムラでは二カ寺もあるのもあるが、まず一カ寺で、その他に小さい仏堂が一カ所あった。この仏堂は二間四面ぐらいで、オコモリができるようになっており、それに小住宅を建て増して尼を住ませるムラも多い。尼の住んでいる仏堂はアンデラ、尼をアンジュサンと呼んだ。この仏堂は墓地に附属して建てられるものが多く、周辺に石塔が林立する。埋め墓の仏堂は村外れの山林中にあり、昼でも淋しいのが普通だ。卵塔場は石塔だけの詣り墓だが、これもムラの端にあるのが多い。寺院の方は男の管理、庵寺の方は女の管理で、女のオコモリその他の行事はここでやる。詳しくいえばムラ、ムラで違いがあるけれども、大概のところはそうしたことだ。ムラ、あるいは男の講としては大峰講、伊勢講、愛宕講、不動講、その他にも多い。女の講には大師講、阿弥陀講、地蔵講、薬師講、淡島講などがある。ムラによれば男女共同、あるいは女と老人、老人（男女）のみになっている講もあった。庚申講（庚申堂）は別として、オコモリするのは女の講に多い。若衆入りのオコモリが、女の講で行われるのは、そのためである。

　第二次の調査は、昭和七年以降に始めたが、いろいろ経験もあったし、一定の調査目標もできたので、ムラの構造と機能との関係のなかで、性がどのような役割をもっていたか、改めて考えてみたいと思った。第一次の調査はまだ恣意的なもので、どの程度の資料的価値があるかの判断能力を欠き、恐らく実態との差があろう。改めて若衆入り、夜ばい、恋愛、結婚など興味的に見られたり、あるいは学問的調査から拒否されている部分を、正常な価値、役割に戻してみたかった。それで調査にかかってみると、六、七年前にはまだ残っていたムラは殆どなくなり、伝承の残っていたムラも消え去り、残った伝承もかなり歪曲されたものになっている。それでも第一次の経験があったので、かなりの程度まで復元できたと思う。民俗資料が社会的存在の機能を失うと、その滅失は驚くほど早い。

第一次調査は大正十四年から昭和三年頃まで、私の年齢でいうと十七から二十歳までに当たるが、だいたい三歳ぐらい若く見られた。これは民俗資料の採取に有利な面と、不利な面がある。読む者の年齢によって、文書記録の内容が変化することは、まずありえない。しかし民俗資料の採取では、採取者の技術はもとよりだが、年齢とか服装、信用度などがかなり影響する。正攻法で村役場に頼み、ムラの有識者、物知りを集めて調査すれば良好な資料が集められるか、といえば、その保証はあるまい。民俗資料の採取にも、その種類によって公式型調査の方が、かえって良好なものもある。方言、年中行事、俗信禁忌、農耕作業などは、その一例だろう。しかし宗教、信仰、反体制的思考、性的習俗になると、まず公式型調査では絶望的である。

いずれにしても一応のタテマエは聞けるが、その内奥までは不可能であった。いかに努力しても体験して見ねばわからぬが、他所者に体験できるようなものは底が知れている。とすれば他所者の側で、どうすれば、どの程度まで、ムラの内奥に入れるかを考えるほかあるまい。十代後半の若い調査者には自由に話をしたことでも、二十代後半の調査者には黙して語らずというのもある。その頃、師範学校で郷土教育が流行し、ムラへも資料調査目標での回答依頼や直接調査があったのだが、殆どのムラではマア適当に答えておけ、であった。ある村役場では、ウタといってもヘソから下のものは出すわけにもいかず、アハハハである。調査票を送って回答させるのなど、役場や小学校に少しでもわかっている人があればよいが、それでないと方言などとても信用できぬと思った。いまでは戦前と事情が大きく変化しているが、私は十代後半の若い研究者の努力を望みたい。いまの高校のグループ調査を全く否定するわけでないが、個人的単独調査でないと採取を望めないものもあるのだから、すこしは青臭くとも若い創意性を発揮して新しい地平を開拓すべきである。

6 弾圧と亡失

ところが「筆下ろし」の年齢を一挙に引き上げる事件が起こった。すなわち徴兵検査の励行で、富国強兵の政府といたしましては、国家の干城たる青年に花柳病が蔓延するのを座視することはできない。これは古い若衆組の罪で、質実剛健を主旨とする青年会に改組する。「夜這い」などもってのほか、青年、処女は純潔でなければいけぬことになって、教育も、これに応じて大合唱したから、若衆組も、夜這いも決定的な打撃を受けた。ここまでが柳田民俗学の範囲でめでたし、めでたしだが、赤松民俗学はここから始まる。しかしそんなことで屈服するような、生やさしいムラなら早くに滅亡しているだろう。よろしい、検査までは純潔を守りましょう、だが、その後は責任をもちませんよ、というわけで徴兵検査が終わった夜に、どっとダルマ屋へ駈けつけた。検査の施行状況まで報告する義務はないが、だいたい郡役所所在の小学校講堂で行われ、一日二カ村か三カ村の壮丁が集められて検査が行われる。理論上、百人から二百人ぐらいが、四、五カ所のダルマ屋に集中することになった。一部十カ村として五日間は連続することになるから、ダルマ屋では神戸、大阪辺まで手を延ばして女性を集めてくる。徴兵検査は各市郡毎に巡廻するから、県下一巡に約二カ月乃至三カ月を要した。したがって彼女たちは徴兵検査を終わった農村青年たちの「筆下ろし」に協力するため、軍団を編成して県下を漂泊することになる。戦時中、編成された慰安婦の原型であった。

少数人で、しかもまだ若い若衆入りの夜でさえ大騒ぎであったのだから、まして満二十歳の青年が主力となる徴兵検査の夜が、どういう騒ぎになるか、想像を絶するものがあろう。もとより自転車を飛ばして神戸、姫路、高砂、室津、飾磨などの公認遊廓へ遠出する者もあるが、ここにも検査崩れが殺到していて同じことだ。まあ、すでに「筆下ろし」のすんだ豪傑も居るだろうが、「徴兵落とし」のために一列同体にせねばならぬから、員数のことになればそんなに変わらない。こうした環境での「筆下ろし」とは、全く悲惨というほかなかろう。さあ、お次、お次と疲れ切った女体の上を通過するだけのことだ。これが、ほんとうの「通過儀礼」である。その結果として当然、必然に花柳病が大爆発を起こした。これまでは、まだそんなに激しい爆発はなかったが、かくて周期的な大爆発を継続することで、ムラの若衆たちは政府へ復讐したのである。純潔、純潔というばかりで、その効果的な発散を考えなかった者たちへの、必至の反撃であった。

しかし世の中には、徴兵検査の通過儀礼ですら拒否するという、優しい優柔不断の男も残る。祝言後、一週間経っても、おくり婆様はもどらなかった。嫁コが首尾よく貫通されたのを見とどけて、帰って親元へ報告するのが、おくり婆様の役目である。不安になった婆様が男の叔母に相談したので、「お前《め》えちゃんとしてらが」「なにちゃんとよ」「嫁コど晩に休むとぎよ」「休むとぎ、どうしたってよ」「嫁コさ、無調法してねえが」「誰ア無調法すもんだば。無調法せばまいねど思って、ぎりっと股引はいで寝でらじゃ」。叔母はあいた口がふさがらなかったが、その晩、十九の嫁コが電灯の下で一糸もまとわずあうのけになって見せ、ガタガタ震える男を「あんさま、わの上さ上がりへえ」と裸にして引き上げた（平井信作『津軽艶笑譚　一』昭和五十五年二月刊、六〇頁「ネオ童貞」）。「おくり婆様」が必要というのも珍無類の話だが、播磨では結婚初夜の翌早朝、嫁の親族、姉か叔母などが「どお」と視察にくるが、それを「部屋見舞」という。同じような発想といえる。

初床で男が契りを結ぶべどかがったども、女はなんぼしても股コ開がねがったど。隣りの部屋で初床の成り行きを見守ってだ仲人のあっぱ（嬶）は、気が気でながったど。あっぱは真新しい布団の上さ仰向けになって、「これや、とど（亭主）持ったら、こったに股コ開いで、あどは亭主に任せるもんだじえ。これとど、わいの上さあがってみろ。ちゃんと見でせ」と、聟の堅くなった物をつかんで、わいの物さ当てがったど。「これや、よく見だが。これが本当の夫婦の交わりだじえ」て言ったど。二、三日たって友人から感想を聞かれた聟は、「いやあ、十六花嫁よりも四十六の仲人あっぱの方がずっかりえがったじえ」て言ったどさ（佐々木徳夫『みちのく艶笑譚』、昭和五十四年一月刊、一〇五頁「とんだ初夜」）。男も男なら、女も女ということになるが、若衆組や夜ばいの盛んであった時代には、こんなことは想像もできなかっただろう。四十六の仲人あっぱが、若衆も娘も実地教育してみせたので、昔の若衆入りの初夜教育が、いかに適切、かつ科学的教育方法として作動したか、を実証している。まさにあっぱはムラの性教育の伝統を継ぐ、最後の一人であったのだろう。では近代教育の「純潔」とか、「貞操」とかはなんであったのか。肉体的な抑制を強要するだけで、健康な発散を考えなかった結果として、いま私たちは、その当然の代償を支払わせられている。娘を商品として高価に売り込むための処女性尊重と「貞操」の強要、息子を売春風俗産業の購買力に仕立てる手段としての「純潔」教育、そこには資本主義社会の露骨な商品化政策があるだけだ。

私たちは若衆組の行事や夜這いを、かつて淫風陋習として退けたのである。しかしムラがムラであったとき、成熟した女性にとって若衆へ心身ともに健全な教育をすることは、次代への継承を維持するために負った義務であり、また権利であっただろう。ムラが一つの共同体として作動しているとき、夜這いも結婚関係も、若衆組その他と同じく、それぞれムラの「公事」であったから、かれらに「純潔」や「貞操」の観念はなく、どうして生活を維持するかが根本の約束であったものと思われる。つまり個人として私匿しなければならない密室の作業でなく、いつでも公開されているルールに乗った行為であった。長い間、私たちは「夜這い」を誤解してきたが、それはムラの古い共同結婚方式を継承したものとして、まさに「公事」として維持されてきたのである。近代日本は結婚を「私事」に変質させることで、「夜這い」の伝統と継承とを否定したが、そのためにかえって社会的性生活を荒廃させた。

II　非常民の民俗文化

1　村落共同体とは

最初に断っておきたいのは、私は専門の歴史学研究者でないから、「村落共同体」の理論については、理解していると保証できない。ただ、こんなように考えれば、ある程度まで理解できる部分があるのでないかと思う。私のいう「村落共同体」とは、その程度の意味に使っている。

いままでの日本の考古学的発掘の状況からみると、旧石器時代後期には集落らしい住居群があり、墓地も附属したらしい。縄文時代になるといくつかの住居群が、一つの集落を構成していたらしい様相があるという。これらを「村落共同体」の原基とみるなら、その歴史は古いし、当時の「村落共同体」の実態が問題となる。続いて弥生式時代になれば、これはもう「村落共同体」の連合から、「古代国家」の成立にまでなってしまう。その後は「古代国家」「律令制社会」「荘園制社会」となり、近世「幕藩制社会」になると「村落共同体」も「郷村」型に変化する。維新後、郷村体制の解体がすすめられ、地方行政の末端機構として僅かに温存されたというのが、だいたいの歴史であると思う。私たちに、いまともかく手が触れる近さにあるのは、この「郷村型」村落共同体だけであって、それ以前の「村落共同体」は文書記録や物語、絵画、遺物遺跡などで推理するほかない。中世以前の村落共同体と郷村型村落共同体と、どこがどう違うのか、あるいは中世から近世へどのように移ったのか、それすら明確にはわかっていないのである。部落の起源が中世にあるのか、近世になってから固定されたのか、それがわかっていないのは、村落共同体の性格と、その推移とがわかっていないのだから、当然であろう。

理論的にいって村落共同体にも各地域で特殊性があるとみれば、日本の場合は悪名高い「アジア的生産様式」が問題になる。原初から近代に至るまで、たしかに「アジア的生産様式」といわれるようなものの断片を、村落共同体のなかから拾い出すことは容易であろう。ただ、それをもって日本の村落共同体の古今を通ずる根本とするには、いささか無理があると思われた。そうすると日本の「村落共同体」の典型的様態、換言すれば最も中心的な発展様相は、どの段階であったかと理解してよろしいか、それがわからない。

わからないというのは無責任すぎると批判されても困るので、私は近世幕藩制社会の村落共同体は、いわゆる「村落共同体」の歴史的段階としてみると、末期の衰退的様態でないかと想像している。末期の衰退的様態ということは、いいかえると新しい歴史的様態が発生し、成長しているということにもなるだろう。いささか断定的ないいかたをすれば、郷村型村落共同体の解体を誘発し、促進したのは近代市民社会への胎動であったといえる。ただ大筋としてわかるが、具体的にどのようにして変化したか、それがわかっているとはいえない。私は郷村型村落共同体の内容、様態をいろいろと探り出し、その変化と衰滅の軌跡を追えば、だんだんとわかってくるものがあると思う。

そのためにはいろいろと試行錯誤もあるだろうし、大胆な仮説も生ずることと思うが、寛容と叱正を願っておく。

2 間引き風俗

いま「子供」「少年」たちの荒れが、大きな社会問題となっている。過去にも「不良少年」問題はあったし、かれらを矯正するための施設も作られていた。しかし今日ほど、社会的問題として声高にとりあげられていることはない。最近にいろいろととりあげている雑誌、図書などの出版物は、それこそ汗牛充棟といってよかろう。そのなかから二、三を列挙すると、『解放教育』一六七号特集「子どもたちの中でいま起きていること」、同一六九号「子どもたちの生活をどう組織するか」、『生活教育』四一七号特集「非行をのりこえる実践」、『思想の科学』三四四号主題「少年たちの暴力」などがある。

いま少年暴力や非行の実態について報告したり、論評する気はない。ただ、これらの報告や論稿を読んで感じたことは、教育者や教育評論家たちのなかで、昔の「子供組」に憧憬をもつ者があるということだ。殆どの者は「子供組」の実態を調べてみようともせず、一、二の民俗学者たちの報告を鵜呑みにしている。これまでの民俗学研究者、とくに柳田派は社会的な視点からの解析を嫌ったので「子供組」の資料採取に当たっても、表面的な、それもどちらかといえば美化するような立場で採録しているものが多い。子供を神聖視するのも一つの視点であるが、いつの時代であろうと子供の世界は大人の社会から切り離され、独立したものではありえないだろう。つまりは子供の世界も、大人の社会の一隅を占めているわけだ。大人の社会は汚れていたが、子供の世界だけは美しかったなどと想像するのは、夢うつつでないのなら、こっけいな推理というほかあるまい。

『生活教育』四一七号の笹嶋勇治郎「育てる側と育つ側と——人生の通過儀礼によせて——」に、その代表的な感想がある。詳しくは読んでもらうほかないが、人生儀礼を契機にしながら、日常世界の「育つ側」の主体性と、それを容認する「育てる側」の寛容さのなかで、それぞれに生きる厳しさを戦い学び、しかも、そこに生活文化を構築してきた常民の、一つの共同社会を継承発展させていく力の根源をみることができたように思う、という感想は、文章の上だけのキレイゴトで、実はなんにもわかっていないというほかない。『解放教育』一六九号の石丸時次郎「ムラの子どもは青年が育てにゃ」を読めば、子供の世界がそんなにあまいものでないことがわかる。子供の世界にも差別や階層が貫かれていること、その認識を欠けば事実から離れた虚像を造立するにすぎない。

いわゆる「大正デモクラシー」のなかで、大正七年七月創刊の雑誌『赤い鳥』を中心とする童話、童謡の創作運動は、明治の官製的倫理主義、非個性的な児童観を改めさせたものとして評価できる。しかし子供のもっている「純真な感情を保全開発」したことを認めるとしても、子供をあまりにも純粋化し、理想化したため、その現実を見失ったといってよかろう。その一つの手段として、昔の「わらべうた」が見直され、新作童謡も、そうした日本的諧調を基盤に創作すべきものと意義づけられた。そのために採録された「わらべうた」は、かれらが理想像としたものに限られ、悪魔的な、反近代的な「わらべうた」は捨てられたのである。子供を理想化し、神聖視する視点は、現在の子供問題のなかにも残されており、それが私たちの子供世界に対する意識を混乱させているともいえるだろう。

郷村型村落共同体の子供観は、そんなにあまいものではなかった。はっきりいえば子供を大人の世界の一部分としてしか認めず、子供を上から、また外側から引きまわし、自分たちにとって有用なものに育てようとしたので、それに反抗する部分は見殺し、捨て殺しにしてはばからなかったといえる。子供の独創性とか、個性とかいうようなものは、共同体の存続にとってじゃまものであり、そんな子供を育てて行く余裕はなかった。そうした共同体の子供観が良いか、悪いか、あるいは好きか、きらいかといってみても、それは私たちの個人的な趣味の問題である。現実の共同体は、そうしなければ生き残れなかった、というほかない。私がいいたいのは、そうした現実を直視した上で、なにができたか、あるいはすべきかを考えようというのである。ありのままの実態を解析することを怖れたり、いわんやかくしたりするような立場からは、新しい建設的な思想も、世界も産み出すことは不可能だろう。

村落共同体、略してムラには「年齢階梯制」という横断重層的機能をもった組織機構がある。いわばムラを維持し、確保するための脊柱的意義と任務とをもったものだ。これはだいたいに「子供組」から「若衆仲間」、それを出ると「中老連」という三段階が多い。

ただし地方によって、またムラによって、いろいろと変差はある。ところによると子供組が殆どなくなっているのもあり、若衆仲間の他に「娘仲間」「お針仲間」「子守仲間」という女連中もあった。なかには中老から「年寄」「元老」などを選出し、ムラの最高指揮機関としたところもある。要するに、そのムラの起立、成立、大小、歴史などに応じて変わるので、どこのムラでも詳しくみれば、いろいろと小差があった。しかし、だいたいの基本として「子供組」「若衆仲間」「中老連」という三段階が多い。

子供組は誕生から十二乃至十四歳ぐらいまでで構成され、若衆仲間は十三乃至十五歳から二十五乃至四十歳ぐらいまで、ムラによってかなり大きい差がある。また年齢にかかわらず結婚すると引退したり、子供が加入するまで引退できないとか、ムラによって特殊な条件を課すところも多い。若衆仲間を出ると中老になるが、息子に後を譲ると「隠居」となり、ムラの公式な行事からは外されることになる。他方では役づきになり、ムラの「顔役」として指揮する分子も出るわけだ。これがだいたいの、年齢階梯制の解説であるが、その名称や実態ということになるとムラごとに小差や大差があって、直接に調べてもらうほかあるまい。

ところで「子供組」の前段階として、いわゆる「水子」がある。「水子」には腹の中に居るときにおろす堕胎と、生まれてすぐ殺す間引きの二種があり、その処遇方法もムラによっていろいろの差があった。だいたいは全く生まれなかったものとして処理するところが多いが、山奥の洞窟や渓谷の「賽の河原」に石積みして供養するところもある。また胞衣の一部を残しておいて墓地へ埋めたり、寺院へ納めたりもした。そういうムラでは、水子もまたムラの子供として処遇したともいえる。それが子供組の編成、機能と、どのように関連していたかは、まだ明らかでない。

すなわち堕胎、間引きを単に個人的、あるいは家族的な問題として見てきたわけだが、戦後の中絶問題と違って、ムラの堕胎《オロシ》や間引きには個人的、家族的な処理以前に、ムラとしての規制があったと推理できる部分もある。つまり近代的にいえば産児制限とか、産児調節とかが、ムラとして公的に行われたということだ。明治政府になって富国強兵政策の一環として堕胎罪を創設、厳禁したから、堕胎や間引きは私的な犯罪となったけれども、幕藩社会ではムラの公的な処分として扱われたものといえる。それだけに「水子」に対する処遇に、ムラの意思が反映しているだろう。ただ、その資料がまだ多くない。

本多利明は「間引子と荒し作りは、箱根峠より東諸国の風俗」といっているが、荒し作り（焼畑）も、間引きも全国的に行われた風俗である。また西国には堕胎が、東国には間引きが多いとか、都市の町人は堕胎を、農村の百姓は間引きを主としていたなどという見方もあるけれども、あまり根拠のあるものではなかろう。要するに全国的に堕胎、間引きが盛んに行われたということである。

仙台藩の盧東山が宝暦四年に書いた上書で、五、六十年前までは百姓が一夫一婦で男女五、六人から七、八人も育てていた。近年は一人か二人にとどめ、後はもどす、かえすといって殺してしまう。これは貧しくて困りはてているからで、そのまま生かしておいて、やがて飢えや寒さのために殺すよりもよいとするほかなかろう、といっている。明治政府の堕胎罪創設で、乳幼児の死亡が激増し、それだけ農村や都市の貧民層が直接の打撃を受けたことは明らかだろう。儲けたのは医者と、安価な労働力を集中できた産業資本家ということになる。戦後、初めて産児調節の自由を獲得して、産むのも、育てるのも個人の意志が公認されたわけだ。それがよいか、悪いか、好きか、きらいかは別のことで、ただいずれにしても育てる側の責任が重くなったことは、当然であろう。

東播地方、加古川流域では、だいたい胎児が男のときは「山へやった」、女のときは「川へ洗濯にやった」というムラが多い。幕藩社会の昔のことかと思っていたら、どうもそうでもなさそうであった。政府公認の産婆が普及したのは大正も後半からで、それまでは無資格の産婆、東播ではトラゲババアという女性が取り扱ったのである。当時、トラゲババアは一町村（行政単位）に一人か、多くて二人ぐらいより居らず、上手だと評判の人はかなり遠くからも招かれ、それなりに敬重されていたらしい。加西郡で調査した例によると、初めは隣近所の産婦の世話をしたり、出産の手伝いをしているうちに、あの人に手伝ってもらうと安産したとか、胎児の性別がよく当ったとか、腹の子供の姿勢を変えてもらったらよい子が産まれたとかの噂が立ち、いつのまにか頼む人が増えて専業化したという。また、それ相応に収入もあるので、初めから目的にかかる人もあり、評判のよい産婆に弟子入りし、助手をつとめて経験を積み、後に独立するのもあった。

幕藩時代にはもっと敬重されており、トラゲオヤといわれ、ムラによって差があるけれども、だいたい一年後の誕生祝いまでは贈与があり、長い場合には七歳ぐらいまで交際したという。またトラゲオヤが死ぬと、子供分で葬式に出たらしい。大正前半の小学校でも、お前もあのババアにトラゲてもろたんかと笑い合った記憶があるから、どうも同じ手でこの世に出た兄弟、姉妹というような感覚もあったと思う。大正に入って無資格のトラゲババアを強権で排除するようになり、また検定による有資格産婆が普及するにつれて、彼女たちは軽視されるようになり、遂には廃絶させられてしまった。しかし明治時代は、まだ彼女たちの盛んに活動した段階で、それだけにいろいろと堕胎《オロシ》や間引きに関与した話がある。

まず今度の子供は欲しくないと思えば、主人か、母親かがコブシをつくってみせた。そうすると産婆が産児の首に胞衣を巻いて、死産のように見せかけたそうである。妊婦は産みたい一心だから、明からさまにいうと逆上してしまう。また産む前から相談していたのでは、他へ洩れる怖れもある。ということで出産直前のパントマイムで、その子供の運命がきまった。あの子は親から頼まれていたのだが、あんまり強そうな、良い児であったから、親に恨まれるのを承知で残したとか、かわいそうなのでサインを見なんだふりをして残した、とかの話や噂は、よくあったものである。どうも明治になってからは堕胎が少なく、間引きが多くなったようだが、それは民間療法的な堕胎の危険性が広く知られるようになったかららしい。医師の堕胎手術は公然にしてであろうと、非公然であろうと高くつき、一般の庶民には縁遠いものであった。

ところで明治にしても、ともかく産婆を頼むのは、ムラでも中流以上の家であって、そうどこの家でも頼んだわけでない。まあ、だいたいの家では出産近くなると、隣近所の女たちが集まり、そのなかで経験のある者が指揮して産ませることが多かった。したがって間引きをするのは、そう難しいことでなかったらしい。婚家で一通り出産の準備などをしてみせても、妊婦は敏感にこの子は殺されるとさとったそうだ。そこでぜひとも産みたいと思えば、なんのかんのと理由をつけて、実家へ帰って産んだそうである。播州あたりでは長男、長女、つまり初産のときは実家に帰るというムラが多いし、また婚家の出産のときに実家の母親や肉親の女性が手伝いに行くムラも多いが、どうも婚家と嫁との意見が合わぬとき、その監視の役もあったらしい。

しかし実家へ帰って産めるような幸福な女性ばかりでないから、どうせ殺されるのなら、早く死んでくれとくどく妊婦もあったそうだ。そうした暗い話も多いので、トラゲババアのたもとや着物のスソを赤ン坊がつかんですがり歩いているのを見たという話もあり、大正前半頃、私たち子供が「児殺しの鬼婆」と悪口を吐いて逃げた覚えがある。いわゆる先進地帯の畿内に近い播磨平野でも、この通りであったから、関東、北陸、東北地方などは、もっと激しい間引きがあったと思う。

河内紀『ひとつ弘前の、ヨネばあさん』（一九七九年三月、音楽の友社刊、二二一頁）から抜粋する。

産婆たのんで、産まえだら殺してけろって、頼んでおぐんだと。男ご欲しけば、男ごだば殺さねんでけろって頼んでおぐんだどし。――そへば、産婆さん、こんだあれ、すぐ、こんだは、あの、ふえちょっこ（へそ）切って……ふえちょっこてば、わかるねし。あれ切れば、おしめさ包んで、げす桶さ水汲んでおいでえ、腹やめで来て、産まえたら、あのかくじ（屋敷の隅）さ持って行って、水へでおいて、ボッツラとへだと。

かんじか取りに行くって、いって家さ出て、ボッツラと沈めれば死ぬでばし。かんじか取りに行くってな、生まれたらすぐ、膝株の上さやってえ、赤ん坊、そいで息止めたんだべし。そいで「かんじか取りに行け！」って、そうしたってねし……。

そしてこんだは、それ、自分の屋敷のまわりさばり埋《い》けたもんだど。自分の屋敷のまわりさ埋ければ、早く生まれ変わるって、ほら。ンだとこで、どこの家でも、そうまでねみれば（念入りに調べてみれば）人の骨でもなんでもあるんでねし。そうして、えらね人だば、みーんな殺したもんだと……。

恐らく昭和前半ぐらいまででも、かなり明からさまに間引いていたのだろう。播州あたりでは死産とかなんとかごまかしたので、だいたいムラの墓地へ葬ったらしい。ムラの墓地には単墓型、両墓型、惣墓型、家格型などの違いがあり、それによって差異がある。なかには子供の墓だけ別にしたムラもあり、これを童子型としておく。いずれにしても堕胎であろうと、間引きであろうと、死産であろうと、不幸にして早死にした子供の葬式は、普通、手軽に葬ったようである。東北のように屋敷の一隅へ埋めるという風習は、いまのところ資料がない。隣近所の女たちのあいさつを聞いていると、早いこと、よいとこへ生まれかわるように、といっているのが多く、そうした信仰もあったのだろう。

播州では、だいたいナンド（納戸）か、その隣の四畳半の間を産部屋にするムラが多い。私たちが聞くと、おおよその家の間取りがわかる。すくなくとも四間や五間のある家で、自作を主とし、小作も若干はあるという中級程度の生活であろう。しかしムラでは、その程度の家が半分もあれば、富村ということになる。タタミ敷きの狭い間が二間、板敷きの台所兼用が一間、後は土間というのが、いわゆる水呑百姓級の代表型であろう。こうした家では座敷が使えないから、土間の一隅へ厚く敷ワラを重ね、その上にムシロを置き、更にゴザやウスベリを敷き、二方か、三方の周辺をツイタテやフスマで囲むのが、仮設的な産部屋の構造である。天井は吹き抜けで、冬は火鉢、コタツをしても寒いし、夏は暑苦しくて、カヤを釣っても蚊が入るし、というような状況らしい。

柳田系統の出産、育児関係の民俗報告を読むと、だいたい古くはウブヤ（産屋）、ムラの共同小屋で出産し、そうした隔離を喜ばぬようになって居宅の戸口や土間などに産部屋を造るようになる。こうした隔離小屋や部屋で出産させるのは、血の汚れを忌むからだという信仰がつく。そういう信仰も衰えてきて、いまのように座敷を産部屋に使うようになったというのが、変化の順序になっている。戦後も、いまでは殆ど病院で出産しているようだから、これはもう民俗の範囲に入らないとするか、新しく発生した風俗とするほかなかろう。ただ、ここで考えたいのは播磨の例でみると、土間に産部屋を仮設するのと、座敷を産部屋に流用するのとは、年代的な発生の順序によるわけでなく、そのときの社会的階層の差というべきである。つまり縦の先後の関係でなく、横の並列的な存在なのであった。血の汚れというような意識があるとしても、両者にそれほど強弱の差はあるまい。

すくなくとも明治から大正へかけてのムラでは、土間に仮設産部屋を造るのと、座敷を産部屋に流用して使うのとは、歴史的な信仰とか、意識とかによる先後の差ではなく、要するに経済的理由による現在的階層的な選択というべきだろう。それが更に底辺の都市スラム街などでは、もはや柳田的な血の汚れの意識など、とても維持できる状況でなく、産屋や産部屋系統の民俗とは、すでに断絶した世界である。いわゆる古習とされるウブヤの民俗にしても、かれらが理想化するような神聖風景でなく、幕藩制社会の歪みを露呈して、人里から隔離された産小屋は、堕胎や間引きを自由に行うための手段として維持されたにすぎない。産小屋で産まれた胎児がすべて殺されたわけでないのはもとよりだが、生かすか、殺すかの選択は自由に行われていただろう。近くまでウブヤ習俗の残っていた地域は、だいたい経済的に孤立していた辺境が多く、その維持が偶然でないことをしめしている。

一般に民俗として、血の汚れを忌むのは普通だろう。それを「穢れ」とすると、対応が違ってくる。とくに定期的とか、確定的に出血するものに対しては、それを忌避しようとするのも当然だろう。というので定期的出血、女性の月経の穢れを避けるためにムラの境や隅に建てる忌小屋が、タヤ、確定的出血、つまり出産の穢れを避けるための忌小屋がウブヤである。その名称や習俗は、地方によっていろいろと違っているが、期間中は小屋で自炊生活することは同じだ。だいたい独居だが、二、三人の同居ということもありうる。表向きのタテマエはそうであるが、とくにタヤの場合は女をねらってくる男との性の密会所に使われることが多かった。ときには乱交パーティーにもなったようで、月経の前やすんでも帰らない者もあるなど、どこの地方でも近世は「穢れ」を忌むなどというのはタテマエだけで、本質は恋愛の交歓所に変わっている。

3　初潮の民俗

柳田系民俗学の最大の欠陥は、差別や階層の存在と、その風俗習慣への影響を認めようとしないことだ。いつの時代であろうと差別や階層のない社会などありえないので、したがって差別される側と差別する側、貧しい者と富める者とが、同じ風俗習慣を維持するはずがない。冠婚葬祭など個人的要素の強い儀礼ほど、差別または階層による分裂が大きくなる。私たちの記憶では、昭和前半まで、いわゆる七五三の祝いは、都市でもそんなに普及していたわけでなく、極めて一部の富裕階層の風俗であった。一般の家庭や農村では、まずあまり縁がなかったであろう。神社やデパートなど商業資本の宣伝活動で、爆発的な流行を始めたのは、戦後も、高度成長期以後である。このように、もともと階層的であった民俗が、流行して一般化することはあった。しかし、そのなかでも詳しく観察すれば、階層による差別の存在は容易に検出できる。

播州では娘に初潮があると、ふだん世話になったり、嫁入りの媒介を頼みたいと思うような人たちを招いてフルマイをした。朱塗りの客膳に鯛の焼き物、ハモの吸い物、あるいは蛤《はまぐり》のすまし汁、赤飯を出し、桃の時季なら桃を、ない時季ならリンゴ、梨などを赤く染めて、それに笹の葉、松葉、ヒイラギ、ヒバなどの小枝を挿したものを添えて出す。これをサカエギというが、それで客は娘が一人前の女になった披露であることをさとった。娘が居らなくなると大根を陽形にしたものと山のイモを陰形にしたものとを出してすり合わせたり、酒盃の内側や底に陰陽交接の絵を焼き付けたものを出す。トリモチの男女が腰から下の唄や踊りを見せて座興を助け、客も相当の礼をするというのが、だいたいのところである。ただし、こんなことをするのは豪農とか地主級の家で、ムラでも極めて少数であった。自宅へ招くのが普通であったが、次第に派手になって仲居、酌婦、芸妓を招くようになると、自宅よりは町の料理屋で開くのも現われる。

しかし初潮の祝いは豪農や地主の娘だけがするものでなく、通常の家でもそれなりの祝いはした。初潮の翌日とか、それからすぐの大安などを選んでオコワをむし、蛤その他の貝のすましや味噌汁をつけて祝うのが普通である。初潮の日が、うまい具合に大安や先勝に当たるわけがないから、祝いは黄道吉日を選ぶことになるので、これは豪農、地主の場合も同じであった。祝い方はムラによってかなり変化があって、オコワはだいたい赤にしたが、白や黄にしたムラもある。後になるほど小豆入りの赤飯が一般化し、それを重箱に詰めて隣近所や親類へ娘に配らせた。重箱には赤い南天の実のある葉を添え、もらった家ではオウツリに銭を入れて祝ってやる。そのとき娘に初めて桃割れの髪を結わせ、クシやカンザシを挿し、腰巻も赤色の絹ものに変えさせ、赤い縞の入ったカスリを着せて出した。装身具や腹巻、衣類などは母親が準備する家もあるが、伯叔母や姉たちが贈るムラもある。

それが明治から大正前半までの一般的な風俗であったが、都市に近い農村ではかなり派手になり、装身具、衣類なども高価なものを使うようになっていた。

なお初潮のあった日に、軽く内祝いするのが普通で、その後で本祝いということになる。また初潮の手当でも、ムラで、あるいはその家で違うのもあるようだ。初潮が近いと思えば母親が教えるのが多いが、伯叔母たちに頼むムラもあるし、ムラのしかるべき家の夫人に頼んだり、近所の馴れた老婦人に頼むムラもある。初潮があると、オコワ、赤飯などを持参して礼をするわけだが、もらった女性はクシ、カンザシ、着物の換えエリなどを返した。まあ、そういうことで一人前の娘になった披露をしたわけである。明治には、このときカネツケをしてもらったり、カネツケ道具一式をもらい、カネツケ親とするムラも多かった。

ただし、そうして祝われる娘は、まだ階層的には中級以上というところで、ムラのすべての娘が同じであったわけでない。低階層の娘は、軽く内祝いをする程度ですまし、その日、桃割れの髪を結わせ、勿論、外からは見えないが赤いネルの腰巻をつけ、隣近所を歩かせた。それに気がついた近所の婦人たちが、祝儀袋や装身具、半えりなどを贈るという程度ですむ。しかし、この程度でも祝ってもらえる娘は、まだ幸福なのである。

更に最下層の娘たちになると、すでにムラの家から離れ、子守や織女工、女中などとなって、いわゆる他人のメシを食っていた。使う側の主人によって、初潮の取り扱いは千差万別というほかあるまい。ともかく祝ってくれるなどというのは絶無といってよく、たいてい朋輩のうち年のいった者が気づいて処置したり、取り扱い方を教えてやる程度のことになる。子守の場合はムラの婦人たちのなかで、いっしょに子守仲間になっているとき、気がつくといろいろと親切にしてやることもあった。ただ、すべての子守がそういう親切を受けたわけでなく、どうしたのかと驚いて座り込んでしまい、子供を放り出し主婦に折檻されたというような話は、よく聞く。私は昭和六年八月刊『旅と伝説』四―八に「子守唄の一考察」を書いて、播磨地方の子守たちの生活に触れているので、詳しいことは譲っておきたい。とくに部落から子守に出た娘たちは、更に差別のために苦しんだので、小林初枝『死んで花実が咲くものか』(一九八〇年十二月、解放出版社刊)には明治二十五年頃から大正初め頃に至るまで、三、四人の経験を採録している。

大正後半から昭和初め、大阪の商家へ河内、大和地方の少女たちが子守奉公に来ていたが、だいたい一カ年の前借で、あまり明治の関東地方の状況から進歩していたようでもなかった。初潮があったとわかると、親が連れて帰るのがあり、いずれ酌婦か女郎にたたき売るのだろうと噂していたのもある。

女中や女工に出た娘たちも殆ど同じようなもので、親切な先輩が居ないと、かえって嘲笑されたり、苛められることが多かったらしい。また部屋子とか、雛妓などとして接客業者へ売られる少女も多く、彼女たちは更に悲惨というほかなく、とくに初潮のあった少女た。

を好んで買う客もあり、いろいろな話を伝えている。これも「水揚げ」に入るわけだが、普通は戦前でも十五、六歳以後であって、まあ異常な趣味とするほかあるまい。ムラに住む少女の場合、初潮があると、若者や男たちの「夜這い」の対象になるわけで、ここでもいろいろと「水揚げ」とか、「初割り」「初乗り」などという風習が論議される。

しかし娘仲間のしっかりしているムラでは、初潮があったからといって相手をさせなかった。

十三と十六　ただの年でなし
十六で娘は　道具揃いなり

というわけで、十三に初潮があり、十六で陰毛が生え揃って、初めて一人前の女になると認めたのである。つまり娘仲間が一人前に成熟したと認めるまで、男たちの手を触れさせなかった。また最初の「水揚げ」「初割り」には、その相手になる男を十分に吟味したそうで、のちのちまで、その娘の人生相談に乗ってやれるような人間を選んでやったのである。年齢も三十歳前後の壮年を選び、接客業者のようにヒヒ老爺へカネで売るようなことはなかった。ただしこれにも、そう厳しいムラばかりでなかったのは事実で、ムラによって放任していたのもある。まあ娘の希望も聞いたり、娘仲間で相談したり、若衆頭などの幹部も意見を加えたり、というのが、だいたいのムラの慣行であろう。

ある地方の風俗や慣習だと報告されているだけの調査は、いわば無差別、無階層的社会を仮設しているにすぎないから、現実の様相とはかけ離れたものになる。私たちの調査によると、殆どの民俗、慣習には差別、階層に基づく偏向や分裂があり、同似というべきものですらなかった。したがって比較、相違を検討しようとしても、殆ど不可能である。柳田学派系の調査報告や資料は、差別や階層の立場から再吟味し、編成替えしないことには、科学的資料として使えない。ただ現実の問題としては、いまさらどうしようもないから、まあ経済的には中級程度の生活をやっている階層の、ほぼ最大公約数的なものとして受取るほかないのである。ここに使っている資料も、自身で調査したもの以外は、その程度の素材として利用しているにすぎない。読者は、どんな民俗、慣習にも差別、階層による分裂、視覚があるということを承知して、改めて調査して欲しいと思う。

近刊、千葉徳爾他による『間引きと水子』（子育てのフォークロア）農文協刊では、昔の人は、地域ぐるみで子供を可愛がり、育てたので、間引きや堕胎を常習のように見るのは誤解だとしている。昔の人を、一万年も古い昔のことだというのなら、わからないというほかないが、たかだか四、五百年ぐらいの昔なら、間引きや堕胎が常習であることは、今風にいえば公然の秘密であった。「堕胎罪」で厳禁していた明治から戦前にしても、ムラで半公然と間引きや堕胎が行われていたことは、すでに書いた通りである。ただ幕藩制社会後半、ほぼ享保頃から、ムラの間引きや堕胎は、殆ど制度化し、公的に行われていたと思う。明治になると私的色彩が濃厚になるが、知って、知らぬ顔というのがだいたいのムラの方針で、内部告発をするというようなことはなかった。

それでは昔でも、今でも、すべての家が間引きや堕胎をやったかといえば、そうではあるまい。昔から「貧乏人の子だくさん」というが、間引きや堕胎が下級の底辺階層に集中し、かれらの犠牲が大きかったというべきだろう。育てたくても、育てられないという底辺階層の問題を外して、間引きや堕胎の常習を否定してみても、どうしようもない現実が残る。昔の人は、地域ぐるみで子供を可愛がり、育てたと、夢のようなことをいってみても、いまさら「水子供養」にはならぬだろう。そうした夢うつつのようなことを、昔の儒者、坊主どもでいうのもあったが、現実を直視できる人たちのなかには、堕胎や間引きが社会的問題であることを指摘していたのである。戦国時代の惨烈な状況は『耶蘇会日本年報』などが伝えるところで十分であるし、徳川時代の公的人口調節については『甲子夜話』『世事見聞録』その他の随筆類に多い。詳しくは『日本残酷物語一』「貧しき人々のむれ」(昭和三十四年十一月、平凡社刊、二〇三頁以下)に要略されているから、一読をすすめる。ただ生まれた子供たちの前段階として「水子」問題があり、「水子」問題の解決がなくしては、「子供」問題の解決もありえないので、そこが問題の根本的な視角となるべきであろう。

4　ムラと子供

大正三年制定、文部省唱歌「故郷」に、

　兎追いしかの山
　小鮒釣りしかの川
　　夢は今もめぐりて
　　忘れがたき故郷
　こころざしをはたして
　いつの日にか帰らん
　　山はあおき故郷
　　水は清き故郷

というのがあり、結びは、

である。ここに現われたムラは、都市へ出て立身出世したいという階層を描いたものであり、都市のスラム街へ追い出された階層の夢ではありえない。まさに「春爛漫の花の色」「嗚呼玉杯に花うけて」「紅萌ゆる丘の花」「都ぞ弥生の雲紫に」など旧高校の寮歌を下敷きにしたものである。地方の中級上層以上の子弟たちが、どのような青雲の志、あるいは空想をいだいて東京へ行き、そこで文明開化、または西洋の学術に接し、それをムラへ持ち帰って、指導階層へ成長、あるいは変身したか。明治時代、とくに中期以後には、どこの地方、どこのムラでも、うんざりするほど聞かされた。その一例として、南信の山奥、遠山から上京した人たちの軌跡を書いた後藤総一郎『遠山物語』(昭和五十四年八月、信濃毎日新聞社刊、一六三頁「東京遊学物語」)をあげておく。東京その他の都市に残って官僚あるいは学者、また実業家として成功した連中の「伝記」「立志伝」というのもたくさんあるから、その実態を知るにはことかかぬだろう。

神戸という港町の、やや特異な風土のなかの伝記を、私も『神戸財界開拓者伝』(昭和五十五年七月、太陽出版刊)で書いたことがある。書名は「財界」だが、事実は「産業経済」ということだ。ただ成功者ということでなく、ともかく神戸で、あるいは神戸へ新しい事業を持ち込み、育てたという業績を紹介したわけだが、古い兵庫津出身は極めて少なく、殆どが各地方から裸一貫でスラム街やそれに近い土地へ流れ込んで来たという人たちである。あえて出身地へ遡ってまでの調査は、意識的に避けたけれども、だいたい低階層の出身でなかったかと想像された。もとより、そうした人たちばかりでないが、低学歴が多いのは事実で、その点は東京あたりへ遊学する階層とは、かなりの大きい差がある。したがって、故郷へ錦を飾るというような志向は、極めて弱いものであっただろう。

明治の立身出世志向、そのなかでも故郷へ錦を飾るのを夢とする階層と、捨てた故郷に未練がないという階層とに分かれることは注目すべきである。だいたいに錦着還郷型はムラでも中級上階層、具体的にいうと中等学校を出て、都市へ遊学する余裕のある家の出身が多い。捨てた故郷に未練がない型は、生まれたムラから追われるようにして裸一貫で飛び出し、知らぬ他国で叩きあげたというわけで、最低か、それに近い階層になる。つまり明治時代の村落共同体は、ムラに居着いている住人たちが、こうした近代市民社会への二つの分極と連動しつつ、変化したということだ。そうした状況のなかで、ムラの子供の歴史と生態を考えてみよう。

播州あたりでは妊娠したのがわかるのを、トマルといった。ハラにトマッたとか、ヤヤコがトマッたという。五カ月の腹帯はどことも殆ど同じで、京阪神地方では中山寺が有名であるが、ともかく実家が寺社や安産地蔵などを選んで腹帯を受けてとどける。犬の日とか、亥の日を選んで帯祝いをするのも一般的で、その祝膳、行事など多少の差はあるが、全国的に行われていた。妊婦に精をつけるとかいうので餅をつくって食わせたり、配るところが多い。播州では三カ月のツワリ見舞をするのもあるし、他地方では七カ月、九カ月にも里方から祝いを納めるのもある。つまり、まだ生まれない前から、いろいろと出産の無事を祈り、期待しているというわけだ。とくに初孫となると産衣、オシメその他の出産用具一切を里方から贈るのが多い。まだ男か女かの性別がわからないから、だいたい白にしておくが、白と赤と両方を贈る階層もある。東播では産婦に精（栄養）がつくとか、母乳がよく出るというので、しばしば実家から鯉を贈り、味噌汁にしたり、生血をのませたりした。ところによると初産だけでなく、出産のたびに負担するのもあり、嫁の実家の入費は相当なものになる。もらった方では産室や客室の床の間に祝い品や調度その他を飾り、産見舞に来た人たちへ披露した。

妊婦段階でも以上の通りだから、出産、命名、一誕生《ヒト》、宮参りなどの各段階で、いろいろの民俗がある。詳しくは柳田国男『産育習俗語彙』（昭和十年十月、愛育会刊）や大藤ゆき『児やらい』（一九六八年四月、岩崎美術社刊）で読まれたい。宮本常一がいうように、みごもった子をうむべくきめたとき、その子の出生は祝福されるべきであったし、腹帯の祝いは生むことの宣言であったといえる。しかし、そのかげには生まれ出られなかった多くの堕胎や間引き、すなわち「水子」が居たわけであり、育てる経済的余裕のない多くの家にとっては縁のない習俗であろう。たとえ幸いに生まれたとしても、階層や差別によって民俗に大きい差があった。どんな儀礼であろうと、ムラでは地主豪農層、自作層、小作層、日傭層でかなりの大差があり、妊婦から誕生までの段階に限っても、ともかく通常の程度に実施できるのは自作農以上であり、地主豪農層と自作層との間でも、かなり質的な差が大きい。小作層で同調できるのは僅かで、日傭層では殆ど実施できないだろう。したがって階層や差別の視角を抜きにして、妊婦から出産、一誕生《ヒト》までの民俗を基礎に、いろいろの仮想を描いてみても、それは自ら作った虚像に酔うようなものである。

ムラでは子供が生まれたからといって、社会的な認知になったわけでない。稀にではあるが父のない子、すなわち私生児が生まれる。だいたい間引かれるものだが、母親の考えやかげの父の意見で生まれることがあった。いわゆるテテナシゴであるが、播州あたりではカゲの父がわかっているような子の場合は、ウキヨノコといい、有馬郡長尾村あたりではワカゲノコという。いま風にいえば愛人が生んだ子供で、男が庶子として認知しないから私生児になる。いろいろと男が世話してやればともかく、それでなければ誕生祝いその他の儀礼ができるはずはなく、役場へ届け出れば一応は私生児にしてもムラの戸籍へ入るが、ムラの子供として認知はされない。稀には母親がムラの土着であれば、相当の儀礼をしてムラの子供に加えるところもあるが、おおかたのムラは、ムラの子供と認めないのが普通である。

またいろいろ信仰や厄除けなどでモライイゴしたり、ステゴする風習があった。とくに男四十二の生児は一度捨て子して、かげで頼んでおいた男、女に拾ってもらうことが一般に行われている。命名も「捨吉」などとするのもあり、それでよく育つようにというわけだ。こうしたステゴやモライイゴは、ムラの子供として論なく受け入れられる。しかし、ほんとうに親のわからないステゴとか、なにかの事情で他のムラからもらわれてきたモライイゴは、まずムラの子供として認知されない。公式に「養子」としてもらわれてきたコドモは、もらい親の対応によって、だいたいムラの子供として認知してもらえる。しかしモライイゴすると、えてして実子が生まれるもので、播州ではセリゴ、セセリゴ、もっと直接的にセリダシゴなどという。よほどできた親でないとモライゴを返したり、虐待して後を継がせないことになる。そうしたことでムラに生まれたり、生まれたものとしても、誰もがムラの子供として認知されるわけでない。もとより行政的には庶子であれ、私生児であれ、役場へ届けて戸籍に記入されれば、自動的に住民として登録される。ただ行政の住民登録と、ムラが住人と認定するのとは別の次元のことだ。戦後はともかく、戦前では「住人」でない子供は、「子供組」などへ加えられず、なにかと差別されたものである。

私は小学校の低学年のとき、里方の祖父母の家から通学していたが、幸いに実家も同じ小学校の区内であったから、里方のムラの子供組へも加えてくれたのだが、ムラの子供仲間の喧嘩になると実家のムラの子供組から、お前はウチのムラだから加勢に来いとひっぱりに来た。そのかわり実家のムラの祭りや行事には誘いにきたし、餅や菓子などのわけまえをもってきてくれたこともある。ムラの子供として公式に認知されておれば、こうした扱いになったが、ムラで生まれた子供であっても公認されておらねば、ムラの子供としては取り扱わなかった。子供のことであったから、そんなに目立った差別はしなかったと思うが、しかし当人には人にもいえぬ口惜しいことが多かっただろうと、その後、民俗学をやるようになって察しのついたことも少なくない。まあ家も低階層が多いこともあって、女児は早くから子守などでムラを出るし、男児も尋常科卒業をまちかねるようにして故郷を離れた。『産育習俗語彙』にしても、「児やらい」にしても、こうした階層や差別については一言も触れず、ムラに生まれた子供はすべて同じように待遇されたと思っているらしい。どうか読者は、このへんのところを広く、深くえぐり出して欲しいと思う。それであってこそ、ムラの子供の生態が明確になり、子供問題の源泉に当たることになる。

しかし、そうした不幸な出生の子供だけが差別されたわけでなく、その他にもいろいろと差別される子供が多かった。誕生して三日、五日、七日、百日目などの吉日を選んで命名するが、伯叔父・母から名前をもらう例や、他の有力者から命名してもらう例がかなり広く分布する。いわゆる名付親で、ところによると擬制的親子関係を生涯つづける地方もあり、かわりに成長の段階ごとにいろいろと品物その他を贈られた。そうした贈答をもって、ムラの子供と認知する地方が多いが、関西地方では一般に「宮詣り」をもってコドモを認知する機会とする。

「宮詣り」は百日目とするのが多いが、ムラによって七日目から一年目の一誕生まで、いろいろとあった。東播地方の加西郡在田村鴨谷では、正月九日に昨年一月以降に生まれた男児の姓名を帳面につけるが、それをトウウケといい、ムラの人間として認知する。つまりムラの子供として認知するのは男児だけで、女児は含まないわけだ。また加古郡八幡村上西条では、ムラの総領、つまり長男か、後継児だけを三歳になると氏子帳につけ、それ以下の子供は公式には認知していないことになる。そうした強い差別をするムラもあるが、おおよそはムラの住人（住民登録の住民とは違う）の子供であれば、宮詣りで認知したことにするのが多い。したがって宮詣りには菓子や果物などを持参し、集まってきた子供たちにわけ与えたり、子供仲間に贈って配分してもらい、仲間へ入れてもらう手土産に使った。

宮詣りの菓子その他の子供への配布にも、ムラによって違いがあって、当日、神社へ集まってきた子供、だいたい近所の子供たちへ与えるところ、子供組の大将や幹部に頼んで他の子供へ分配をさせるところ、男児なら男の子供仲間だけに配り、女児なら女の子供たちのみに配るところがある。宮詣りには里方から晴れ着その他を贈るのが普通で、また親類や隣近所から祝儀袋を贈り、それを産着にかけて礼廻りするのは、どことも殆ど変わりなかろう。厳しいムラではオトウ帳や氏子帳に登録しないと認知しなかったが、しかしだいたいのムラでは宮詣りとお土産配りで、子供組への仲間入りを承認したのである。ただしムラの住人と認められている家の子供だけの特権で、住人になっていない家の子供が宮詣りしたところで、それは自分勝手の私事ということになった。いわんや私生児とか、モライゴ、ヒライゴは宮詣りもしないのが多く、おなさけでムラに置いてはやるが、ムラの子供として面倒はみないということになる。ムラは社会福祉の団体ではないから、そうした面では極めて非情であった。

5　誕生の祝い・子供のシツケ

私の幼い頃は、それでも食事の作法が相当に厳しかった。女房は広島県は備後の産で、戦前派末期というべきだが、食事の作法が全く伝えられていない。それから考えると播州はいろいろと食事作法の伝統が難しかった地域であることがわかる。同じ播州といっても広うござんして、山奥のイロリの残っている地方では、かなり古い習俗が残っていた。主人座、客座、女房座、下男座とそれぞれ座る場所が定まっているが、その名称は各ムラで違うことが普通である。徳川時代は加西郡から印南郡境あたりまでイロリを使っていたようだが、幕末、維新頃からだんだん後退して、私が調査した頃には多可郡に接した大和村奥柳（いまは多可郡に編入された）あたりでは、まだ残っていた。台所の様子もイロリがなくなって一変し、近代化が激しくなっている。つまりイロリは中央に鍋や釜をかけて主食、副食、酒、茶などを調製、その周囲に食器を持って座って食事するのが原則であった。イロリがなくなると土間や居間の端にヘッツイ（くど）を設け、そこで食物を調製、食事は座敷ですることとなる。私の幼い頃、明治末、大正初め頃はイロリからヘッツイへ変化する最盛期で、その配膳の主役となったのが「ハコゼン（箱膳）」であった。ハコゼンはだいたい三百×三百ミリぐらいの方形、高さ百五十ミリぐらい、ふたつきで、内にメシワン

（または茶わん）、汁ワン、ハシバコぐらいを入れてある。勿論、大人用は大きく、子供用は小さいし、主人用には特別に大きく、また二重になったのや、下に引き出しのついたものもあった。主人を中心にして、女房、子供、厄介、居候、下男下女などが、それぞれ規定の位置に座り、前に専用のハコゼンを置いて食事したものである。大家になると主人一家はタタミの座敷、使用人は板敷の台所で分かれて食事した。主人一家も、使用人も、その序列が定まっていて、それを変えることは許されない。子供は母親の乳をのんでいる間はヒザが食座だが、独り歩きできるようになると新しいハコゼンに、新しい茶わん以下一揃えを入れて与える。子供として一人前に認められ、家族の一員に編入されたわけだが、これもムラ（ムラというのは市町村の行政の「村」でなく、昔からの慣習のムラ、ジゲ、カイトなどいろいろとよぶ地域）によってかなり差があり、早いムラでは誕生祝いに、あるいは歩けるようになれば、遅いムラでは三歳、五歳、七歳というのもあり、小学校へ入学したらというのまであった。だいたい誕生した日に赤飯を炊いて、新ハコゼンをオロして、オロシイワイをしている。小学校入学の場合は、四月一日になるが、これは最も新しい風俗だろう。ところで、なにごとも一長一短で、炊事場と食事場が分離されると、夏はともかく、冬になると温かい物が食えなくなる。そこで食事場の中央へコンロが持ち出され、そこであたためながら配食するということになった。その頃、台所の一隅や、座敷の一隅にハコゼンが積み上げてあったもので、膳も食器も毎日洗う家もあれば、食器は毎日、膳は十日に一度などという家もある。まあ、そんなところにも、それぞれの家風が現われるわけで、ジュントウな家なら、膳も食器も毎日、食器は毎回洗うという家まであった。もう一つ詳しくいうと冬でも水洗いさせる家、冬は湯で洗わせる家があり、主人や女房の方針によるものだろうが、また膳の種類にもよったと思われる。白木のままの膳は殆どなく（一般に不吉とされていた）、ウルシを塗ったものだが、これにもだんだんがあって、安ウルシを塗ったのは湯に不向きであるし、上物のウルシも湯を嫌った。そんなことで大家になるほど洗いも難しくなり、オイエサンが厳しいほどオナゴシ（下女）が泣くことになる。

四つ足つきの膳、今でも料理屋などで出す膳を、昔は本膳といい、足のないのを膳、平膳といい、本膳は儀式または来客用、平膳は普通の使用であった。本膳二十組、三十組などと揃えているのはムラでも庄屋級の豪農だけで、普通の家では所有せず、入用のときはそういう豪家から借りている。本膳となると菓子などの盛物膳、酒の用具、碗、皿、ちょくなどと十数種類も付属するので、なかなか容易に揃えられるものではない。膳だけを貸すのと違うので、このへんも最近の学生、それも日本歴史専攻というのまで、一向にわからず、どこかで話が喰い違っていると気づいて、こっちの方がびっくりした。民俗学の学生でも「膳かし、碗かし」の昔話をお膳だけを貸したり、碗だけを貸したと思っているのだから、だんだんなにごともわからなくなる。昔の人間なら、お膳を何組、貸した、借りたといえば、おちょうしからカン（酒）に至るまで、一切を借りることだ。お膳が輪島塗で、碗、皿などの食器がありあわせの雑器というわけにはいかぬ。碗から皿から一切のものが、それに似合ったものでないと揃ったとは考えない。だから、うちに皿のよいのが三枚あるから、これだけ主な人に使って、というのも、小皿は十人分あるから、これだけははぶいて、というわけにもいかぬ。大家になれば同じ本膳の組でも、上、中、並の三級ぐらいを揃え、上級になるほど蒔絵をしたり、付属の皿、碗などの種類も増えて、平素はウコンの布に一つずつつくるんで木箱に入れて、蔵へ保管するという具合であった。貸すにしても、借りる家の「家格」に応じて貸すので、不相応なものを借りるわけにいかない。お菊皿屋敷の「お菊さん」の幽霊が、「いちまーい」「にまーい」とかぞえるのを見て、なんだ、いくら大切な皿にしろ、一枚ぐらい割っても、と思ったものだが、民俗学をやるようになって大事件であることがわかった。かりに本膳十組の揃えとすれば、皿一枚割ったために本膳十組が全部パアになる。皿一枚たかが、ではないのだ。昔の芝居見物客たちは、それがわかっていたから、いまのわれわれの感じ方と違っていたのである。

「膳かし、碗かし」の昔話にしても、淵の上で手を叩き膳を何組貸してくれと頼めば、水の中から浮かび出てきた。あるとき強欲なのが一組返さなかったとか、壊して返せなかったとかして、それからは貸さなくなったという話である。われわれは膳一組というのをお膳だけと思っていたわけだが、お膳だけなら一膳で「組」ではない。「組」といえば碗も皿も一切が付属するわけだから、たとえ皿一枚返さなかったとしても、残った全部がパアになる。皿一枚ぐらい、他の皿を使ってもよいではないか、とか、皿だけ十枚、他の組と変えてもよいではないか、というような、いまの私たちが考えるような便宜主義を、昔の人たちはできなかった。一枚欠けたら、全部がパアである。いかな水神さんでも、皿一枚欠けたら、もう「組」として貸しようがなかった。それを知らなかったら、なんだ、水神さんが皿一枚ぐらいでケチになって、ということになる。「膳かし」の昔話も、それがわかっていなければ、なんでそんな昔話が大切に語り継がれたのか、わからないだろう。

誕生がくれば、私の生まれ故郷では男児なら、誕生の膳が終わってから床の間の座敷へ連れて行き、床の前にソロバン、にぎりめし、書籍を置き、部屋の端からハイハイさせて取りに行かせた。ソロバンをとれば勘定高い児だから商人に、にぎりめしなら一生、食うに困らんように百姓を、本なら頭が良いから学者に、という具合に、将来を占ったわけである。この道具はムラによっても、家によっても差があるけれども、必ず三つから選ばせることにした。女児の場合は、そういうことをしないムラが多い。誕生祝いの祝儀も地主の子供、それも総領と次男以下では大差があり、中農層ならせいぜい祝い膳して、占いをすますと晴れ着を着せて宮参りするのが普通であろう。地主の総領なら家へ親族から産婆、医師、学校の先生まで招いて盛大な祝宴をした。しかし水呑、小作級となると、まあ小豆飯でも炊いて祝えば最上だろう。普通に「祝い膳」といえば「本膳」であるから、とても中農以下でできることでない。地主も、中農も、卜占としては同じことをやっていたとしても、祝儀全体としてみれば大差がある。同じ子供でも総領と次男以下、あるいは女児とでは大差があった。そうした全体の民俗のなかから考えねば、誕生祝い一つとってみてもわからない。民俗学者といっても、そうした生活をやった経験がないから、コドモのことでも全くわかっておらず、あれでわかったと思っているのかとあきれるのがある。地主、豪農級の、総領が、生まれた瞬間から後継ぎとして大切に育てられているのはわかるだろう。しかし、それだけではないのだ。ものごころついた頃から、神祭り、仏参り、その他、主人と同席させられて修業する。主人が出席しなくてもよいような結婚式、葬式、ムラの寄合などに代理させられた。小学生の高学年ぐらいから羽織袴姿で、ちゃんとアイサツができるように訓練する。あの家の総領は祝儀、不祝儀のアイサツもできんということになると、家の興廃にもつながるからだ。難しくいえば「帝王学」の教育で、そのなかには下人、下女、小作人などの使い方も入っているし、友達との交際方法もある。次男以下では、こうした訓練や教育はしない。また中農以下では総領であろうと、こうした教育はしないだろう。たとえば祝儀に招かれて「本膳」を出されたとして、それが作法通りに消化できるか、どうかだ。父の代理であろうと上座に着けば、総領がどうするか、他の客は注目している。次男が出席したとすれば、それほどの厳しい見方はしない。いずれは父親に代わってムラの顔になるのだから、それだけの訓練と教育をしてもらわぬと困る。そういうわけで地主や旧家の総領という役は、幼時の頃からシツケが違った。まあ、どこのムラの、どこの地主、旧家でも、同じような「帝王学」を叩き込んだわけでないが、一応は「筋の通った」家なら、そうした教育、訓練、つまりシツケをしたのである。しかし普通の農家でも、それほど厳しくないにしても、総領には次男以下にくらべると強いシツケをした。つまりコドモのシツケといっても、その階層、出生の序列によって大差があり、同質のものでなかったので、単純にシツケというだけではムラの民俗はなに一つわかっていない。要するに「本膳」のある家と、「本膳」など見たこともない家と、コドモの育てかた、シツケかたが違って当然で、それをひっくるめてコドモのシツケなどといってみても、実際としてはなんの役にもたたないといえる。

ムラの階層性、階級的性格を除いて、コドモの生活を描いてみても、実際にはしようがないのだけれども、その詳しい解析は大へんだからやめておく。つまりムラのコドモのシツケといっても、一般教養課程のようなものはないので、実態としては家のシツケであり、同似性があるとすれば階層、階級がほぼ同じ家同士ということになる。播磨あたりの中農以上の家のコドモなら、ナベ、カマからメシをツグにしても、必ず二度でヨソう。一度で盛ると叱られるが、これは亡者の膳というのである。オカズや汁などをヨソうのも同じで、一度ですると入れ直しさせた。メシ釜ヘシャモジを真っすぐ直角に入れると、どなられる。これも必ず斜めに入れるので、父親に真っ先に中央をヨソった。まあ、その前に父や母が神仏用の御供えを別にオヘギなどにとったり、ナベブタの裏に数だけとっておくのが普通である。釜やナベの底のコゲメシは、男の児、とくに長男には殆ど食わせなかった。母親か娘か、または女中が食うことになっていたが、なにが因果か私は大好きでときどきゴネて食っていたのである。二升釜の鉄釜で播州米をうまく炊いて、底の中央がこんがり焦げる程度になると香ばしいし、その上の部分がやわらかくて、副食物なしでもうまかった、ああ。他に「ハシの横喰い」というのもあって、ハシを横にしてメシを食ったりすると、メシをとりあげられる。もっとも厳しかったのは「犬の皿食い」というので、口を茶碗の中へ入れてメシを食ったり、茶碗のふちへ口をあてて食ったりすると、蔵の中へ放り込まれるか、背中にヤイトをすえられた。三つ、四つのガキでもやられたもので、茶碗のフチを箸で叩いただけでも、口端をひねりあげたり、手の甲をねじられたのである。漬物のツマミ方、汁の吸い方、一膳メシは不吉、汁の一杯はコジキ、三杯はアホと、いろいろとあって、西も東もはっきりわからぬガキの頃からシゴかれた。膳碗も揃っていない水呑、小作では、それほどのシツケはあるまいから、食事の作法で出身がわかって当然だろう。

俗に「総領の甚六、乙子の八文」といったが、総領は少しボンヤリ、乙子、末子はあまやかされるから八文のねうちということだ。しかし総領は、たとえば家の冠婚葬祭などで親類縁者、知人、村人が集まる場席でも、二男以下は出迎え、荷運び、部屋案内などにこき使われるので、じっと座ってもおれず、手伝ってやるかと立つと、どこへ行くのだ、お前はじっと座ってお客さんのお相手をしとれ、と叱られる。要するに「気ばたらき」をしないように育てられるのだから、ボンヤリになって当たり前なのだ。ムラの行事などでも上層の総領には肉体作業をさせないで、交渉ごとをさせるなど、将来ムラの顔になってミコシに乗ってくれるように育てる。総領が、あまり敏腕に育っては困るのだ。昔の大名や旗本などの総領も同様であったと思われ、その資質の問題でなく、育てられ方の違いである。たかがムラの地主、豪農ずれがというだろうが、村落共同体の維持という観点から見ても当然だろう。次男以下は運が良くて分家、できなければ都市か、他へ出て生活するほかないので、それだけの「気ばたらき」ができるようにシツケるというのが、ムラの教育の基本方針であったとみてよい。

地主、豪農などムラの上層のシツケは以上の通りとして、中農層以下はどんなシツケを受けるのだろうか。上層の子弟の場合は、次男以下でも儀礼や作法の習得がシツケの中心になる。しかし中農層以下の場合は、農耕作業の習得がシツケの中心となった。男の子でも子守や雑仕事の補助は当然として、加古川流域のムラでは、だいたい七つ、八つになるとワラウチ、ワラタタキをさせる。それができると縄ないをやらせ、一晩のヨナベにヒトマル、ヒトマルは十タグリ、一タグリは一間、すなわち十間、六十尺ということになった。この長さはムラによって違うが、おおよそは同じである。これができるようになれば一人前、そうすると草履、わらじ作りになった。私もワラウチ、縄ないをやってみたが、七つ、八つから仕込まれている連中にくらべると、とても使えるものでない。ワラウチぐらい目と手さえあればとやってみたが、一時間とできず大笑いされた。技術の要領を解説するのも面白いが、日が暮れるからやめておく。昼間の作業では田植えの苗株打ち、稲刈り、ハサかけの手伝いもあるが、十歳ぐらいになると稲の株起こしが最初の本格的な農作業のシツケとなる。丁の鍬を使うので、これがお前の道具だと、新品を買って与えるのを、中農級の総領のシキタリとするムラが多い。次男以下では中古を専用にしてやるぐらいで、それもしない家がある。それからいよいよ田打ち、クレガエシとなり、麦作ではムギフミをやらせた。牛馬がある家では、小学生になると共同草場へ連れて行かせたり、番をさせる。こうして十五歳の若衆入りまでに、農作業なれば一人前の仕事ができるようにシツケてやった。山林、漁撈、養蚕などで、それぞれ特殊な作業のシツケがあるだろう。

小作、水吞など零細農でも、ワラウチ、縄ナイは基本的な作業としてシツケる。しかし後はいろいろの日傭仕事に出されることが多く、次男以下になると下男や丁稚小僧として家から出された。

富農層の女児は、だいたいオンバ日傘で育てられるわけで、小学校を出ると町に寄宿させて女学校へ入れるというのが多い。それから茶の湯、生け花など花嫁修業になる。

中農層になると、まず子守から始め、台所仕事では風呂焚きをやらし、湯わかし、めし炊きをやらせた。七つ、八つから子守、十歳ぐらいになるとめし炊きが一人前にできる。それからは副食物などの作り方を、母親などから手ほどきされた。家事では父母、老人の肩たたき、腰もみ、足踏みをしつけられ、雑きんさし、足袋つくろいなどと次第に裁縫を教えられる。農作業ではムギフミ、シバカキ、草カリぐらいはやらせた。高等小学校を出るぐらいになると、田植えも一人前にできるよう仕込まれる。もとより家によっては男と同じぐらいの、農作業をさせるのもあった。余裕のある家では自村、または他村の地主や豪農のオイエハン、ゴリョハンが開いている裁縫塾や作法塾へ通わせる。後には小学校に裁縫科を併設するようになり、これらの私塾がなくなった。この裁縫科は公式の資格はなく、年限も二年とするのが多かったが、入退とも制限はない。そうした修業が中農層の娘の花嫁学校であり、嫁入りの聞き合わせには「塾」へ通ったとか、「裁縫科」を卒業したとか、一つの資格になっていた。

貧農層の女子となると、五つ、六つで口べらしに子守にやられ、小学校も尋常科卒業を待ちかねるようにして女中奉公に出されたから、親のシツケというのは、あまりできていないだろう。

このようにコドモのシツケといっても階層により、出生の序列により、性により、いろいろと大差があり、一口にこれがコドモのシツケなどといえるものではない。シツケはムラが主体になるのでなく、その家が主体になってするものである。したがって家によっても差があるわけで、柳田派が考えているほど簡単にいえるわけのものではない。

6　子供仲間

播州あたりでは「子供組」のことを、「子供仲間」とよんだムラが多かった。柳田国男は『こども風土記』で、この子供組の最もよく発達しているのは、信州北部から越後へかけてであるが、他にも飛び飛びにこれが見られる土地が多い、古くからあったものの消え残りのようにも考えられるが、それにしてはあまりにも他の地方に痕跡がなさ過ぎる（岩波文庫版、六五頁）と書いているけれども、それは調査不足のための誤解で、近畿地方や周辺を調べてみただけでも、子供組がないなどというムラは殆どなかった。ただ、その名称や様態はさまざまで、必ずしも柳田のいうような古典型、典型的なものばかりではない。古典的様態のものでも、飛び飛びに見られるというように稀少なことはなく、畿内周辺ならどこにでもあって、そう珍しいものでもなさそうだ。恐らく他の地方でも同じで、いわゆる童謡、童戯を伝えているムラなら、間違いなく残っている。ただ、その調べ方がまずいのだ。

未経験の採集者がノートと鉛筆をなめなめ、「子供組」がありませんかなどと尋ねれば、「さあ、おまへんなあ」といわれるのが当たり前であろう。「子供組」であろうと、「若衆連中」にしたところで、ムラの住人たちには無風、無想の空気みたいなもので、通常の場合には気にもしていない。だから他所者に、いわば標準語で聞かれたところで、なにを聞かれているのかわからないのである。官製や私設の少年団、少女団などとちがって、これがウチの「子供組」ですなどと紹介できるものでない。

おっさん、ムラの子供の大将している奴おらへんか。「おーい、この頃、ガキ大将している奴はどいつや」とどなってくれると、子供がガキ大将をひっぱってくる。これがムラの子供を代表する、立派な「組長」役というものだ。つまり「子供組」である。官製や私設の少年団、少女団などの団体組織では、まず団長その他の幹部として大人の指導者があり、団則とか規約とか会費などものものしいものを定め、事務所というものを設置し、団員名簿というのが備えてあるだろう。ところがムラの「子供組」で、そんなもののあるのは絶無といってよく、もしあったら官製化したニセモノにすぎず、ウラには必ず昔のままのものが温存されている。

つまり「子供組」とか、「子供仲間」とかいうものが存在し、指導者や幹部を選出し、会則、規約、会費を定め、事務所を設置しているというわけのものでない。ムラの子供はウチらの組とか、ウチの仲間というような使い方はするが、××ムラ子供組とか、○○子供仲間などとはいわぬ。ただムラの行事や祭礼に参加したときには子供中、子供組、子供仲間、子供連中、小若などと書くことはある。しかし「少年団」「少女団」などと、同じような組織とは思っていない。強いていえば、組織的でない組織といえるだろう。その最大の特色は、殆ど、絶対にといってよいほど、大人が干渉しないことだ。としはもゆかぬ子供ということもあるから、ときに行きすぎもあれば、間違いもやる。見るに見かねてというわけで先輩の若衆や大人たちが、子供やガキ大将をよんで忠告することはあった。しかし、それに従うか、否かは子供の判断や仲間の相談によることで、強制はできなかったのである。いわば、子供、若い衆、大人の三権分立で、お互いに不可侵の部分が認められていた。これを理解しないと、村落共同体の機能がわからない。

たとえば他のムラとの間で紛争が起こったとして、ムラの幹部が手打ちしたからといって解決したことにならぬ。双方のムラの若衆仲間も、子供組も承知してくれぬと喧嘩の種が残る。戦前でも、年代が古いほどこの根廻しが難しく、幹部の頭痛の種であった。子供組のカシラ、大将というのにも頑強な奴が居って、若衆や大人の説得を承服せず、もてあましているなどという例は珍しくもなかったのである。それに少しでも条理があれば、ムラでも強圧して服従させることはなかった。三権分立の不可侵を犯すことになるからで、まあ風向きの変わるのを待つほかあるまい。法理論的に拒否権をもっていたとか、与えられていたとかいう難しい理論は別にして、そういう前提がなければ「子供」の自治的な生活は不可能であった。

ムラの子供が、子供として大人や若衆たちにも干渉させない、不可侵の部分をもっていたのは事実である。ただ、それが近代的法理論でいう自主権とか、自治権とかいうものでないのも明らかだ。また子供を神とし、あるいは神の使いとしてあがめた、古代の宗教的信仰の遺存というようなものでもない。いわば中世から近世へかけての村落共同体、郷村制の成立のなかで形成された慣行であろうと思う。ムラに寺子屋その他の学塾があったことは事実だが、近代義務教育のようなものでなかったのはいうまでもない。そうすると誕生以後、若衆入りまでの十数年を、どのように生活していたか、である。少数の有産階層は別として、大多数の子供は放任されていたことになるだろう。もちろん子守や百姓仕事、炊事など、親の手助けや労役が多かったのは当然である。しかし、それでも子供が、他の子供と遊びや行事をともにする機会も多かっただろう。子供仲間での喧嘩も起これば、事故もあったのは当然である。

その一つ、一つを大人が管理し、指導していたのでは、今日の少年団、少女団も同じことで、指導役員を定め、会則を作り、責任を明らかにし、会費を徴収し、事務所を設置せねば、ということになるだろう。要するに大人の立場から、子供を管理するほかあるまい。それには教育機関を完備せねばならぬし、専任の管理員も必要ということで、とても当時のムラの財政では不可能に近いだろう。子供のことは、子供にまかせておけばよいという発想は、こうして発生したものと思われる。子供でも集まれば、自ら組織が現われ、ある程度の機能をもつようになった。

守の中にもだんだんござる

こもり、中もり、大将もり。
守の大将さん　遊んでおくれ
豆の三粒も　よけあげる。

というわけで、子供仲間にも年齢によって差別ができ、大将やカシラの幹部ができる。できてしまえば、子供のことは子供の処置にまかせておけばよい。行きすぎや間違いがあっても忠告する程度にまかせ、子供たちの自主性、拒否権を認めておけば、ムラの責任がなくなるか、極めて軽くなる。

たとえば戦前でも、それより昔でも、ムラの子供が集まって泳いでいて溺死することは珍しくない。まあ一夏に、周辺の地域で二人や三人の事故はあった。それでも親が、川や池に防護柵がなかったり、遊泳禁止の注意札が立ててなかったのは、市町村の責任だから損害賠償せよなどということは絶対にない。いまは子供がプールでいたずらして死んでも、指導員や行政の責任として損害賠償や刑事責任まで追及される。これでは大人が徹底的に子供を管理し、一挙一動にいたるまで監視しておらぬことには安心できぬわけになるのは当然だろう。昔のムラには、子供を管理し、監視する機構はなく、子供は子供で仲間を作って遊んでいたから、たとえガキ大将や幹部級の子供が事故の現場に居たとしても、その責任を追及するという考えは起こりえなかった。そこで河童、ガタロが登場し、河童が誘って深いところへ連れ込んで沈めたとか、尻の穴から腹わたを引き抜いて殺したとか、いうことになって河童が責任を負わされて結審になる。親も、河童相手に喧嘩も、訴訟もできず、運が悪い子や、でしまいになった。たまには河童に詫び証文を書かせるような元気者も居たが、それは「昔ばなし」の世界のことである。

秋になるとハツタケやマツタケとりに、こどもたちが誘い合わせて山へ入った。私の頃にはお前は米を、お前は醬油をというように割り当てて持ち寄り、山で松茸の蒸し焼きやまぜめしを炊いて楽しんだのである。途中でムラの人に会うと、あんまり遠い所へ行くなよ、と注意はするが、まず同行することはない。私のグループで一度、一人が居らなくなり、大騒ぎになったが、かなり離れた山中で発見され、狐につままれたんだろうということになった。それからあいつはケツネツキやと、だいぶん苛めたことがある。こうして発見されたのはまだよいが、とうとう行方不明というのも、私の幼時に年に一度や二度は聞かされた。なんでも子とりにとられたんだろうという話で、天井から逆に釣り下げ、頭に穴をあけて血をしぼりとったり、胸のキモを抜きとったりして「六神丸」を造るのだと脅されたものである。

もう一つ古い型では、山の神さんに魅入られたんだろうというので、いわゆる「神かくし」であった。親類の子供が居なくなったというので、近所のムラの「口寄せ」へ連れて行かれたことがある。子供が水を欲しがっているというので、まず縁側へ金ダライに水を汲んで供えた。同行した祖母は、これで子供は死んでいるとさとったという。乱髪、白衣の女行者が飛び上がり、飛び下りというわけで恐ろしかった。まだ子供であったから、詳しいことはわからなかったが、同行の女たちの話で、遭いたかったら法華山（加西郡下里村坂本、西国札所）の奥の院にある賽の河原へ来れば会えるといったそうである。つまりは、「仏かくし」だろう。子供がふいに居らなくなると、古くは「神かくし」「仏かくし」、少し新しくなると「子とり」ということであった。いずれにしてもいっしょに山へ入った子供や、遊んでいた子供の責任を追及する親は居なかったし、いわんや損害賠償を遊んでいた子供の親へ持ち出すなど考えもしなかっただろう。東北地方では多いが、播州あたりでもある雨風の強い一夜、突然に帰ってきた子供が、山の土産物を置いて行ったという話がある。「昔ばなし」では、まだ現世との往来があるということだ。

子供たちの自主性、主体性、かれらの仲間の拒否権を大人たちが認めていたといっても、それは近代の法理論的な合理性をもったものではない。つまり子供は、子供だけでなにをしてでも適当に遊んでおれ。そのかわりにどんな事故が起ころうと、それに大人は責任をもたぬということなのだ。千葉徳爾などが昔の人は、地域ぐるみで子供を可愛がり、育てたなどとほめあげているのは、表向きの繁多な産育習俗や行事の展開を眺めて誤解したにすぎない。どこの地方でも私家版的な産育習俗や行事は、うんざりするほど残っている。しかし子供の集団的な遊びや山行き、池や川での泳ぎなどに同行して、万一の危難から子供を守ってやろうという公的な施設も機構も、全く認められない。

個人的に監視する場合があるとしても、ムラの機能としては存在しなかった。事実としてこれは危いと思えば、自分の子供を呼び返しても、子供たちに同行しようとはしないのが普通である。みてみぬふりをしておれば、川で河童に腸を抜かれようが、山で神かくしに遭って所在不明になろうが、同行した他の子供たちやその親どもの責任を問う者はいない。しかし大人や青年が親切に同行して、不幸にして事故が起これば、その全責任を負わせられた。さわらぬ神にたたりなしで、子供は、子供たちで遊ばせておけば、誰にも責任がかからないという、それがムラの論理である。これが笹嶋勇治郎などのいう「育つ側」の主体性であり、「育てる側」の寛容の実態であった。これをもって、それぞれに生きる厳しさを戦い学び、常民の共同社会を継承し発展させる根源などともち上げるのは、実態を知らない観念論の見本みたいなもので、とてもムラも、ムラの子供のこともわかっておるまい。

7　コドモ集団の実態

ムラで生まれた子供が、すべて「ムラのコドモ」でないことは、すでに書いた。なんどもいうようだが、住民登録されている家が、子供の出生を行政へ届け出れば、それで住居地の人口に加えられる。しかし、それがムラなら行政の人口へ加えられたからといって、ムラのコドモと認めてもらえない。戦前でも、都市育ちの民俗学研究者へ、この関係を教えてやるのに閉口した。たとえば道路でカゴメ、カゴメと遊んでいる。住民登録の子供だから遊んでやらないというわけでなく、ムラのコドモとわけへだてなく遊んでいるだろう。だが道祖神祭り、苗代祭り、七夕祭り、亥の子などの行事になると、そうはならない。もとより戦前でもムラによって厳しいところもあれば、それほど強く排除しないムラもあった。また、その年のガキ大将や幹部の相談で加えてやったり、特別に親が頼みこんで加えてもらうこともある。だんだんと昔ほど厳しくなくなったのも事実だが、子供がちゃんと差別を知っていたのもまた事実であった。

ムラの住人にも、いろいろと階層があることは既述の通りである。ムラの家の、男児の総領より他にオトウ帳や氏子帳に名をのせないという最も厳しいムラから、ムラの住人のコドモなら、男女にかかわらずムラの子供に認めるムラまでいろいろとあった。しかしムラのコドモと認められるには、最低の条件として、ともかく宮詣りをする必要がある。そこで菓子や文房具などを先輩のコドモに配るのは、いわば組入りの手土産だろう。あるムラでは寺院へ参ったり、仏堂へ参ったりするが、いずれにしても同じことだ。だが同じムラに生まれても、公式に参れない子供もいる。ウキヨノコ、ヒライゴ、モライゴなどという子供たちだ。正式に養子として入籍された子供でも、三年とか、五年とか入れないムラもある。いわんやムラに住んではいるが住民登録の住民で、ムラの住人でない家の子供は、宮詣りするのは自由だが、それでもってムラのコドモとしては認めない。

大正後半頃からムラのコドモと、そうでない子供との差別は、通常の遊びでは殆どなくなっていた。しかし野遊び、山遊びなどになると、あれはムラの子でないからと誘わない。また他所のムラとの喧嘩にも、まず誘わなかった。はっきりしたのは祭りの日で、子供角力には殆ど加えないムラが多かったが、つまり氏子でないということだろう。祭りの後に重ね餅、菓子、果物などの供え物をわけてやるが、厳しいムラは一の座、二の座と宮座の格で子供をならべさせ、三の座ぐらいまでは大きい重ね餅、以下は小餅の重ねというのがあった。各戸から一人ずつ子供をならべさせ、平等に配るムラもある。また男女、氏子にかかわらず、ともかく供え物を分けるのもあり、必ずしも差別したムラばかりでないが、ならんでいた女の子がもらえないで、泣いて帰っているのを見たこともあった。

播州あたりで俗にいうタイコ、すなわち太鼓屋台のことだが、このタタキコ、ノリコ、タイコウチなどというのは、十歳ぐらいから若衆入り前の男の子より選定されるが、ムラのコドモでないと絶対に駄目だろう。厳しいムラになると乗れる家の格があり、ムラのコドモといっても誰でもというわけでなかった。また派手な衣裳を作ったり、いろいろと祝いがあったりして、低階層の家では受けられない。また高砂など海岸の神社の祭りに「一ツ物」「天童」などという稚児が出るが、これも立派な衣裳や乗馬などで経費が要って、まあ普通の家では受けられないだろう。普通のナラビ稚児、アルキ稚児というのでも、氏子、つまりムラのコドモでなければ受けられない。都市や周辺の神社では氏子といっても同じ町内住ならよいわけだが、ムラでは住人の他に氏子は居ないのである。新しく編入された市街地では団地など新住居地区の他に、古いムラが残されているところでは、祭事になると昔のままの慣例を守っているのが多い。いずれにしても新参の人たちと、古いムラの住人との融合はなかなか困難だろう。

誕生の宮詣りからムラのコドモとして認定されたとしても、すぐにコドモたちと遊べるわけでない。少なくとも独り歩きができるようにならぬと、他のコドモが連れにして遊んでやれないだろう。だいたい四、五歳ぐらいから、ぼつぼつとムラのコドモとして遊んでもらえる。それまでは「子守」つきで、「子守仲間」になった。播磨の加西郡下里村三口では、四月一日に小学校へ入学するとき、男子なら男、女子なら女の生徒全部に鉛筆や菓子を配って、仲間入りを頼んでいる。どこともだいたいは同じで、小学校入学が同時に実質的なムラのコドモの仲間入りになっていた。学校のなかった昔でも、

こども、こどもとて
いつまでこども
七つ、八つこそ　こども

といっていたから、まあ七つ、八つからがコドモの仲間入りになっていたのだろう。

若衆入りの年齢はムラによって差があり、戸数や人口の少ないムラは、十三歳ぐらいか

ら若衆入りさせる。通常のムラは、よほどの理由がないと、だいたい十五歳が若衆入りの年齢であった。そうするとコドモ仲間の年ガシラは十二歳か、十四歳ということになる。つまりコドモのカシラとか、ガキ大将とかはだいたい十四歳、稀に十二歳のコドモから選ばれるわけだ。最高年齢のコドモが一人なら、その者がカシラになる。複数なら投票、互選などいろいろだが、だいたい腕力の強い者が選ばれた。コドモの人数にもよるが世話役とか、助とかいう幹部を選ぶこともある。また大きいムラで、二つ以上のカイトなどに分かれていると、カイト毎に世話役などを置いた。カシラ、世話役などが変わると、ムラの区長などに通知するムラもあるが、だいたいはコドモたちの了解ですんでしまう。また特別に引き継ぎもなく、いつのまにか後釜がきまるというムラも多い。だからムラの大人でも、なにかの問題が起こらないと、誰がカシラかわからぬのもある。一般に民俗学用語としていわれる「子供組」の多数は、そうした形式のものなのだ。

「子供組」というから組長や幹部が居って、規則や会費、事務所があり、そこへ行けばなんでもわかると思うらしい。考えてもわかるが、十二や十四ぐらいの洟《はな》たれが、規則や規約を作り、会費を徴収して事務所を設置し、専従のガキを常駐させるなど、想像するだけで吹き出す。ところが世の中には、そんなものでなければ「子供組」でないと思っているバカモンがいる。その代表的なものだけ書いておくと『民俗研究ハンドブック』(昭和五十三年八月、吉川弘文館刊、五一頁「子供組」)であった。詳しくは読んでもらうほかないが、竹内利美、関敬吾、瀬川清子など、柳田派の連中は「子供組」を、ほんとに調べた経験があるのか疑わしくなってくる。恐らく大人の作った「子供会」や「少年団」類似のものを、「子供組」として騙されたのだろう。

殆どのムラで「子供組」とか、「子供仲間」などと自称するところはない。また私は便宜的にカシラとか、大将とか、世話役とか書いたけれども、それを明確に役名にしているムラは殆どないだろう。要するにムラのコドモが集まって遊び、その仲間のなかから世話してくれる者を立てるようになり、いろいろと大人と接触する間にムラの慣習がわかり、子供たちの間でルールをきめるようなこともした、ということだ。それではムラのコドモに自意識や、集団意識がないかといえば、そんなことはない。子供が、コドモとして生活できるのは、ムラがあってのことだ。ムラの掌の上で踊れる程度の主体性、拒否権をもつ集団は作る。したがって××組などと名乗る必要もなし、規約を作って組長以下幹部を任命し、その就任期間を限定する必要もない。いわんや、あれをせねばならぬ、こんなことをしてはいけないなどという制約もあるはずがなかろう。わかりやすくいえば、子供は子供仲間で集まって、好きなことを好きなようにして遊んでいるということだ。

子供が、子供であることの基本はなにか。遊ぶということだ。「遊び」にいろいろの理由をつけ、理論をでっちあげるのは大人の世界としては面白いが、子供にとっては不要の空論だろう。「子供組」とはいわないが、「遊び」の集団はいつでも作っている。「山村調査」で「子供組が残って居ますか」などと尋ねるのが、そもそもバカの証拠だ。子供が三人いるムラなら、いわゆる「子供組」のないところなどあるまい。ただムラが同じ型のものはないように、コドモ集団にもいろいろの型があるし、それもときによって変化する。その一面をとらえていえば、「遊戯集団」とか「秘密結社」的性格とか、その他なんでも思いついただけならべられるだろう。それほど、子供の集団は好きなことを、好きなように、なんでもやっているというわけになる。ただ子供が、いかに野放図にやろうとしても、やれることには限界があった。ある時期の切断面をとれば、その段階での特徴が現われるだろう。しかし次の切断面には違った特徴が現われないという保証はない。いろいろのムラのコドモの集団と、そのありかたを広く見るほかしようがなかろう。

『解放教育』の読者には学校の教師、とくに小学校教師が多いと思うので、全くよけいなことだが、他の読者の参考までにいっておく。民俗調査、とくに子供集団の民俗を調べるときには、絶対にムラの有力者（PTA幹部を含む）とか、物知りとか、郷土史家とか、小学校の校長などに尋ねてはならぬ。ガキどもが、なにをいらんことをしゃべるかわからんとか、「少年団」みたいにがっちりした組織がないから恥ずかしいというようなことで、「子供組」みたいな集団はおまへんというにきまっている。返事をしたところで、まず信用できない。もっともよいのは、子供の集まって遊んでいる場所で、いろいろとうまいこと聞き出すことだ。戦前、私はグリコをよく利用したが、あれにつけていたオマケに人気があって、うまく釣り出したものである。それで実態がわかれば、他にムラの大人で実直そうな人物を選んで裏づけをとるとよい。全く手がかりのないときは、前述のように人が好さそうで、押しのききそうな人物を選んで頼むと、コドモ集団の幹部を連れてきてくれる。いまは勉強塾で多忙、子供も遊んでおれんだろうから、それだけ難しくなっているだろう。しかしムラには、まだコドモ集団の古い伝統が残っているから、全く絶望的状況でもあるまい。

8 コドモの性教育

ムラの子供、私はとくに「コドモ」と書き替えているが、このコドモと、その集団を「子供組」と書くと、「子供組」と自称しているムラの他には、コドモ集団がないと誤解するから、それをひっくるめて「コドモ集団」と仮称しておく。柳田民俗学には、日本人は太古の昔から優秀な民族で、これからも繁栄して行くという空疎な前提がある。だから差別や階層、性、犯罪、革命などという醜悪なことは、日本の民俗や精神生活にはあり得ないと信じようと苦心していた。したがって、そうした視角からより民俗や精神文化、経済社会、生活環境を見ることができなかったので、その調査も、研究も、表面を撫でさすっただけのキレイゴトに終わっている。だから、かれらの一派が五十年の歳月をかけて集積した資料も、もう一度見直す必要があるし、柳田一派があれだけ詳しく調査したのだから、もう後になにも残っていないだろう、などと心配する必要はない。「子供組」民俗として、かれらがとり上げたのは、極めて特異な一部のものだけにすぎず、コドモ集団としての全般的な調査は、いま漸く始まったばかりである。他の民俗、行事、芸能その他にしても同じことで、低階層の民衆として、その視角で発掘すれば無限といってよかろう。ただ私たちが基盤を置くべきは、資料の取捨を個人的な好悪、良否に動かされてはなるまい。知られたくないことであろうと、つらいことであろうと、必要な事実は明らかにする立場を守る。でなければ柳田一派の後を、もう一度、上塗りするだけのことだ。

では、コドモはどのように集まり、集団を組み、そして遊んでいただろうか。これも千差万別というほかなく、ごく荒っぽく分けても山村、農村、漁村、流離生活で大きく変わるだろう。流離生活集団は、あんがいに多いし、まだよく残っている。その特色のあるのは水上生活者といわれる集団、サンカとよばれる集団などであるが、古くはロクロ師、鉱山師、クグツなどの芸能者も同じであった。それに比すると山村、農村、漁村の集団は、よほど類似点が多いとみてよかろう。ここでムラというのは、だいたい三つの型の村落共同体を含めたものとしておく。

とくにコドモのために小屋を用意したり、居宅の部屋を貸してやるようなムラは、殆どないようである。つまりコドモ仲間の事務所や宿泊所は、ないということだ。しかし播州あたりのムラなら、どこのムラでもコドモが主として集合する場所はきめている。たいていムラの中心にある神社、寺院、仏堂の境内や、公会堂、火の見ヤグラなどの前の広場が選ばれた。そこをヨリバ、アツマリバ、アソビバというムラが多く、稀にはコモリバ、ヒアタリバ、スモンバなどというのもある。夏は木かげがあるし、冬は日当たりがよく、大勢のコドモや子守が集まるということだ。その他にムラの周辺、川原、土堤、山裾などにある大木や、石仏などのある前の狭い広場を、小集団の集まり場にしているのもある。また冬になって麦作しない湿田で適当な一隅を、ネツキバといって遊びの場所にした。ただし、これは作主に叱られて、追い出されることもある。

ともかく中心の遊び場へ行けば、子供に会えたし、他の遊び場も教えてくれた。まあムラの道路上や、家の附近で遊ぶこともあるが、こうした特定の遊び場をきめているムラが多い。古くからの習慣だと思うが、明治後半になって小学校教育が強化され、登校のために一列にならんで歩くよう強制があり、そのため児童の集合場所として特定されたことも、また中心的な遊び場の固定と関係があるだろう。これは、いまも行われている。

ムラの子供たちの遊びについては、童謡、童戯として別の機会にしておく。

ムラの子供は、だいたい五つ、六つから男と女とに分かれて遊ぶ。遊び方も違ってくるし、遊び場所も別のところになる。

男と女と　遊ばんもん

チンチンカモカモで
子ができた。

これは播磨の加西郡や周辺のムラで、男児と女児とが仲よく遊んでいると、あいくる（ひやかす）童謡の一つであるが、同じ趣意のうたは全国に残っている。そういうわけで遊び場も、二つに分かれた。

私のムラでは学校の登校集合場のとり合いで、男と女の大喧嘩になったことがある。天気のよい日であると問題はないが、雨の降る日になると露天では困った。そこで女の児の集合場所であるアン寺を貸せということになり、初めは縁側などでおとなしくしていたが、しまいには女の児を雨の外へ追い出してしまう。庇《ひさし》を貸して、母屋《おもや》までとられた女大将が怒り出し、ワアワア、キャッキャッの大喧嘩になり、ムラの幹部が出てきて男はお宮の境内に集まれと裁定したが、神社はムラの東端にあり、そんな離れた場所へ集まっていたら学校へ行くのが遅れると承服せず、とうとう寺の近所の家の納屋を借りることになっておさまった。遊び場所や登校集合場所などは、だいたい慣例通りであったわけだが、どこのムラでも男の横車で喧嘩が起こるのは珍しくなかっただろう。この事件で登校の通学路も男と女は違う道を通うことになったが、わざと女の児の列にまぎれ込んで叱られるのも面白かった。

ところが、男児は天気のよい日は外で遊べるが、雨の降る日の遊び場には困る。ムラによると公会堂とか、青年集会所などで遊ばせたが、私のムラでは家で遊ぶか、友人の家へ遊びに行くほかない。そのうち近所の家に話好きのおやじさんが居り、雨の日には納屋でワラジを作ったり、縄をなっていたので、友人と訪ねるようになり、いろいろと昔ばなしや伝説を聞かせてもらった。ある日、一人で話を聞かせてもらっていると、嫁さんが茶、菓子をもってきてくれる。しばらく話をしていると、お前、女の道具知っているかという話になり、女の児のものなら見たと答えると、そら、あかんいうので、横の嫁さんをひっくりかえし、あばれるのをおさえつけて見せてくれた。黒い毛の生えている本物を見たのは、それが初めてである。子供にアホなことしてと嫁さんが怒ると、八つもなったら、こんなことぐらい知っとかなあかんといっていた。いまから思うと昔話のよい伝承者であったが、いわゆる艶笑譚もよく聞かせてくれ、キンチャクだの、茶臼だのと教育してくれる。多いときには五、六人のガキどもが、がやがやわいわいと聞きに集まった。もう夜這いの話ぐらいは序の口で、お前のおかあの味はどうとか、お前のおやじと夜這いに行ってかち合って、というような話になる。大正前期ぐらいには、どこのムラも、このくらいの性教育は珍しくもなかったらしい。

女大将の家へは、雨が降ると女の児が集まって遊ぶことが多い。私の家と近いし、女の児と遊ぶのが面白いので、ときどき訪ねて行った。尻めくりはやったとひっくりかえして、前を開帳させたら、怒った女児三人におさえつけられ、前をしごかれる。痛い、痛いと泣くまねしたら、女大将がうちのもさわらせてやると手を入れさせてくれた。年上であったが好きな児で、よく怒らせてやったものである。ある夏、川で泳いでいたら、女の子が呼びにきたのでついて行くと、女の子が五、六人ガヤガヤいっていた。女大将が鯨の一尺差しを渡し、これでみんなのモンはかれという。まだ水着だの、フンドシなどしなかったので、男も女も子供は丸裸であった。低学年はまだそうふくらんでいないが、十歳ぐらいからは相当に高くふくらんでいるので、どないして計れば公平なのかわからない。上をおさえ、下をひっぱって割れ口の長さを計っていると、ふくらんだまま計れという意見も出たが、直尺では正確な計測ができるわけもなかった。どの子のモノが一番に長いかというのが命題で、こうして計測してみると道具は同じ形と思っていたが、一つ一つ違うということがわかる。よく話に聞く「お医者さんごっこ」というのは、私の子供の頃は経験しなかった。女の子のモノが見たいと思えば、あんまりかくさずに展示してくれたと思う。男の方も同じで、そんなに秘密にもしなかった。

「ぼくは突入しました。そして、しばらくすると、彼女は不思議そうにいいました。『何してんの、あんた、どうして動かないのよ』『ウゴク?』とぼくは、彼女に訊き返しました」（田村隆一『ぼくの性的経験』一九八二年十月刊、徳間文庫、一〇三頁）。もうアホらしくて、読む気にもならん。都会の若い奴は、いつからこれほどバカになりよったのか。

加西郡下里村の、ムラの大道を子供たちが、

××屋のオバハンが
十三むすこのチンかんで
いたかった
いたかった

と合唱して歩いた。文法的には誤りもあるが、大意は××屋のオバハンが十三むすこのチンかんだので、むすこが痛い、痛いと泣いとったということになる。オバハンも、むすこも実在の人物だから、ムラの連中はエヘラ、エヘラと大笑いし、なかには母親が、お前もかんでもらいとすすめた。むすこというのはムラの子供のことで、実の子供の意味ではない。主人も、子供もあったが、筆下ろしが好きだという評判であった。女大将が、あんたは色が白いし、オバハンが好きそうやから、誘われても行くなと心配してくれる。まだ夜這いがあった頃なので、そんなことぐらいに大騒ぎするのはいないし、後家さんなどで若い子が好きなのは、家の奥へ連れ込んで男にしたという噂もあった。私の友人にも、十歳の秋に誘われたというのもあり、早いのはその頃から性教育の本番を受けたらしい。こうして唄になるのはかなり密度が高くなったからで、一過性のものや極秘のものはわからなかっただろう。

稲刈りがすみ、ほぼ庭仕事も終わると、娘や女は私有林や共有林へ柴こき、枝はらいに行き、冬の焚きもの、燃料の用意をする。五、六歳ぐらいの女児でも、小さいガンジキで柴かきをさせられた。だいたい数人ぐらいで組んで行くが、遅れて単独になることもある。男のなかには、それをねらっているのもあって、ときどきもめていた。というのは同じムラの男だけでなく、他のムラの男もねらってくるからである。その頃でも、まだ初茸や松茸が残っていたので、子供が採りに行くと、ときどき男女の交渉を見つけた。

実情を知らぬ人が聞いても想像できないと思うが、柴や薪《たきぎ》を一ぱい背負った女が下り路ですべって尻もちをつくと、もうどうにもならない。男の自由にさせておくほかに、抵抗のしようがなかった。下り路にかぎらず、大きな荷を背負ったまま仰向きに倒されれば、両手をしばられているようなものであり、両足も自由には動かない。いまのようにいろいろと下着があるわけでなし、腰巻一枚がたよりだから、まあ無防備に等しかった。また山の中でいくら助けてくれといってみても聞こえるはずはなし、男に満足させれば引き起こしてくれる。

初茸や松茸には群生する場所があり、そんなところを発見すると誰にも教えないで、ときどき単独で採りに行く。そんなときに柴荷を背負って尻もちついているのに会うと、よく手を引っぱって起こさせられた。荷を外して背負い直せばよいのだが、中年の女になるとそれが面倒であるし、起きるのに腰が切れなかったりするらしい。若い娘や嫁はよいかげんに荷ができると誘い合わせて、山を下ってしまう。中年になると欲が深くなって重い荷を作るので、帰りが遅れるし、尻もちつくと起き上がれなかった。若衆や男は若い娘や嫁をねらうので、中年女やババアが尻もちついているのを見ると、かえって逃げてしまう。子供はそういうことがわからないので、正直に手をもって引き起こしてやるのだが、やってみるとなかなか力が要る。平面ならともかく、斜面で起こすとなると横へ曳くことになり、かなり要領がわからないと起こせない。うまく腰を切ってすぐ起きるのもあるし、なかなか起きないのもある。まごまごしていると中腰になっていたおばはんに抱きよせられたまま、重なって尻もちをつく。びっくりして起きようとしたら、ええとしてなにがこわいんやと叱られた。私の子供の頃は、まだサルマタがなく、パッチであったから、すぐ重ねた間から手を入れて握られる。すむと荷を外して背負い直し、お手てつないで山を下るということになった。あの子に山で手ひっぱって起こしてもろたら、だきつかれてしもたとか、お乳のましてくれとくいついたとか、すぐしゃべられる。その方がかえってカムフラージュになるというわけだが、それほど気にする者もいなかった。

柴や枝おとしに行く女たちは、松茸などの生える場所もよく知っていたから、仲よくなればすぐ教えてくれる。なにも若衆入りを待たなくても、機会があれば女の方でも実地の性教育をしたがった。昭和六年頃、大和の桜井駅の南に文殊院があり、その裏山に古墳群があって周辺一帯は松林であったから、シバカキの女たちがよく作業していた。あるとき日暮れ近くに登って行くと、柴を背負ったままへたり込んで、背を反らしている中年の女が、まだ若い男をヒザの上にだきかかえているのが見えた。それで同じような民俗が、どこの農山村にでもあるものとわかる。

9　コドモ集団の構造

若衆の筆下ろしがあれば、少女の水揚げ話もいろいろとあった。また、私たち子供仲間であのおっさんと、どこそこのおっさんは兄弟やなどと噂していたが、その頃の用語でいえば「義兄弟」、つまりホモ関係である。女房と他の男との話などもかくしてなどというわけでなく、すぐ若衆や娘たちが「うた」にしてすっ破ぬく。若衆と娘たちの色ごとなら、もとよりのことで、その家の前や裏でうたうのも居った。最近、宍粟郡（西播地方）の民謡の解説で夜這いに触れ、ときには数里の山道を越えて、男はプロポーズに通った。結ばれると村の若衆の承認の下で、村じゅうに公表された。裏切ったら村八分。爪はじきされ、市民権を失うのだから、今様の乱婚濫行とは基本的に異なる、と解説したのがある（宮崎修二朗『歌ごよみ』一五五頁）。いまだに「夜這い」と結婚とは関係があると思っているので、「夜這い」は乱婚濫行と違うという。宮崎は教育勅語を捧持しながら、夜這いに行くものと思っているらしい。

具体的に「乱婚濫行」がどんなことを指すのか明確でないが、性交は法律的に公認された夫婦の間か、結婚をかたく約束した者の間でないと絶対に行ってはならぬというのだろうか。それなら、いわゆる風俗営業は殆ど全滅のほかないし、性交年齢圏の八〇％までは処罰されることになるだろう。まさか宮崎は、一穴主義でもあるまい。ならば最近、繁昌の夫婦交換、S・M、同性愛など、昔からないことでもないし、夜這いは基本的に異なるなどと広言してみてもしようがないだろう。夜這いはムラによって差があり、どことも同じでないが、基本的には「遊び」というものだ。若衆と娘や後家、女中に限るムラもあれば、老若にかかわらず、また夫婦に関係なく開放というムラもある。夜這いから結婚することもあるが、夜這いは結婚を目的とする民俗ではない。ところによって異なる制約はあるが、もっと自由に楽しむものだ。若衆と娘、または男と女とが、どのような組み合わせで一夜、あるいはいつ、どこで機会を利用しようと、それは個人の問題である。他の者が羨ましいと思えばウタにしてすっぱ抜いたり、ひやかしたが、それでどうというほどのことはない。でなければムラの色ごとや、夜這いは成立しないだろう。ただ、どこのムラにでもタテマエとテイサイでかためたようなコチコチ頭や唐変木が居るもので、他所者に尋ねられるとムラの恥とばかりに、こんなくだらぬ愚論、迷説をまことしやかにふきこむから、かえって実態が歪められてしまうことになる。

柳田国男の『こども風土記』もその一つで、あれだけが日本の子供の世界ではなかった。彼は、子供に性感覚も、性生活もあることを、認めようと欲しなかったといえる。彼が描く男の児も、女の児も、ひどく模範的な品行方正児で、恐らく若衆になっても夜這いに行けなかったにちがいない。幸いにしてムラに住んでいる男も、女も、自分たちの経験を通して、子供にも性感覚が存在し、性生活もあることを知っていたから、よほどのことでもないかぎり干渉しなかったし、ときには自ら性教育をしてくれた。普通の民俗学研究者たちは、若衆入りするまで実習しないものと考えているらしいが、だいたい若衆入りするまでに必要な基礎教育は受けていたとみてよいだろう。もとより近代教育理論からいえば性教育などといえるものでなくて、大人の男女が、青い子供の性をもてあそんだにすぎないというにきまっている。そういう性体験をした者の一人として、開き直っていえば、ではいま子供たちにどんな教育をしているのか、と質問したい。オメコ、チンポなどというだけで顔をゆがめているようでは、全く教育などしていないのだ。それでいて、いま頃に非行年齢が、小学生までに下がったと騒ぐ。

大正初め頃では、小学生になったら、ガキの先輩が鼻をつまんで「雨か、蛇《ジャ》か」と教えてくれた。これを三べんぐらい早口で唱えると、よい性教育になる。私の小学校は三、四百人ぐらいの大きい方であったが、女の児がしゃがんで地面でメンコ遊びなどしていたとき、校長先生が腰をかがめ頭を低くして、そら、めえとるぞ、めえとるぞとからかっていた。その頃の女の先生はハカマをはいていたが、お前、先生の尻めくりできるか、とおだてられ、ハカマをはねあげたら、頭をとっつかまれてハカマの中へ入れられ、内マタではさんでしめつけられ、とうとうあやまってかんにんしてもらう。暑くなっていたときでもあったが、先生の着物が上半だけで、下は下着と腰巻だけであるのがわかった。いまなら大騒動になるだろうが、校長先生に文句をいう奴など居るはずもなし、ムラのおっさんにお前、先生におしっこかけられたんか、とからかわれた程度である。

比較的、性的石仏や行事などの少ない播磨平野で、この程度であったから、性的石棒などを祭ったり、道祖神とその行事の多い上野《こうずけ》、信濃あたりの子供は、もっと念入りに性教育を受けたにちがいない。ただ、いままでの民俗や行事の調査では、その点が完全に欠落していた。私は昔の方が子供は早熟であったとか、最近になってとくに早熟になったとか、は信じない。昔であろうと、今であろうと、子供が十歳にもなれば、相当の性感覚もできるし、子供としての性生活も生まれる。大正頃までのムラの大人たちは、お互いの性生活もそんなに秘密にしなければならぬものとも考えていなかったから、子供の性意識、性行動にも、それほど禁断的でなかった。といっても、子供の性感覚、性行動には限界がある。コドモガシラ、ガキ大将などの幹部が教えてくれるのは、せいぜいマス、播州あたりではヘンズリという地方が多いが、それまでであった。それ以上の教育になると、大人が介入してくる。どことも同じであろうと思うが、若い衆や娘たちが介入してくることは殆どない。いわゆる中年、熟年の男、女であった。

コドモ集団を「子供組」「子供連中」「子若」などというムラは、東播では明石、加古、印南などの沿海地帯に多い。その他のムラでもコドモ集団はあるが、とくに「子供組」などとはいわなかった。ただ、子供がウチのクミとか、ナカマということはある。沿海の「子供組」と呼称するムラでは、コドモガシラ、コドモダイショなどと幹部級を呼ぶところがあり、また加東郡あたりの山村では、サイリョウとよぶムラもあった。通常のムラでは、大人がコドモガシラとか、ガキダイショとよぶことは多いが、役名というわけではない。またカイトなどの小集団に分かれている場合には、世話とか、世話役とか大人が呼ぶことはあるが、コドモが役名として自称することはなかった。このへんの差別がわからなくなって、明確でないのが多い。古典的様式の「子供組」が崩れてそうなったのか、初めから二つの形式が併存していたのかは、これから解明するほかなかろう。ただ、子供が役名と意識しようが、しまいが、集団としての役割は同じものが発生している。いま「コドモ集団」について二つに分けたのは、「若衆組」「若連中」など青年組織の場合には、頭、帳元、取締、世話人、あるいは小頭、若中《ワカナカ》、日の出などの役名か、それに近いものが明確にされているものと、識別されるからだ。通常、「子供組」がないとされるムラは、「子供組」などの名称、カシラなどの役名が明確でないからで、だからといって「コドモ集団」を全く欠除するものはありえない。したがって「子供組」などの名称や役名の有無にかかわらず、子供の集団的実態を検出すべきである。

「子供組」として存在するムラでも、コドモ集団のムラでも、だいたい最高年齢の子供がカシラなどの幹部になった。同年齢者が二人以上居ると互選、あるいは選挙になるムラもあるが、ふだんの人望とか、腕力などが評価されて、なんとなく決まることも多い。稀には選出がもめ、大人まがいの買収が起こったムラもあり、有志をびっくりさせた。明石郡のムラで、子供組の大きいところでは、ときどきあったらしい。通常のムラなら、そこまで過熱することはなかった。ただ、子供といい、コドモ集団であっても、ムラの一つの機構としての役割をもつから、カシラや幹部の選出は、ムラにとっても大きい関心事である。

その頃のムラは入会山林や共同灌漑河川、池沼もあるわけで、そうすると柴刈り、枝うち、草刈り、茸採り、山菜採り、魚釣りなどと、いくらでも喧嘩の起こる機会があった。ムラの山、池、川などでの住人の間での喧嘩なら、まあ、なんとかおさめられる。しかし入会や共有、共同使用になると、一つまちがうとムラとムラとの対決になりやすい。たとえば牛を放牧して、子供に番をさせる。細い山道一つが境目というのは珍しくないから、隣のムラの牛が、こちら側の草を食うこともあるだろう。普通の子供なら、こっちの牛も隣のムラの草を食うこともあるからと見て、見ぬふりをしてすます。だが気の強いガキだと、相手の子供に文句をつけ、なぐり合いの喧嘩になる。そうなると双方の子供たちの乱闘になり、お互いに若い衆をよびに走るから、更に若衆仲間の乱闘に発展した。たいていのことは、その程度で双方の幹部が出てなんとかおさめる。しかし発端になったガキを怒るわけにもいかず、ということで、あまり気の強いガキが大将になると頭痛の種になりかねない。だが気の弱いガキが大将になると、これも草刈り、柴こきなどの作業の番をさせても役に立たぬ。そんなことでコドモ集団のカシラなどの幹部の選出も、ムラにとっては重要な人事ということになる。戦前は、そんなわけで草刈り、柴こき、松茸採りなどで子供の喧嘩が大きくなり、ムラの対立に拡大することもあった。

若衆組、若衆仲間、若連中などとよばれる青年組織のカシラ、取締など幹部の選出になると、更に人事としての重要性が大きくなる。これまでの民俗学研究者たちは、表面的な規約や会則、平常時の習俗などより調査しないから、「若衆組」を額面通りに修養団体とか親睦団体、せいぜいムラの教育機関ぐらいにより考えていない。その程度のものなら戦前の大日本青年団組織に吸収されてしまい、とっくの昔に滅亡しているだろう。それが表向きの官製青年団の基底で、今日なお生き続けているのは、村落共同体の基礎機構としての役割をもっているからだ。

10　炊き出し作業の機構

昭和八年頃および十三年頃に、関西地方一帯で旱魃があり、用水不足の地域では騒然たる状況になる。昭和八年夏の旱魃では東播の美嚢川、東条川、万願寺川流域が、とくに激烈であったが、その他の小支流でも紛争の起こらなかったのは珍しいほどであった。昭和十三年夏もほぼ同じ状況であったが、私は京都府、滋賀県、三重県の県境地帯を歩いたが、ここも全く準戦時状態といえるほど殺気立っているムラが多かったのである。農村での大旱魃というのは、地主、自作、小作にかかわらず死活の大問題であった。滋賀県奥の朝宮村附近では、僅かな泥水を茶瓶に汲んで苗の根元へ一本ずつ注いでいるのを見たが、そのくらいのことで枯死をまぬがれるはずもないが、しかもやらざるをえない心情なのである。その理解ができないと、いわゆる「水喧嘩」の重要さと闘争の苛烈さがわかるまい。

どこの地方でも旱魃のときは同じだが、毎日、毎夜、あちらこちらで用水の流れを変えたり、セキ板や土俵を一つとるかとらぬかで争ったり、川の底へ竹を突っ込んで水を抜いたり、なんとしてでも少しでも水が欲しいために、いろいろと工作しようとし、またそれを防ぐために紛争が起こった。幕藩制社会の昔から水騒動はつきもので、そのたびに双方で文書を交換し、領主の裁許を得て、どうするかを決めてあるのだが、いざ旱魃となると三文の役にも立たない。死活の問題となれば、双方とも古い文書の規定を少しでも自分の方へ有利なように解釈しようとするから、それまでの長い交渉は御破算となり、すえは実力闘争ということになる。

この「水騒動」の実戦部隊の主力となるのが、すなわち「若衆組」なのだ。用水源を防衛したり、あわよくば他のムラの用水であろうと掠奪して、一合の水でも欲しい。血の一滴よりも、水の一滴が役に立つ。したがって水騒動、水喧嘩の乱闘では負傷者も出るし、ときには死者もあって、それほど激烈な抗争になる。いわば戦争状態であるから、なかなか他所者は立ち寄れない。スパイなどに疑われると、袋だたきにされる。大きな抗争になるとムラの四境に番兵が配置されるし、池や川筋にも守兵が巡視するという具合で、全く戦時と異ならない。ムラの中心部とか、山の中腹にある神社、寺院などが戦闘司令部となり、防衛乃至出撃の主力が結集したり、予備兵力の集結地になる。昔ながらにホンジン（本陣）ともいうし、新用語のホンブ（本部）を使ったムラもある。大きい動員になると、「若衆組」だけでなく、四十五、六歳以下の中老層まで増援に召集された。軍隊編成でいえば常備現役兵を主体に、予備兵役を動員したわけで、これが最強の戦闘序列になる。

通常、戦闘司令部を構成するのは、侍大将ともいうべき若衆頭を総指揮官にして、消防組小頭、中老層の幹部などであった。若衆頭は、ムラによって若衆組からの脱退年齢が異なるから、必ずしも若いとは限らない。また若衆組の脱退年齢が若い場合には、中老層から若衆頭を出すムラもある。いずれにしても総指揮官は、四十歳近い壮年者を選ぶのが多い。ともかく実戦の指揮をとるのは、どこのムラでも軍隊経験者で伍長勤務上等兵とか、下士官適任証をもらった連中で、一年志願の在郷将校では全く役に立たなかった。夜襲とか、奇襲攻撃の指揮になると、かれらにまかすほかないし、双方の乱闘で警察が出動してきても、びくともしないで区処している。それだけの度胸と指揮能力がなければ、とても侍大将は勤められぬということだ。区長、村会議員、消防分団長などというムラの顔役は、だいたい相手のムラや周辺のムラ、警察などとの交渉に当たり、実戦の指揮からは外される。

こうした大抗争に発展すると、ムラの女性や娘たちも動員されて、兵站基地を構成させられた。地主や高持ちが米俵を三俵、五俵と寄付することもあれば、それぞれの家から三升、五升と寄せ集めることもある。兵糧は殆どムスビにするわけだが、加東郡東条川流域のムラでは、いわゆるコジキメシのムスビを作っていた。コジキメシというのは、ダシジャコを主にし、キリボシぐらいを混ぜて淡く醬油炊きするもので、乞食がよくやるというのでコジキメシという。白ムスビでは、別に梅干とかオカズ（副食物）が要るが、コジキメシのムスビならそのままで食える。まあ、そういう戦時兵食も作ったということだ。

こんな非常時の兵站基地司令官となると、いわゆるスソナガ、スソヒキズリなどと悪口される地主、旦那衆の奥方さまでは役に立たない。十三むすこをおさえつけたり、柴荷を背負ったままで若い衆の筆下ろしぐらいやってのけ、ときには女だてらに大酒のんだり、バクチもやるという女傑でないと、どうしようもなかった。お互いの家の内になにがあるかぐらい知っているから、必要な物は、お前、あれ、もてこんか、と徴発する。一ぺんに、そないぎょうさん炊けるかいなとガヤガヤやっていたら、なんや、そんなもん、風呂もってきて炊いたらええ、でしまい。五右衛門風呂でコジキメシ炊くのは、まあ、釣り合ってはいる。しかし、その発想は女傑でないと無理であった。

都市育ちの読者には理解できないところもあると思うので、すこし説明しておく。こうしたムラの総動員体制になると、単独で自分の家だけ好きに炊事などできなかった。したがって前線の兵士たちへ兵糧を送るだけでなく、ムラの全戸、全人口の食事も作らねばならない。全戸が食事の用意をしないから、いわゆる炊煙が全くあがらなかった。そこで東播地方では、これをケブリダオシという。ケブリダオシは葬式や祭礼などでも行われたが、まず徹底的に行われたのは騒動のときである。地主他の奥さんであろうと、女は子供まで徴用されたし、男の方も前線へ出動しない者は病人でない限り、老若にかかわらず、子供までが予備兵力として集結地で待機した。だからムラの全人口の食事を采配する兵站基地司令官は大任であり、よほどの肝っ玉と臨機応変の才能がないと勤まらない。平常時なら両手をひざまで下げてあいさつしなければならない区長、地主など顔役の女房、娘であろうと、なれない作業でまごまごしておれば、お前はん、なんぼやぼやしとんねんとどなりつける。そのくらいでないと、他の女どもが承服しない。愛国婦人会の郡支部長などといってみても、こうした修羅場になると通用しなかった。わずかな知性、理性などというものが、いかに空疎なものであるか、しみじみとわかる。

女や娘たちは、だいたい洗米方（米、麦、メリケン粉など主食品の管理、調製作業）、漬物方（野菜方、大根方などムラで違うが、副食物一般の徴収と整理作業）、煮焚方（鍋釜方、クド方などともいい、主食や副食物の調理作業）、燃料方（焚物方、マキ割方などともいい、諸種の燃料、マキ、柴、ワラなどの集積、提供作業）、膳碗方（配膳方、ムスビ方などともいい、主食でマゼメシにしたり、ムスビにしたりして食器に納める作業)、汁方(茶方、酒方、カン方などともいい、汁、茶、酒など飲料品を造ったり、管理する作業)、世話方(取持方、アイサツ方ともいい、普通は座敷に出て、客の接待をする役方であるが、非常時には他の機関や組織との接触に当たり、兵站司令部の本部、司令官や幕僚の役である)、買物方(帳面方ともいい、物資の徴発記録、物品の購入支払いなど経理、会計作業で、地主など顔役の女房たちが当たることが多い)の八分科ぐらいに配属されて作業するが、動員の規模、配置人員の多少などで六乃至十ぐらいに縮小したり、拡大した。

この人員配置や移動、役方(各分科の幹部)の任免、全般の指揮、指導は世話方の「役方」、すなわち兵站本部司令官の職権である。戦時総動員体制下では兵站本部司令官に当たる職権が、ムラでは世話方の「役方」さんということなのだ。この名称は加東郡、加西郡地方に多いものだが、こうした非常時給食作業をタキダシというムラも多く、したがってタキダシガタ、タキダシガシラ、サイリョ、シハイなどというところもある。とくにオナゴサイリョ、オナゴシハイといったり、その他にも変わった名称を使うのもあった。葬式、婚礼、村ブシン、祭事、その他に軍隊の宿泊などで一定の給食をするときなど、さまざまの大小、軽重に応じたタキダシ方式がある。

ケブリダオシはムラの全戸の給食を調製するのだが、まあ一日ぐらいは笑ってでもできるだろう。しかし水騒動などで二日、三日と長期化するとたまったものでない。いまみたいに水道、プロパンガス、冷蔵庫などがあるわけでなし、即席ラーメンやすし、パン、給食を電話だけで業者が運んでくるわけでもなかった。いよいよメシが炊き上がると大板の上へぶちあけ、他の作業を止めてでもにぎらねばならない。二俵分ぐらいを、二十人ぐらいで作業しても熱気で手がはれあがった。だから仕事の配分の不平、個人の作業巧拙も出てきて、お互いに面罵し合い、はてはつかみ合いの内輪喧嘩をやる。肉体的疲労と精神的不安、情緒不全というわけで、小喧嘩、大喧嘩が頻発することになるが、それを一声の叱咤で鎮静させるほどの貫禄がなければ、とても兵站司令官が勤まるものではない。

ただし女性の兵站本部司令官の適任者がない場合は男性が代理したり、燃料方、買物方などには男性と混成する場合もあるようだが、よほど女の側から強い要請がないと派遣しないし、まず老人を廻す程度にとどめて、女性の自治に任せるそうである。またムラの顔役、有力者たちの女房、娘なども、「役方」からなにをいわれてもハイハイと服従し、絶対に反抗するなと強く説教されてくるらしい。それくらいに努力しないと、戦争には勝てぬということだ。しかし、もうタキダシ、ケブリダオシも過去のものになってしまい、昔の状況を知っている者もなくなっている。

私は戦時中、神戸に居住、隣保組織を見ていたが、町内会長夫人などスソナガ、ヒキズリが支配し、もうムラの女傑型人物が出頭する余地がなくなっていた。いまでも農村で、古いムラの様式を残しているところもあって、道ブシンなど昔のままの動員、学校や公民館、婦人運動関係などのタキダシに出会うこともある。しかし食料、燃料、調理用具、調理方法などの近代化で、大学出身の幹部女性、栄養士などという女狐が支配しているのを見ていると、世の中、変わったと、つくづく実感した。ムラが騒然として殺気立ったなかで、悠々とタキダシの的確な指図、処置をとって誤らなかった女傑たちの姿は、もう夢か、まぼろしとなって遠く消え去る。あんな女を女房にしたら家のことは安心だろうが、亭主としては困ることも多いにちがいないと余計な心配をしたものだ。

11　オナゴ連中の機能

こうした、いわば非常時の女たちの活動を観察していて、わかったことが一つある。娘仲間のことは知られているが、「女仲間」は殆どわかっていない。漁村の海女仲間が知られている程度だが、東播地方では、どこのムラにでも「オナゴ仲間」「オンナ連中」のあることがわかった。その特徴は「コドモ集団」と同じで、「女子組」とか、「女連中」などと明確な組織をもってはいない。しかしムラの男たちも、女たちも、ときに「オナゴ連中」とか、「オンナ仲間」とかいういいかたをする。自分の女房を含めても、除いても、ともかくオンナどもの集団的な行為、あるいは行動を話題とするときに、よく使った。女の方も、女だけで寺参りするとか、講を作ったり、頼母子を組んだりするときに、そうしたいいかたをする。西国札所の清水寺や法花山など著名な社寺へ参詣するときはオンナ団参、女マイリなどといい、念仏講、地蔵講、阿弥陀講、淡島講、薬師講など、男女混成もあるが、女単独のものも多く、だいたいオナゴ講と唱えた。またへソクリを出資し合って、不時の入用にするため頼母子講を組むが、女のみの場合はオンナ講、オナゴタノモシなどという。こうした「オナゴ集団」を組むのは、殆どの場合に一家の主婦、あるいは後家たちであって、まだ主婦になっていない嫁や、すでに家を譲った隠居は加えられないのが普通である。

徳川幕藩制社会や明治以後の社会の家族構造が、いわゆる家父長制といわれているのは周知の通りだろう。しかし武士、町人と農民、あるいは都市と農村とを比較すると、相対的に主婦の発言権、行動力は、かなり強力なものであったと思われる。普通、主婦としての評価は、いわゆる内助の功であって、亭主を押しのけても我意を通すという性質のものは、女房さかしうして牛を売り損なうなどと嫌われ、嬶《かかあ》天下と卑しめられた。しかし、それは女大学や教育勅語式の道徳倫理意識であって、男も女も協力して生きるほかなかった都市の低階層や一般の農民の場合は、嫁はともかくとして、主婦や後家が高度な発言力をもっていたことは疑いない。私たちは古い家父長制的な道徳倫理意識で、これまでの女性および女性史を見ていたから、ムラのオンナ仲間、オナゴ連中の組織的構造、その村落共同体の内部における位置および機能を正確に理解できなかった。

いわゆるシャモジワタシなどの主婦権移譲が著名であるけれども、そうした家庭内の権力移動よりも、実は女仲間で団参、宗教関係の講、頼母子などを組む、その対外的交渉権を譲渡されるということが、そもそも主婦権（というものがあるとすればの話で、私はもっと大きいもので女政権というべきではないかと思うが、それはまたの機会にしたい）の基本でないかと思う。ムラのなかの生活、実態を見ておれば、山内一豊の女房型の内助の功など、農民にとっては修身のお話以上のものでないことがわかる。要するに男が、亭主が弱いようなら叩きつけてでも、主導権をとらなければ共倒れになるほかあるまい。豪農や地主の奥方さまなら内助の功ですむだろうが、低階層の農民では亭主であろうと屈服させねば、やがて逃散するほかないだろう。

私たちの見るところでは、内助の功型女房は悪妻といってよい。たいてい末には夫に家産を散失させ、遂には井戸塀にする。世間体では「金棒引き」とか、播州方言でいうオンナバレでないと、貧乏世帯はどうしようもあるまい。オンナバレは女晴れか、女荒れか語源はわからぬが、まさに「女傑」に価する。ムラの女どもの意見を統一し、男の顔役たちと対等に交渉するのは「女傑」で、「内助の功」型女房など三文の価値もない。男の器量でなんとかごまかせる間はよいが、男が失敗すれば忽ち馬脚を出す。ただ、こうした女傑に、修身的な貞女の見本を求めるのは誤解というより、求める男の方がよほどのバカだ。いわゆる男遊びもやるだろうし、大酒も飲むだろうし、バクチも打つだろう。男も飲む、打つ、買うのだから、当然の話である。それがわからないとムラのオンナ仲間、オナゴ連中の正確な理解は難しい。

通常は女傑といえば、歴史に名前を残したような女性で、維新でいうと野村望東尼、松尾多勢子、近代では下田歌子、景山英子、管野スガなどということになろう。その人の好みによって人選はいろいろと思うが、全く無名の女性ということはあるまい。しかし、ここで「女傑」と仮称しておくのは、ムラのなかや近隣の地域では評判になって知られているが、広く一般に教育、殖産、芸能などの特殊な才能で知られているような型ではなかった。また善行、貞節、篤信などを誇る貞婦型でないが、しかし度胸や侠気を売り物にする姐御型とも全く違う。要するに、あまり学問はないし、口喧しくて強情だが、他人の世話はよくするということだ。

柳田国男の口吻を借用すると、「目に一丁字しかなくて、事理の明確に言える、人に誤ったことがあると承知せぬ、きわめて判断力を持って表現の力がない、書物に書いてあるような字を使えない」が、現実に村を動かす判断を有する無識の者というもので、柳田は男性を指しているが、私は女性にも同じ型で、もう一廻り鮮烈な印象を与える者があると思う。ただ柳田好みの品行方正を保証できないが、それは柳田の方が認識不足で、どだい無理というものだ。ムラというものは、男にしても、女にしても、事理明確な判断力をもっている無識者たちによって、その基盤を運用してきたことは確かであろう。これまでムラは男のみの力量と根性だけで運営されていると考えてきたのだが、そんなバカなことがあるものか。女は男の指図のままに生きてきたのであれば、とっくにムラは滅亡している。民俗学の徒が、かえってそれに気がつかなかったのは皮肉というほかなく、ムラのなかで事理明確な判断力をもっている無識の男たちは、もとよりよく心得ていた。だから「オンナ仲間」「オナゴ連中」の恐るべき実力を、つとに認識し、それが故にあえて干渉しようとしなかったのである。

ムラの機能、行事、祭礼などで、女がいろいろと差別されていることが多いのは、いうまでもなく明らかであろう。たとえばムラヨリアイでも後家は出られないとか、ムラビヤクで女性が出役すれば男の七分、八分より認めないとか、この種の差別は多い。しかし農耕作業でも田植え、家産仕事では織機、裁縫など女仕事がたくさんある。男女の差別による分業となれば、ムラの作業では殆ど混成であろう。明確に分離できるものは、そう多くないことがわかる。ムラギメなどで男の決定が、女連中の抗議で改められることは、あんがいに多い。たとえば田植え休み、草取り休みなど休日の指定は、どことも女の申し入れで改めることがある。家庭内の実権ということになると、地主、旦那衆は別として、とも働き、とも稼ぎでなければ生計の立たぬ多数の低階層では、女連中の発言力が強いのは当然だろう。東北地方はもとよりだが、播州あたりの女遊び、夜這いなどの艶笑譚を聞いていても、女の強いのがわかる。男どもの夜這い話を聞いていると、男からしかけて、成功したものが多い。しかし女の話を聞くと、どうも男の方はだらしがなく、女の手玉にとられているようだ。まあヤブのなかのことは真偽不明とするほかないが、男が自慢するほどでないことはたしかだろう。

女の講、念仏講、阿弥陀講、淡島講などといろいろあるけれども、それに要する費用はだいたい持ち寄りだが、講田、講山などの所有財産があるものもあって、そのあがりで運用しているムラもあった。それも女傑的女房や尼僧たちの寄進が多く、ムラや男の関与しているのは少ない。講の会合は、殆ど日中で終わるものが多いが、オコモリをすることもある。ザコネ堂が一般に知られているが、オコモリがザコネになることもあった。そうした講は男女混成が多いが、女の講へ男が加入するという形式もある。すべての女の講がそうであるわけではなく、どうも女の側からの招待らしい。若衆入りの青年たちを一人前に教育する女の講や、尼寺の話も珍しくなかった。

播磨、丹波あたりの、とくに山の深いムラでは、神社、寺院の他に庵寺、すなわち尼寺の附属するところが多い。この尼寺がムラの中にあるというのは少なく、山の中の埋め墓の入口とか、詣り墓の附近にある。山の中の墓地で、民家はかなり離れているから、男が昼ヒナカでも一人では気持ちがよくない。尼僧が複数居住は殆どなく、独住であるからなおさらである。まあ夜這いは自由であったと思うが、またそうした艶笑譚も多い。しかし尼僧のなかには、なかなかの女傑が居たのもたしかで、彼女たちはムラの女仲間、女子連中の顧問的役割、よろず相談ごとを引き受けていた。私は若い頃、自転車で摂丹播の国境地帯を廻っていたので、夜、灯火が見えなくても、尼寺のありそうな山林、山麓は、おおよその見当がつく。尼寺といっても庵、つまり本堂だけであったり、狭い台所が附属するくらいで、庫裡などといえるものでない。野宿するつもりで扉を開けたら、尼さんが居たこともある。強盗かとびっくりしたといったが、私は幽霊かと思った。まあ、盗るほどの物はないと思うが、それでも女一人なのに相当の生活用具が要ると感心する。尼僧もいろいろだが、ムラのオナゴ連中の頭目に立てられるようなのも居て、ムラの女の生活を考える上で、その果たした役割は重要だろう。いずれにしても宗教的活動のみに限らず、習字の師匠を初め、生花、茶の湯、裁縫などを教え、ムラの女や娘の生活と密着していた。

宗教的な女子の講や尼僧の仲介を通じて、周辺のムラや遠くのムラの女仲間、オナゴ連中と接触し、案外に広い共同運動、連帯活動をしていたことも注目してよかろう。多いのは清水寺、法花山、光明寺など著名な寺院への参詣であるが、また信濃の善光寺詣りなど遠国への団参も企画していた。よく周辺の寺社の葺替え、増改築から、鳥居や玉垣などの寄進まで、勧誘し合っている。ときにはオナゴ連中で芝居、浪花節（「チョンガレ」）などの勧進をしたムラもあって、まあ祭りの余興だからええがと男どもが評判した。水騒動などの大事件になると、そうした接触のあるムラのオンナ仲間やオナゴ連中が、タキダシや運搬の助勢に来ることもある。その場合には個人的な行為としてでなく、ムラとして意見を統一した上で助勢にきた。したがって助勢にきてくれたムラで、タキダシその他の緊急な作業が起こると、ムラとして助勢に行く。敵に廻ったムラに仲の良い友人が居ても、そのときはしようがないとあきらめた。それはお互いのことで、喧嘩している間は闘志を燃やすが、事件が終わればまた仲良くする。私ごとの憎しみでなく、ムラとムラとの喧嘩だから、それが終わると元へ戻るのにこだわりがないという。

ムラの女を見ていると、だいたい(一)地主、豪農の娘で、東京などへ遊学に出る型、(二)地方の裁縫塾や女学校へ行く型、(三)村の小学校を卒業する型、(四)小学校を中退し、子守、女中、女工その他となってムラを出る型ぐらいになる。第一および第四型は、どちらもムラを出るから、あまり関係がない。そうするとムラに残るのは、第二、第三型である。大正時代までは地方の裁縫塾や女学校へ通うのは、地主、豪農の娘か、商人の娘でないと困難であったから、結婚もほぼ似た階層を選ぶので、ムラでは上位の階層へ落ち着く。明治中頃から大正初め頃までは、ムラの地主、豪農の嫁や夫人、庵寺の尼僧などが習字、裁縫を中心に筆子や針子をとって教えていた。いわゆる娘仲間が崩れてからの新現象で、通うのは居村の娘だけでなく、周辺のムラからも来て、いまでいう花嫁学校に似たものとなり、階層的には第二型の先発様式である。たとえば神戸の塩原学園、親和学園などは裁縫塾から女学校に昇格し、いまは大学まで置いているが、他地方でも同じ例が多い。ただムラの裁縫塾は小学校へ裁縫科特設と女学校の進出で殆ど全滅したが、戦後の洋裁学校も似たような経過をたどっている。いずれにしてもムラの中堅となる女たちは、第三型を主として、第二型を含むということになるだろう。

第五型としては、他のムラから女中（オナゴシ）、子守となって入ってくる女がいる。子守はだいたい尋常科卒ということになっていたが、十歳ぐらいのもいた。子守も、女中も殆どが年季奉公で、大正から昭和初め頃までは、どこのムラでも数人は居たようである。子守の生活については小林初枝『死んで花実が咲くものか』（一九八〇年十二月、解放出版社刊「子守唄にみる部落の生活」）で、だいたいつくされているが、播州地方でも、どこでも似たようなものだ。

12　女の共同作業

大正初め頃、農村景気が出て、子守を雇う家が増えたことがある。そのとき「子守仲間」を組んで、ムラの「娘仲間」と張り合ったという話もあるが、どの程度のものであったのか、詳しいことはわからない。ムラによると他からきた子守女と、居村の娘で子守している者とが組んでいたという。「娘仲間」からは、「子守仲間」は低く見られ、いろいろと差別されたらしい。ムラの若衆で子守女とできたのがいると、「娘仲間」がボイコットした話もある。ただし女中の場合は、娘と同じで、若衆の相手をしたのだから、子守とどう違うのか、ということになるだろう。だいたいとしては、女中は娘と同年齢以上であり、子守はまだ少女が多いといえる。しかし「子守仲間」というのは、よく聞くが、「女中仲間」は殆ど聞かないし、「娘仲間」へ加えているムラもなさそうだ。酒造業のあるムラでは、杜氏などに子守女や女中を解放したが、ムラの娘その他は禁止し、もし犯すと懲罰を与え、翌年からの稼働を禁じたというムラもある。

ただ「子守」集団を、東播地方で調査した経験からいうと、かなり複雑な構成になった。その主体となるのは十歳前後から、十五、六歳頃までの少女で、他村から「子守」として年季奉公してくる者である。ただし、年季でなく、不特定、または臨時の者も多かった。また成年の女、あるいは老年の女で、他村から雇われてくるのも多く、これは不特定、または臨時である。「子守仲間」という場合は、だいたいこの混成集団で、もとより中心となるのは成年、または老年の女性であった。娘の年季奉公、その他の雇傭なら、女中、織子、女工などの方が有利なのだから、「子守」になることはあるまい。女中が、臨時に子守させられるのは、別の話になる。なお、これに居村、つまりそのムラの少女、娘、成年や老年の女たちが、「子守」仕事として加わってきた。ムラによると、居村つまりわがムラの子守の方が多くて、他所から雇われたり、奉公してきた「子守」は少ないところもあり、こうしたムラでは「子守仲間」といっても、単に遊びの仲間になる。

昔のムラの雇傭関係もだんだんわからなくなって、小説を読んだり、論文を見て吹き出すことが多くなった。まあ、時代によって、地方によって、更には同じ地方で、ムラによってても変わるから、なかなか難しい。関西地方を主として、東播の状況を説明する。奉公には永代と有期があり、明治後は永代奉公が禁止されたが、内実には行われていた。永代奉公の下人が解放されて小作農になると、「被官」百姓、「譜代」小作などという。ムラの家格としては、最低に置かれた。昔は女でも永代奉公があり、子守、女中となって生涯を終わるか、下人百姓や小作と結婚する。有期奉公はネンギリといわれ、一応は最長十年、七年、五年、三年、二年、一年があり、盆暮れまでの半季奉公もあった。十年以上というのは、まず永代奉公のごまかしである。「奉公」の特色は前払い、つまり前借であった。したがって期間中にやめる自由はなく、逃走すると借金不払いになる。子守などの年季奉公では、クイブチとシキセ、食事と衣類だけ給与というのも多かった。デカワリ、奉公人の交替は十二月十五日頃が多く、「子守仲間」のあるムラでは、ムラの女性で子守していた人たちが、その頃に「ワカレ」といって送別の会を開いてやり、記念の品物を贈るところもある。奉公は永代身売り、年限身売りともいったように、前借で身体を売ることなので、その待遇は劣悪であった。

他に一般的な雇傭方法として、ヤトイ、ヒヤトイなどがあった。単にヤトイというといろいろの使い方があるが、普通には不特定の、短期の作業に従事する。だいたいは、この地方でいうカケギリで、食事給与の場合には特に交渉した。賃金の支払いは日給が基本で、作業終了後の後払いを主とする。ヒヤトイは、普通にいえば一日限りの雇傭であるが、二、三日ぐらいの短期継続もあった。これには二つの方式があり、カケギリは三食自分持ち、イリは二食または三食を雇主の方が負担する。日傭であるから、作業を終わると給金を支払った。

一般的解説としては以上の通りだが、ムラの作業の場合は、ムラヨリアイなどでその年の賃金を協定する。協定賃金というのは実勢より低くなるのが慣例で、ことに普通は正月のハツヨリアイに決めるから、麦刈り、田植えの繁忙期になると、協定賃金では働いてくれる者が居なくなった。東播地方では海岸地帯と山奥地帯とで、五十銭から一円ぐらいの差ができたから、山奥の余剰労働力は、沿海へ吸収されてしまう。そこで山奥や中間地帯のムラでは、協定賃金はそのまま据え置き、何分増しということで実質賃金を両者で決めた。双方でいろいろとかけひきがあるわけだが、そこでカケギリに分増しして二食乃至三食を給与ということにもなる。他方、早引、遅出もあるわけで、これは何分引きになった。

ムラには公役、賦役があり、殆どのムラではヒヤクというが、ヒヤクには賃金支給の出ビヤクと、無償のツブシビヤクとがあり、ヒヤク賃はだいたい協定賃金だが、それよりも分引きのムラも多い。これもツブシといいながら二食、または夕食を出すムラもあり、いろいろと複雑な慣習がある。その名称や慣習はあきれるほど多様で、かつて報告したこともあるから詳説しない。

要するにムラの「オンナ仲間」「オナゴ連中」の主力である第三型女たちは、こうした日雇いにも積極的に出働きして、タノモシの原資を作ったり、ヘソクリガネを蓄えた。それで寺社詣りもするし、いろいろの寄進もしたが、また一家の財政経済も支えたのである。かの女たちの主人である男たちが、どのような育ちであり、生活環境であったかは、自ずから明らかであろう。たとえば東播六郡でも、昭和初めに小野、加古川、明石の三中学校よりなかった。村立小学校の高等科二年を卒業すれば、ムラとしては標準以上の知識人である。更に軍隊へ徴募され上等兵で帰れば、若衆仲間、在郷軍人会、消防組の下級幹部として、ムラの表の世界を実質的に支えることになった。つまり日本のムラを支えてきたのは、彼および彼女たちであったのである。

「彼」のことについては、柳田初め多くの人たちが指摘してきた。しかし一半である「彼女」たちについては、良妻、賢母、貞婦などという男好み、修身好みの、ムラの女としては、むしろ変わり者というべきものを評価したにすぎない。そうしたイガワリモン（変わり者）に、ムラの女たちの意志を統御し、ムラの大事に当たって指揮する能力はなかった。東播地方のムラを、裏で支えてきた「オナゴ連中」「オンナ仲間」などという組織は、恐らくどこの地方でも活動していると思う。ただ「若衆連中」などと違って、明確な組織的様態をしめさなかったから、これまで気づかれなかったのである。それは「子供組」と似ており、はっきりした規約や事務所があるわけでなし、また「若衆連中」と官製「青年団」との関係に似ており、官製の「愛国婦人会」「大日本国防婦人会」などと違った、ムラの基礎組織であった。

官製婦人団体が一応ムラの成年女性を一律に組織し、ムラの幹部の女房たちを指導部に選出するのとは全く異なる。県、郡、市、町村、分会（ムラ）というような系統的官製団体では、たとえば出征軍人送迎とか、機動演習の炊き出しぐらいはできるだろう。しかしムラと、ムラとが水騒動をやるとなれば、いかに上級機関から指令されても、どうしようもあるまい。警察が出動しても難しいものを、一片の紙の指令で和解させられると思う方がどうかしている。官製青年団が、遂に「若衆組」を解体できなかったのも、理由は同じであった。ムラの「若衆組」の加入、脱退年齢は、そのムラの常備現役兵力の確保が第一だから、ムラの人口や年齢構成で違う。官製「青年団」のように一律に決めるわけにいかぬから、どうしても「若衆組」を維持するほかない。官製「婦人会」と「オンナ連中」の背反も同じで、名誉職的な「愛国婦人会」では加盟すら難しいし、娘から老女まで女なら根こそぎ動員の「大日本国防婦人会」では、主体性のない形式化となり、これも役に立たなかった。戦時動員体制下でも、遂に「オナゴ仲間」が解体できなかったわけである。

ムラの「オナゴ仲間」を指揮するのが、ムラの幹部の女房たちでないことは、すでに詳説した。では「オナゴ仲間」を統御する女傑型女性は、どうして選出されてくるのだろうか。「若衆連中」の場合には、一応最高年齢者のなかからカシラを選ぶのが普通である。

しかし「オナゴ仲間」では、かなり複雑な経過をとらねばならない。まあ、嫁の段階からの生活態度、日常の交際、接触から次第に評価が定まってくるわけだが、やはり阿弥陀講など宗教的な組織、タキダシ、ヒヤクなどの活動、年中行事などでの作業で、同性の女たちからいろいろとテストされ、注目されるようになる。夫や子供たち、舅、姑、小姑など家庭の管理と対応状況、あるいは農作業、山仕事、養蚕などの経営能力は、もとよりのことだろう。いろいろと長期の苦労をして、漸く主婦の座につくと、「オナゴ連中」の仲間へ加えられ、晴れて発言もでき、ムラおよびムラの女たちのなかでの、自分の座が固定してくる。おおよその経過は以上の通りだが、ムラの女たちにいわせると、やはり山仕事、畑作業、田植え、タキダシ、ヒヤクなど、ムラの女たちが集まって同じような作業をする機会に、その人の能力、気質、知性などがよく出るらしい。

とくにキバタラキが、よくわかるのは飲食物調製の共同作業という。ムラでは水騒動とか共有林野の境争いとか、ムラとムラとの喧嘩が多い。ムラをあげての闘争となると水騒動が主で、これは稲の枯死という時限があるから、もう一、二日ようすを見てというわけにならぬ。確実に相当の大雨が予期されないと、農家としては死活の問題であるから、どうしてもムラ全体の総動員体制となり、したがってタキダシもケブリダオシの大規模となる。他の共有林野の使用争いとか、ムラ境の出入り争いなどは、一時を争うほどのことでないから、そのためにタキダシするというのは少ない。

しかし小規模のタキダシ類似の作業は、かなり多いといえる。なかでも主要なのは婚礼、葬式、オトウなどの際の、共同飲食のマカナイであった。いまは葬式とオトウに共同のマカナイ作業が残っているだけで、婚礼は殆ど仕出しになったらしい。といっても、ムラによって差が大きいから、だいたいの傾向である。戦前は一部の上層を除いて、婚礼も葬式も隣近所のクミうちが集まって煮炊きなどの作業をした。クミ、カイトなどの小地区連帯組織は、ムラによっていろいろと広狭、大小があるし、その名称、協力範囲なども差がある。

ムラによると田植えとか庭作業などの共同労働をするのもあるが、昭和十年代になると激減していた。共同労働、いわゆるユイをやるムラでは、共同炊事をしたが、農繁期はだいたいアサ茶、アサ、ヒル、コビル、バンの五回食になるので、かなり多忙である。アサ茶は各戸ですませ、コビルは間食というムラが多いが、それでも相当な作業量になった。またムラ全体が当番制で共同炊事、つまりタキダシをやって配達したこともあったが、これはあまり好評でなかったらしい。農民組合でも農繁期の共同炊事をすすめたこともあったが、手間がかかる割に評判が悪くて失敗したようだ。いまから思うとムラのタキダシやケブリダオシを指揮するような、女傑的主婦をつかんでいなかったのである。戦前でも農繁期には共同保育、共同炊事などが盛んなときもあったが、出征家族援護などで崩れてしまった。ともかく女たちの共同炊き出しの機会は、いろいろとあったといえる。

13　ヒジヤの構成

そのうちで代表的で、また最も機会の多いのは葬式であろう。播磨地方では、どことも葬式が出ると、クミうちの家が寄り合って葬式の準備から埋葬までの作業をする。死者の出た家の家族、親類などは、一切に関係しない。寄り合った人たちで、寺方、香典方、買物方、世話方、墓方ぐらいの分科を作り、それぞれ作業する。その家の家格や故人の生前の活動などで、参列者の見込みが違うから、それによって分科にも、かなりの差が出た。この地方では、だいたい出棺は午後一時半か、二時ぐらいになるので、参列者は正午前から一時か一時半までに来着して、ヒジヤで昼食するのが慣例になっている。田舎の葬式は昔の香典帳を引っぱり出して、あのときに参ってもらっているから、というので行く。だから、よほど小規模でも五十人ぐらいのヒジ客がある。それが百人―三百人となると、ヒジヤも二軒ぐらいに分かれねば処理できない。一時に座れるのは小座敷で十人、普通で二十人ぐらいであるから、交替してもらってさばく。料理はヒジキ、油揚げ、コンニャク程度の盛物と汁物、漬物、ムラによって七十歳か八十歳以上の場合は紅白の餅か、フカシマンジュウ一重を添える。もらった家は長寿にあやかるというので、隣近所へ少しずつ割って配ったムラもあったが、もうそんな慣習はなかろう。飲み物は茶だが、酒をつけるムラもある。

　ヒジ客が百人前後なら、世話方、ヒジ方ぐらいの分科でさばけるが、それ以上の見込みになるとヒジ方を分割させ、膳碗方（洗方を分けるのもある）、煮炊方（米方、盛物方、漬物方、汁物方に細別するのもある）、茶（酒）方（汁物方に入れるのもある）、取持方（座敷方ともいう。また配膳方を分けるのもある）などに分かれて作業した。こうした作業の分け方や、その名称はムラによってかなり違うから、だいたいのところと考えてもらえばよい。かかりの配置も、一律に何名というわけにいかぬから、まあ二名から五名ぐらいまでの差は出る。香典方、寺方、買物方、墓地方などは男の役だが、ヒジ方は女の役であり、取持方は男女共用というのが、だいたいの性別による役割分担であった。そこでちょっとした葬式のヒジ方でも、女が十五人や二十人は要したということになる。主婦に限らず、娘、嫁、老人も動員するが、なお不足の場合には男の余った分を廻したが、それもできないときには他のクミ、カイトの女たちにスケを頼んだ。そのかわり、そのクミ、カイトの葬式には、次第によってスケに行く。お互いに人不足の場合には、助け合うほかあるまい。以上は通常の場合のことで、ムラの要職を勤めたとか、郡会、県会などの議員に出たり、代議士などになると、ムラの総出で仕事を分担したので、ムラ全体の食事も作り、つまりケブリダオシになった。

　昔からムラ八分というが、後の二分は葬式が主で、残った一分を火事とか、婚礼とか、いろいろという。他のものはともかくとして、葬式だけは他の家から手伝ってもらわないとできなかった。まあ理屈としては家族や親類だけの援助でできないこともあるまいが、そこまでねじれるともうムラを出るほかあるまい。それほど葬式というものは、ムラ共同体にとって相互の共同儀礼としての重要性をもっていた。祭礼において直会の共同飲食が重要であったように、葬式でもヒジの共同飲食が、実は共同体儀礼として重要であったのである。しかし一般の民俗学では、これが殆どわかっていない。

たとえば『民俗調査ハンドブック』（昭和五十四年五月、吉川弘文館刊、一一二頁「人生儀礼」）に「葬制・墓制」がある。しかし葬式関係では通夜、忌中、忌明けといった個人的なものばかりで、共同体としての対応はない。二三六頁の「葬式」民俗調査質問文例集になって漸く「葬式の準備、執行はだれがどのように分担して行うか」というが、その内容は「葬具作り、帳場、葬儀委員長、穴掘り、棺かつぎなど」とあり、かれらは表向きのものより問題にしていないし、恐らくムラの葬式を見たことも、調べたこともないのだろう。

ヒジは非時、仏教用語から出ているが、葬儀の共同会食の儀礼としては原始時代からあったものと思われ、古墳時代の上層階級ではかなり盛大に行われたらしい。「古事記」によると、天若日子の命が亡くなったとき、喪屋を作り、河雁を岐佐理持ち、鷺を掃持ち、翠鳥を御食人、雀を碓女、雉を哭女とし、日八日夜八夜遊ぶと伝えている。日八日夜八夜という長期の会食や舞楽をやるのだから、喪屋も屍体を安置する本屋を中心に、食物調理屋つまりヒジヤ、舞楽を演ずる舞屋、諸種の工事に当たる仕事屋、受付や参列者の世話をする泊屋などと、恐らく多くの仮屋が建てられていたのだろう。まあ日八日夜八夜は実数でないと思うが、首長級になればかなり長期になったのである。ここで岐佐理持ち、掃持ち、御食人、碓女、哭女が出てくるが、岐佐理持ちは死者に供える食物を盛った食器を持つ役、掃持ちは死者の往く道を浄める役、御食人は食物を作る役、碓女は米や雑穀の調製役、哭女は哀悼の意を表わす役というわけで、一般的には死者の祭儀に伴う擬制的なものに解されているが、私は当時の葬礼の全般的な運営の役割の分担をしめしたものと思う。つまりムラの香典方、洗米方、煮炊方、ヒジ方などに当たるもので、すこし吟味してみると現代とあまり大差がなく、二千年ぐらいの経過では葬式の執行形式など、そんなに変わらないものらしい。

恐らく哭女はいわゆる泣女だけでなく舞楽を担当していたのだろう。いまでは葬式に歌舞音曲がなく、僅かに僧の読経やカネぐらいになっているが、中世には念仏踊りを盛大にやったらしい。御食人は主食、副食などの調理、酒など飲料品の生産、配膳、取持ちといった役割だろう。碓女は主食、副食物の調製、燃料などの管理、煮炊方という役割になる。岐佐理持ちは膳碗方、洗方、掃持ちは寺方、香典方、買物方ぐらいの役方とみれば、葬式の基本的な役割分担は古墳時代から変わっていないことになるわけだ。馬で来るのが多かっただろうが、馬小屋、従者小屋も必要になる。従者は民屋に分宿とか、野宿という手もあるが、戦前でも自転車でくる者が多く、近所の家の庭を借り、自転車方が預り証を渡して管理していた。いまはクルマが多く、駐車場探しに苦労している。自転車方は大きい子供か、若い衆の分担になっていた。こうして考えると、なにもかも古代と変わっていないのである。

ムラの葬式は一日であるが、それでもクミ、カイトなど援助に出る家の他の家も殆ど参列して、ヒジの客になった。だから表では見えないが、ヒジを支える裏方のマカナイは大へんな仕事なのである。ヒジ方以外の作業は、まあ普通にやればそう非難もないし、またできる仕事であった。しかしヒジ方は食べ物のことであるし、一時に、だいたい二時間ぐらいの間に百人—三百人の中食を処理するのだから、よほど上手に作業を組まないと、汁はできていても、米飯が足らないとか、漬物がなくなったとか、いろいろとちぐはぐができてくる。一膳前は揃えないと客へ出せないから、取持方、配膳方、世話方が揃えるのに苦労して三貫目は瘠せたというし、マカナイ方はまた主食、副食の調達、燃料の補給、煮炊きの世話でふらふらになったというわけで、裏方の作業は大へんであった。それでうまくできて当然、汁が足らんで待たされたとか、漬物が出ていなかったとか、こげめしを食わされたとか、味がなっとらんだとか、不足や苦情を聞くのはヒジ方である。もっとも多忙で、外からは働きが見えず、そのくせに苦情が多いという、損な役割になっていた。葬式の最も重要な作業は、このヒジ方であるのに、それがわかっていない。

ヒジは宗派、教義にかかわらず西日本のムラでは、殆ど行われている慣習だ。とくに東播地方を中心に摂丹播国境地帯を調査した経験では、葬式にヒジのないムラはない。ただその名称、作業分担の分け方と、その名称などは各地方、ムラによってかなり大きい差がある。また葬式の規模によっても違うから、詳しいことは個別に調査して欲しい。なお湯をひやすときは、水を前に入れてから湯を加えるとか、めしを客膳に盛るときは二度にするとか、漬物は二切れより出さないとか、いろいろの禁忌、タブーがあるから、それもよく調べる必要がある。とくにシャモジやハシを手渡ししないとか、膳碗の欠けるのを嫌うなどというムラもあり、マカナイ方や洗い方は神経が細かくなるという。よく調べると東日本でも普通の慣習ではないかと思うが、私はまだ実地に調べていないので、ただ推定としておく。そうした詳しい調査が蓄積されれば、これまでわからなかったヒジ、葬礼の共同飲食の信仰、宗教的意義も明らかになってくるだろう。

これで葬式のときの裏方であるヒジヤ担当の洗米方、煮炊方、汁物方などという役は、大へん多忙で、その作業の上手、下手で評価の違いも大きいことがわかったとして、その中心になるのは誰かという問題になる。ヒジヤの作業はいろいろと役割を分担するけれども、終局的にはめし、副食、汁物、漬物、茶の五種目を、碗や皿に盛って、膳の上に一人前として揃えねばならない。ときには漬物や茶は客が勝手に、というのもあるし、他方では碗物や皿物がもう一種、増えるというのもある。ともかく五種目、七種目を碗、皿、湯呑などで膳の上に揃えて、初めて一人前として客に出せるわけだ。それも一時間かかっても、というわけでなく、せいぜい十分か十五分ぐらいで食べて、飲んで、後の客と交替してもらわぬとさばけない。

座敷に座れる客はせいぜい二十人から三十人ぐらい、周辺に膳をならべ、中央に世話方、取持方、座敷方などというのが一人座り、両側に配膳方が一人ずつ座ってめしのお代わり、茶の廻し、膳を上げたり、揃えたりという作業をする。中央の取持方、世話方というのは、たえず目を周囲に配って、不行き届きのないように配膳方を監督するわけで、座敷作業、供膳作業の責任者に当たるものだ。一見してもすぐわかるが、老練な熟年の主婦の役であり、配膳方は若い娘や嫁の役である。取持方は配膳の上や客座の品数が揃っているかどうかに注意するとともに茶、漬物、酒を出す場合は徳利が足らぬことにならぬよう気を配り、また客のなかに故人や家と特に親しかった人を見つけて、適当なあいさつや礼をいわねばならない。これがなかなかの難しい役で、うっかり見逃したりすると、腹は減っていなかったが、顔を見たいとヒジヤへ寄ったのに、あいさつもしてくれなんだ、ということになる。満座の中で、取持方があいさつしてくれるというのは、お客にとってその場の一つのハレになるのだ。

それに似た客の引き立てかたがいろいろとあり、取持方、座敷方というのは気ばたらきが早くて、普段から隣近所のムラに知り合いの多い者でないとつとまらない。婚礼とは違うから、そう明からさまのエロばなしもできないが、お客は黙って座って、早くめしを食って後の客と交替せい、というのでは、あんまり芸がなさすぎる。腹の中はその通りであっても、死んだ人は賑やかなことが好きでしたがなあ、などといって、ともすると沈み勝ちな話の多い場を引き上げるのも腕の一つだ。だいたい客は二人、三人と知り合いがならんで座るから、お互いの故人についての話は出るが、あまり賑やかな話は出せない。そうした仲間うちの話を聞いていて、適当だと思えば満座の他の客にも聞こえるように介入し、広く話題を提供した。あんたとは若いときからいっしょに芸妓遊びした人やったが、ぐらいいって陽気な話を引き出すのも、沈んだ空気をやわらげる。そういうときの相手に選ぶ男は、これも海千山千だから適当なエロ話をして満座を笑わせてくれる。そうした作為を不謹慎だと怒るバカも居るから、なかなか気骨の折れる役である。といって沈痛な顔と動作をしておれば通る役でなく、みんな話もせんとめし食って、すぐ座を立つし、取持方もなんや怒ったような顔して、えらい気ぜわしない膳やったと悪評せられるだろう。一連の葬式行事のなかでは、ヒジヤは参列者が最も息抜きのできる場所である。だから悲しみはそれとして、すこしでも賑やかな、楽しい話題を提供して忘れてもらい、食事を喜んでもらうというのが、腕の見せどころになった。天若日子の命の葬式に来た神さまのなかで、取持方が気にくわぬと怒って帰ったのがあり、神代の昔から葬式の取持方は難しいことで定評がある。ムラの葬式のヒジヤで取持方、座敷方がつとまり、評判がよかったということとになると、オンナ仲間のなかでは貫禄ができたといってよい。そうした女傑的取持方が居ないと、膳さばきが淀んで、客の不満が大きくなる。

14　マカナイの組織

表の取持方がハレの役なら、裏のマカナイ方もハレの役であった。百人—三百人の客がヒジヤに座るのは二時間ぐらいの間だが、その器具、用品などの支度は前日にすませ、当日は早朝から分担の役割に従って、洗米、副食物、膳碗の洗い、燃料の準備などをする。このヒジヤへ座る客の員数を予測するのも大へん難しいもので、故人の生前の交際や活動の広狭、その性格などと関係があるし、また家族や親類などの活動状況なども影響した。ムラの人は葬式に列しても、ヒジヤへ座らないムラもあり、この場合は遠い地方から来る人を予測する。また故人一家や親類の人もヒジヤへ座るムラもあるし、その分だけヒジヤから運ぶムラもあり、僧侶などとともに全く別の炊事にするムラもあった。一族や親類となると本人だけでなく、配偶者、その兄弟、子供、孫、伯父母ぐらいまでは来るから、二十人から三十人ぐらいまでは計数へ入れておかねばならない。それを加えるか、加えないかで計算狂いも出るだろう。ともかく一応は、当日、葬式に来てくれると思われる員数を出さねばならない。

それが全部ヒジヤへ座るわけでないが、全部座ってくれると仮定して、それより少しは余裕を見て計画する。余ったのはどうにでも処分できるが、不足すると現場を混乱させるから、まあ余分に見積るのが常識だろう。マカナイ方は、この段階から相談に加わって、ヒジヤへ座る人を予測し、全般の炊事計画を立案する。そこですぐに相談するのは買物方で、いまならどこのムラにでもスーパーがあるから一通り揃うが、戦前は町へ買い出しに行かねばならぬのもあり、豆腐、油揚げなど種類によっては早くから依頼しておかねばならぬのもあった。昔ばなしに、よく膳碗を貸し出してもらう話があるが、二十膳、三十膳と同じ品揃えができるのは、よほどの豪家である。品揃えものは豪農や地主から借り、小物は隣近所から寄せ集めるというのが、だいたいの器具、用品の準備であった。

三十人、五十人ほどの予測なら、当日の早朝から始めても間に合うが、百人以上の予測となると、前日から始めないとむりである。葬式の膳碗につきものは豆腐と油揚げだが、これが買物方のネックになった。昔の製造法は防腐剤もなし、大量生産もできないから、二、三軒に分割して注文するなど苦労している。といって小さい町に豆腐屋がそうあるものでなし、あちらの町で一軒、こちらの町で二軒と探し出した。婚礼と違って魚がないかわりに、この方で苦労する。戦時中、鉄工所が最も困ったのは鉄でなくて、カーバイトのないことであった。鉄がいくらあっても、カーバイトがなければ仕事ができず、これがネックとなる。どんな作業にでも人の気づかぬところに、かくれたネックがあるものだ。

煮炊き、炊事、つまりマカナイ方は、だいたい女の受け持ちになる。しかし、そのクミや家の事情によって男女の混成になった。そうして男が座敷方、取持方になり、女がマカナイ方になることもある。またマカナイ方の作業分担の様式や名称も、家による差は少ないが、ムラとしていえば、隣のムラでも全く異なることがあり、その差は個別的に調査するほかあるまい。したがって、ここに書いているのは、だいたいの状況である。まず飯米の手当てから始まるが、自家に余裕があれば問題でない。いわゆる水呑百姓層となると大仕事で、隣近所から寄せ集めることになる。米屋から買えばよいが、それができるぐらいなら苦労しない。そうした葬式も見てきたが、もう民俗学の範囲から逸脱するのでやめておく。ただ、ここで詳説しているヒジヤ型の葬式だけが、ムラの葬式でないことをいっておきたい。そうした状況は、都市でも同じだろう。

次は副食物、野菜、かんぴょう、高野豆腐、ひじき、豆腐、油揚げ、ゆば、こんにゃく、といったものが、だいたいの材料になる。野菜はクミうちで調達できるとして、他のものは買物方が購入した。クミうちで融通した米、野菜その他は、お互いに世話になるのだからと無償提供のムラと、買物方が記録して後で適当に支払うムラもある。適当に、というのは市場に流通の価格ではなく、ムラの推定相場より少し安い程度で、双方が合意した額ということだ。難しくいうと、こんなことになるが、毎日、顔を合わせているのだから、えらい少ないけんど、このくらい払わしてもろてどないやろ、ですむ。しかし、わざわざ書いておくのは、こんなときのあいさつのしかたや支払いの高低で、いろいろと評判が出るから、この「適当に」というのがムラの交際、近所づきあいの難しいところだ。

ところで高野豆腐、その他の入用品、酒、油、醬油他調味料など一切をムラ、なければ町や周辺のムラのよろずや（百貨店の源流で、一応のものはなんでも揃った。呉服太物万屋などと明治の商店看板、引札に出てくる）で購入しなければならない。そこで買物方が三人、五人と連れで買いに行く。配達は原則としてやらないから、買い物は持って帰る。そこで商店では買い物を聞いて品揃えする間、買物方を奥の座敷へ上げて酒を供した。ただし無償提供ではなく、買い物の定価より若干高く請求して儲けが出るようにする。加東、加西、多可、丹波などでは、だいたい一割ぐらい分増しということだ。しかしムラによって総額に一割を加えるところと、商品ごとに率を変えるところがある。どちらにしても一割高ぐらいだろうとのことであったが、試算のやり方では後者の方が儲けを多く出せるが、そのかわり安くもできた。断っておくが、どこのムラの商店も同じということはなく、正価販売で茶ぐらい出す商店もある。しかしそうした正価販売のムラは、年代を溯るほど少なくなるようだ。つまり昔は、どことも一般的な慣習であっただろう。ところで大正末頃でも、この地方では盆と暮れとの二季払いであった。しかし葬式、婚礼など不時の買い物に限って現金払いである。とくに葬式の場合には、香典方と買物方とが即日に収支決算し、遺族へ引き渡す。したがって売った商店は、分増しと現金支払いで二重に儲かることになった。

儲けたといっても、そう驚くほど多額であるはずがない。酒、肴を提供しているのだから、差し引けばしれたものだが、しかし現金の収入があるということは魅力だろう。それは戦後の世代には、恐らく想像もできまい。ともかくムラの店も一軒なら競争はないが、複数になるとその選定が難しくなる。いろいろと波紋は及んで行くとして切りあげて、ここに私は、いわゆる役得、贈収賄風景、あるいは接待営業政策の日本的源流の一つがあると思う。たかがムラの葬式の買い物ぐらいでおおげさなという意見もあるだろうが、しかしこうした儀礼とか、公用あるいは準公用の費用支出に際してタカる習俗は、かなり古くから、広く、一般的な慣行になっていたと考えてよい。小さなムラの葬式にまで慣行されているということは、逆にその病根の深い所以をしめすものであろう。

もう一つ、ムラの葬式の買い物関連に注意しておきたいのは葬式の際の「買物帳」で、当時の物価を再現し、確認できるか、という疑いだ、どんな葬式でも「香典帳」と「買物帳」は作るのだが、買物帳は香典帳ほどには残らない。香典帳は、将来の交際に必要だが、買物帳は当座の記録にとどまる。しかしムラの家の中には香典帳と買物帳を結んで、一組として保存する家もあった。幸いに残った買物帳を元にして、当時の地方の物価がおさえられる。ということで民俗学研究者の中でも、これを利用する者があった。しかし一割乃至それ以上の分増しがあったとすれば、当時の実勢物価よりはかなり高くなる。私の経験からいうと関西地方では分増しのムラが多いので、要注意ということだ。ただ関西地方では割高に公然と行う慣習があるのでわかりよいが、他の地方でも恐らくしかるべくやっているると思う。

とすれば買物帳を利用する場合には、その地方で分増しや接待をどの程度まで認めているかを確認しないことには使えない。実際に買物帳を使って、各種の試算をしてみると、かなりの差が出るのもあった。それは当時の商店の店頭販売価格、および商品定価、商品の原価、仕入価格からの算出である。商品は定価通りに販売するのもあれば、実際には値引き販売するものもあった。しかし葬式の分増しは、商品定価が基盤とみてよい。したがってその地方の実勢価格よりは、かなり高くなる。それを承知の上で買物帳を資料に使うのなら、私が文句をいうことはない。だが知らずにか、ともかく資料に使うとなれば、他との比較はかなり開いたものになり、誤差の範囲から出てしまうだろう。

しかしムラの算用で近代的な簿記式記録といえるものは、殆どあるまい。まあ正直にいえば「大福帳」といえるものでもあれば満足すべきで、しかもことごとく実勢価格よりは割り増しになっているだろう。ムラの公用はもとより若衆仲間、子供組、オンナ仲間の記帳に至るまで、あるいは葬式の他の婚礼、祭礼その他の行事、交際費、維持費などに至るまで、まず正確なものはあるまい。要するに記帳の基盤がかなり怪しいのに、その上で更に政治的操作が加わるのだから、とても近代経理的感覚では処理が困難だろう。ムラが、ムラとして生存するためには、そうした非近代経理的機能が必要であったことも事実である。そのことを肯定した上で、私は事実をできるだけ明確にしたいと思う。

米その他の材料が揃えば、膳碗方、洗米方、炊飯方、煮炊方、汁物方などに分かれて、作業を分担する。前述のように一膳分を揃えるためには、それぞれが緊密な連絡をとらねばならない。そこで一切の調理を指揮する者が要るわけで、どこのムラでもムラなり、クミうちなりで、熟年の老練な女性を選んだ。多くのムラでは全体をマカナイ方ともいうし、とくに指導的な女性を、作業に入るとマカナイ方ともいい、また人数の多いときはマカナイガシラともいう。また地方によるとシハイ（支配）、サイリョウ（宰領）などと、よぶムラもある。その他の役は若い嫁や娘、老人たちが相談して定めた。

いま山奥のムラまで都市化され、まず水道が引かれ、一律平等に汚い、まずい水を飲まされる。プロパンの普及で、炊飯器が主力となり、古いクド、ヘッツイサンはつぶされてしまった。深い井戸のおいしい水を汲んで、播州米を釜に入れ、初めチョロチョロ、なかパッパ、釜が噴いたら火を引いて、赤児泣いても蓋とるな、と先祖代々の秘伝を実行することもできない。二升炊きの鉄釜で、ヘッツイサンにかけためしのうまかったこと、餅米を炊いたかと疑ったほど光沢はあるし、めし粒が立ってならんでいた。そのうちでも底にうすい焼けこげができ、上へ一寸ぐらいの中央部が、とくにうまい。だから、そこをねらって上からしゃもじを突っ込んですくいとった。そうすると釜の中央に井戸のような丸い穴ができるので、口の悪い周辺の諸国では「播州の井戸掘りめし」と笑う。しかしあのうまい「井戸掘りめし」を食ったら、行儀作法もなにもあるものか。もう一ぺん食ってみたいが、夢まぼろしになってしまった。

ところでうまいめしや汁のできるのも、よい水があっての話である。どこでも家を建てるときには、良い水のある場所を探した。ヒジヤを頼むときに、第一に選ぶのは良い水の出る井戸があること、第二は台所の土間が広いこと、第三は座敷との続きが良いことである。普通はクミうちで、最もこの条件に合った家へ頼むが、どうしてもなければ近所のクミへ頼んだ。しかし葬式の出た家とあまり離れられないから、そうしたときは水を運んでいたムラもある。井戸も外にあるか、屋内にあるか、クド、ヘッツイなど煮炊場との関係を考えて作業場所の配置を定めた。井戸の周辺が水汲場、洗米場、膳洗場などになり、クドなどの周辺が炊飯場、煮炊場、薪炭場、材料置場、調理場、漬物場、茶酒場などになる。台所の板の間が配膳場になるが、客間へ膳を運ぶ者と、下げられてきた膳碗を膳洗場へ運ぶ者も要った。雨が降ることになれば、井戸が外か、内かで大へん違ってくる。そうした条件をいろいろと考えて、作業場を配置しなければならないから、ヒジヤの裏方もバカでは勤められない。

故人の社会的地位や家の格によっても違うことだが、普通で百人から三百人ぐらいは予定しなければならず、それだけの客を僅か二時間ぐらいでさばかねばならぬので、大へんな修羅場になる。気質も、性格も、才能も違う女連中を指揮して、ともかく一つにまとめて作業をさせるのだから、マカナイ方、世話方などの能力の差はすぐに出た。若い娘や嫁などにとっては最も良い勉強場であり、ここで日常的なめしの炊き方、味噌汁の作り方、茶の出し方、酒のかんの仕方など、いろいろと先輩から仕込まれ、教えられたわけで、いわば自分の家庭以外へ放り出され、他流試合をさせられたことになる。

お互いに平素の交際でおおよその能力はわかるので、今度うちのクミで葬式が出たら、あの人に宰領を頼もうと予定しているから、人選はそんなに迷うことはない。また他の役も、それぞれ得手を選んで分担するから、そんなに混乱することはないが、しかしいざとなると思わぬ故障も出るし、気のつかなかった材料洩れも出てくる。そうしたときの臨機応変の処置が、マカナイ方の手腕として評価された。葬式の後でめしが上手に炊けていたとか、汁がうまかったというような評判もないことはないが、やはりマカナイ方の手腕が評価される。そこで裏のマカナイ方をとりしきったり、表の座敷方を勤めて評価されてくると、ムラのオナゴ連中のなかでもハバをきかせられた。婚礼、祭礼などの調理も同じだが、短時間の激しい作業だから、葬式の執行が最も本人の能力をテストできる。だからムラの女子衆にとっては、葬式での裏ばたらきの評価によって、オンナ仲間における自分の座が決まるということだ。

ただしクミによって成年男女の構成も違うから、適当な女性が居らねばマカナイ方も、取持方も、男が当たることもある。また男女混成になることもあるわけで、そのときは重労働作業を男が受け持った。しかし、ムラによっては他のクミの女が手伝いに出るところもあって、だいたいは女の作業とするムラが多い。ともかく、これまでの民俗学の葬制の報告といえば、葬式の準備から野辺おくりまで、表の形式的な状況を解説するだけで、村落共同体のなかで葬式がもっている具体的な生態、人間の息が少しもかかってこないのである。買物方やヒジヤの活動は、ムラが外の他のムラと、葬式を通じて、どのように連帯しているかを物語るだろう。ムラのうちにあっては、女たちの大きい活動の場所があり、そこでの評価によってオナゴ連中のなかでの自分の座を確立し、ムラの表での発言を強化して行く経緯がわかる。

霊魂がどうとか、祖霊との関係とかいう解釈は、いつでもできるだろう。しかし、いまムラが村落共同体のなかで、葬式とどのように関連し、変化しているかという生態は、いまの一瞬に過去へ移る。その生態をつかむ能力がなければ、蛇のぬけがらを珍重するようなものだ。柳田以来の日本の民俗学は行事、祭礼、慣習などの形骸化したものの叙述にとどまり、その本質に触れる民衆の生態的な行為、行動には思いおよばないのである。たとえば葬式は、昔のままの慣例の復元ではなく、そのときのムラの政治、経済と密着した、一つの新しい事件の発生なのであった。もとより神代の天若日子の命の葬式以来の伝統が、いまだに生きているのも事実といえるだろう。そうした村落共同体の長い歴史のなかでも、新しい転換への民衆の生きた動静がある。葬式、結婚などの人生儀礼も、そうした動きのなかに包摂されているだろう。それを的確に検出することによって、われわれがいかに生きるべきか、の命題に答えるものを探りたい。

15　ムラの女頭目

さて、こうしてムラのオンナ仲間、オナゴ連中の頭目というべき女傑が育ってくる。というよりオンナ仲間、オナゴ連中の統制と、ムラの男と、また他のムラのオナゴ集団と対抗するためには、自らの内部から育てあげるほかになかったであろう。それが殆どのムラに女傑的主婦または後家を、輩出してきた所以である。彼女たちの出身階層は殆どが中流の下級というところだが、それは最低階層の娘や女は、幼時すでに子守などでムラを出るし、少し成長しても女中、女工などとなってムラから出て行く。したがってムラに居残り、あるいは他から嫁してくる嫁は、だいたい同じ階層とみてよかろう。つまりムラのなかで最も大きい女の集団のなかから、ムラの女たちを統御する頭目が出てくる。彼女たちは明治期に成長したのだから、小学校尋常科を卒業、それも四年制の頃が多いと思われるが、当時としては出色の方であろう。たとえ自作があるとしても、小作を加えるか、他になにかの手職、あるいは出稼ぎで生計を維持したといえる。そうした他の地方、他の職種と接触するうちに、自らの才能、手腕を育てることができた。

『平家物語』に「巴」は「究竟の荒馬乗りの悪所落し、弓矢打物取っては、いかなる鬼にも神にも逢うという一人当千の兵なり」という。この頃には越後の板額など、文字通りの女傑が多かったらしい。北条政子も、またその一人といってよかろう。日野富子、北政所なども、その時代を代表する女傑といえるし、野村望東尼、松尾多勢子などは維新の変革期に出た女傑といえる。ただ、そうした時代を代表する女傑の陰に、いずれの時代であろうとムラやマチを統御した女傑があった。彼女たちは全く無名のうちに消え去ったが、村落共同体の歴史を支えた基盤として生命を保っている。ただ幕藩制社会や近代社会では貞婦、孝女、烈婦などといわれる女たちが、あたかもムラやマチの女を代表するもののように称揚するけれども、それは政治倫理的な作為によるもので、ほんとうにムラを動かせる女たちではない。品行方正、学力優等などという並の女では、ムラやマチの生きた女たちの頭目にはなれなかった。

東播地方から摂丹播国境地帯で、ムラ、マチの女頭目の呼称を調べてみると、

オンナバレ
オンナゴクドウ、ハナゴクドウ
オンナダテ、オンナダテラ
オンナダイショ、オンナガシラ
オンナサイリョ、オンナシハイ

オンナゴテ、オンナゴネ
オンナミコシ
オンナキンダマ
カカテイシュ、オトコマサリ
ゴケノガンバリ
オトコゴケ、オンナゴケ

などがある。だいたい名称の起源は想像できると思うので、註釈はやめておく。ただ、ここでは「オンナ」に統一したが、「オナゴ」というムラと、双方を使うムラとがある。ともかく、これで女頭目のもっている性格が、おおよそ表明されていると思う。カカテイシュは嬶天下の同意語だが、播州地方ではよくそういう亭主のことを、

カラスノコンマキ、カカマカレ

と嘲笑する。女のシッカリモンを嬶にすれば、亭主関白では一日も安穏に暮らせないから、いずれはこうなるだろう。ただし、この諺の意味がまだわからんところがあり、鈴木棠三『ことば遊び辞典』(東京堂刊)によると江戸時代から行われているようだが、彼の解説でまだ解り難い。女の紺の着物で全身を巻かれてしまった亭主ということだろうが、同じ動けないのなら赤の腰巻の方がよかろう。

ムラの地主、旦那衆の女房は、だいたい主婦をオイエハン、嫁をゴリョハン、通じてオ

クサンという呼び方が普及した。彼女たちにも女傑的人材があったと思うが、貞婦型にしつけられていたから、せいぜい自宅の部屋を開放し、裁縫、茶の湯、生花、習字、琴などの塾を開く程度である。それで生活するわけでないから、ムラに対する義務的奉仕みたいなものであった。主として嫁入り前の娘を教育したので、まあ花嫁学校の源流というところである。同じ裁縫塾でも、都市のものは職業化しており、後に実践女学校となり、高等女学校へ昇格したのも多い。ムラの塾は女学校教育の普及で、殆ど絶滅した。しかし明治中頃までに存在した娘仲間の解体と代わって、ムラの女子教育の主柱となって尽くした功績は、もっと認められてよいと思う。エエシのオクサンとなると、それが精一ぱいの活動で、なかでも愛国婦人会の郡、市町村役員になれば、その頂上ということになる。ムラのオナゴ連中からはスソナガ、スソヒキズリなどとかげ口をきかれ、仲間へは入れてもらえなかった。二階へ上げられ、ハシゴをとられたようなもので、下のオナゴ連中の活動を眺めているほかない。

スソナガにくらべると、オナゴ連中、とくに頭目級の女たちは、なにごとによらずはるかに自由気ままができたといってよかろう。性的行動などもスソナガであると批難されるようなことでも、オナゴ連中なら見逃しか、うまいことやったらええがなあ、ぐらいの反応である。女が夜這いするムラは、山村地帯に珍しくない。しかし実質的には似たようなことを、平野地帯のムラでもやっていた。娘や女たちが、自分のムラや他のムラに好いた若い衆や男があると、ムラの若い衆に頼んで、「夜這い」の手引きをしてもらったのである。娘や女たちの方から「夜這い」に行けぬから、ムラの若い衆に文学的な表現をすれば、「恋のとりもち」をさせた。若い衆も娘や女たちからの反対給付もあっただろうが、ともかく他のムラの若い衆や男へ連絡し、家まで案内してやった。前にムラの「夜這い」について書いたが、こうした連絡はどこのムラとでもできるわけでなく、お互いに平素から開放し合っているムラに限られる。反目しているムラではできないから、娘の場合は叱りつけてでもあきらめさせるが、オバハン連中のときはなかなか承知せんので困ったという。

どこのムラでも娘は顔や姿形のよい若い衆が好きで、だいたいの見当がつくらしい。しかし女房たちになると宮相撲に出るような強壮な男か、優形の若い衆か、好みに二つの型があるそうだ。彼女たちが見染めるのは「盆踊り」「祭礼」その他の行事のときが多い。昔は祭礼に奉納相撲が流行し、他のムラの飛び入りを歓迎したから、好きな男は立派な化粧廻しを作って遠征した。それで張り切った男の肉体にあこがれ、ねてみたいと思う女も出たのである。女にいわせると、祭りのタイコかき、宮相撲などで精悍な男の裸体姿を見るだけで、身体の奥までふるえるという。それにしてもムラの若い衆にとりもちを頼むのは、よほどの度胸であろう。まあ、ムラの娘や女たちのなかには、相当の度胸のあるものがいたのは事実である。加東郡の某社ということにしておくが、その宮相撲で横綱か、大関になった男に、近所のムラの女連中が金を集めて、立派な化粧廻しを作ってやったと評判になった。それはヒイキで結構なのだが、もう一つの噂では、その勇姿に惚れた女たちが一晩の供養をしてもらったそうである。

加西郡には高室芝居の本拠のムラがあり、役者に惚れて遠国からでも追ってきたそうで、私のムラは隣なのでいろいろと噂を聞いていた。近所のムラでもヒイキがあって、娘や女たちが騒いだときもあったらしい。また祭りのときや水騒動のときに活躍した若い衆や男たちにあこがれる娘や女たちも多く、ほんとに女の方から「夜這い」にきて、かち合って、お互いに大喧嘩もやったそうである。娘はともかくとして、女は殆ど主人持ちの女房なのだが、男の尻も追っかけるし、「夜這い」にも行く。若い衆にとりもちを頼んだ男が「夜這い」にくる夜は、その主人を外へ追い出すそうだから、まあ男も、女も性的享楽では精一ぱいに協力し合ったということだろう。もとよりムラの女たちのすべてが自由で開放的な行動をとったわけでなく、女傑的な女と、遊女的な女との二極が現われている。彼女たち、とくに女傑的女たちになると、男もようつくらんような甲斐性なしが、と世の平凡な女たち、女房たちを笑っていた。それだけムラのオンナ連中を掌握する能力も強かったし、いざというときには男たちにも頼られる存在であったのは事実で、こうした放言もできたのだろう。

それほどの女傑が、どうして若い衆に手引きを頼むのか、自分で誘って他のマチへ出てゆっくり遊べばよいのに、と尋ねたら、それをすると姦通になり、駈け落ちしたといわれてもしようがない。若い衆に手引きを頼めば若い衆仲間も承知してくれたのだし、先方から忍んできてくれるのなら「夜這い」で問題はなくなる。こちらも離婚してでも夫婦になりたいというわけでなし、一夜の御縁を楽しみたいと思うだけだ。つまりムラのルールに反していないわけで、女傑といえどもムラのオキテは尊重したのである。いわゆる儒教的論理とムラの論理には、とくに性的関係では大きい隔てがあった。私なども、一応は貞婦、二夫にまみえず型の修身教育を受けていたから、初めはどうにも合点できないことが多かったのである。まだ漸く毛が生え出したぐらいで民俗調査を始めた頃は、かつて父や母が小学校の先生をしていたので知り合いが多く、どことも女たちが親切に教えてくれたり、いろいろと紹介してくれた。しかし後から考えると、やはり良妻賢母型の女が多く、したがってそうした民俗の採取に限られた傾向がある。

ただ、そんな聞き込みの中で女頭目に接触すると、かなりきわどい話を出されてからかわれた。あんた、もう若衆入りすんだん。すんだ。夜這いに行きよるのん。うちのムラは、もうせんようになった。女抱くのは、どないするねん。行者詣りか、徴兵すまんとあかんねん。そらあかんぞ、女も知らんとそんなこと調べてわかるんか、うちがええ人頼んだるということになった。お前、向こうの山の中にお堂があるから、帰りにきっと寄るんだぞ、ええか、と約束させられる。真夜中近くにムラへ入って山を見たら、真っ暗であった。さては騙されたかと思ったが、家までは遠いし、お堂で野宿するかと行ってみると、ほんまに暗い山中で、少し広くした中にお堂があり、山側に石塔や墓石がならんでいる。自転車をエンの下へ押し込んで、横の入口へ廻ると、狭い戸の隙から淡いロウソクの火が見えた。ヤレヤレと戸を叩くと、すぐ開けて入れてくれる。田舎では上品な中年女性であったから安心していると、サア、めしを食え、茶を飲めとすすめてくれ、お世話になりますとあいさつしたら、あのひとにはいろいろ世話になっているからということだ。すむと西国三十三カ所の御詠歌を、二度繰り返す。途中、中山観音さんがすむと休憩して、いろいろと雑談をした。大阪の学校の宿題で調べて廻っているということにして、附近の民俗も教えてもらう。御詠歌がすむと般若心経を知っているのと聞き、三べんいっしょに唱えて教えてくれた。

サア、外へ出て出しておいでといい、帰るとフトンが敷いてあり、裸になって入ると、女も入ってくる。あんたとこに柿の木あるのん。ハア、おます。柿の実がようなるの。ようなるわ。サアよう見て。と両乳を差し上げた。モジモジしていたら頭をかかえて、乳首を吸わせられる。乳をもんだり、吸わせたりという実習教育であった。お母さんのお乳、飲んだん覚えている、などとからかいながら教えてくれる。うちは、もうツルシ柿になったえ、とマタをひろげて見せてくれた。撫ぜたり、撫ぜ上げたりして、登ってちぎってもええ。ええ、サアちぎって。ということになる。このとき柿をとってもよいかとか、柿を落としてもよいかというのは禁忌になっていた。ちぎる、すなわち「契る」である。これもムラによっていろいろと違いがあり、新婚の夜、つまり初夜の風俗になっているムラもあるし、若衆入り、すなわち成年式の風俗になっているムラもあった。夜這いが普通であり、また村内婚が主であった時代なら、初夜にこんな儀式は必要ないので、もともと成年式の儀礼であったと思われる。

こうした堂は阿弥陀堂、薬師堂が殆どで、稀に不動堂、行者堂、太子堂などがあった。阿弥陀堂、薬師堂は女の講、不動堂、行者堂は男の講が多く、太子堂は両方の講が多い。若衆入りは、だいたい十五歳の正月の初参会の日である。ムラにより十三歳とするのもあるが、これは極めて少ない。若衆入りの日にはムラや若衆組の幹部の前へ、新加入者を呼び出し、一同に紹介し、条目や規約、心得などを申し渡し、祝酒をして終わるのが一般であった。ムラによっていろいろだが、新入者が酒一本乃至二本を持参する例が多い。しかし詳しくいうと、ムラ、ムラ、ムラでいろいろと違う。

明治初め頃まで、加西郡などは成年式が終わると、その晩から先輩が夜這いの案内してやるムラが多かった。明石郡、加古郡、印南郡などの海岸地域では明石、高砂、室津、飾磨などの遊廓へ連れて行く。美嚢郡や加東郡、多可郡、多紀郡、加西郡の奥では、阿弥陀堂、薬師堂などにオコモリして、後家や嬶連中が合同して性の手ほどきをしてやった。また加東、加西郡などの一部では庵寺の尼僧が個別に招いて教育したムラもあり、美嚢郡、加東郡、多可郡などでは、後家の家へ個別的に押しかけて性教育を受けたムラが多い。そういう習慣のムラでは、庵主さんや後家を「若衆のケイコ台」といった。難しいムラになると若衆がケイコしてくれといってくれれば、後家は拒絶できないのもあって、いろいろともめたらしい。もし後家が他のムラの若衆にケイコすると、裸にしてさらした。

こうして若衆入り後の初性教育、俗にいう「筆下ろし」にも夜這修業型、登楼遊女型、店借酌婦型、後家合同型、後家個別型、尼僧個別型の六型式があるわけだが、これはムラの地理歴史的環境、その大小、つまり人口構成と関係したので、毎年せいぜい二、三人ぐらいより新入りのないムラと、五、六人以上もあるムラとでは、その対応が異なって当然であろう。かつてのムラでは、男一人前と認められて若衆入りすれば、性交の実地教育をするとともに、性生活の自由も保証してやったのである。古くは「村内教育」式が主であったが、明治中頃から伊勢詣り、行者参りが盛んとなって、古市や洞川などの門前遊廓で初教育をされる「域外教育」式が盛んとなり、年齢も十七、八歳ぐらいに引き上げられた。その後、教育勅語で純潔教育をやり始めたので、徴兵検査済の当夜まで引き延ばすようになる。これがだいたいの変化であり、ムラによっていろいろと違ったが、自転車の普及も大きい影響を与えた。つまり町村役場や鉄道の駅前に宿屋、料理屋などが発生し、仲居、芸妓、酌婦などが住み着き、自転車で通えるようになって、ここが新しく性教育センターになったのである。

16　若い衆の性教育

　こうした若衆の元服と、その性教育についても、ムラの女頭目の関与が大きかった。初入りの若衆を、この地方では広く「日の出」若い衆という。ヒノデに夜這いを教えるのにもムラでいろいろと違って、まあ最初は兄貴分の後をついて行き、草履の番をさせられる。だいたい半年ぐらいお供をしているうちに、兄貴分が今夜はお前が入れと押し込んでくれた。また他のムラでは姉妹娘の居る家とか、母娘の居る家などを選んで、兄貴分が連れて行き、自分は妹とか、娘とかを相手にし、ヒノデには姉や母親などの経験者をあてがう。またオンナ仲間、カカ仲間、ムスメ仲間などのしっかりしているムラでは、仲間たちが双方の好みや性格を考えて相手を選んでやり、夜這いさせる。他にも、それぞれ女仲間で相手になる女を選別し、若い衆とクジできめるのもあった。

　クジのやり方もいろいろとあって、堂内でナムアミダブツとあてていって決めるのや、紙にスジビキをして下に女の名を書いて折り、上にヒノデが名を書いてきめるのもある。また下に女の名、またはヒノデの名を書いてコヨリにして男、または女に引かせるのもあった。しかしヒノデ本人やその親が特にあの女とか、あの娘をと希望するのもあって、そうなると女頭目が出てまとめるほかない。なおムラによると新年の若衆の初寄り合いに新入りを含めて、若衆と娘との一年間の性関係を定めるのもあり、その方法としてはクジできめるのが多かった。双方に増減があると後家が補充に使われたり、ヤモメがあてがわれる。だいたい堂内で決めたのは、仏さんが決めたというので、後家が実の母や伯叔母であっても変更させない。しかし外で決めたのは酒二升とか、いろいろの条件で双方が承諾すれば取り替えができた。難しくなると女頭目が出て、三カ月後に交換せよなどと裁定したのもある。こうした紛議には男の顔役が出ると、かえって紛糾させるからであった。話を聞いていても、男では難しい。

ムラによると、若衆と娘との順位をきめておき、若衆が順位に従って一夜、一夜と廻るのがある。若衆も娘も一定の順に従って廻るから、すべての男女が一廻りのうち一夜は共寝することになった。それでも、

好いたお方の　ひまとるときは
　壁に爪形　目に涙
いやなお方の　ひまとるときは
　心すずしや　西の風

と唄い、たった一夜でもイヤなのである。

一夜ひとやで　枕がかわる
　枕ばかりか　気もかわる

と観念しているのもあるが、いずれにしても「順廻り」型の典型であった。淡路にはこの型のムラが多いようだが、加西郡にも、

いやな殿御と　たたみのへりと
　うす色より　紺がよい

があって、同じ型のムラがある。

ゆうべきたのは　おばさんの子か
　いとこずきとは　はずかしい

これも「順廻り」型のムラでないと起こらず、いとこ同士は桃の味というから、それだけ満足したのだろう。よほど気が向かないときは、家の外へモミ（赤絹）の布をたらしておいた。目下、来客中というわけだが、これもいろいろともめたらしい。振られた男の方が一晩監視して、盗みにくるのを見張っていた。といって二度、三度と重ねて拒否することもできず、いやな目をしたという。

しかし最も放任的なムラでは、そうした規制を全くしないで、若衆や男たちの自由にまかせたムラもある。どうも後になるほど、この型のムラが多くなったらしい。ここでは気の早いのはその晩とか、三日もたたぬうちに夜這いに行くのもある。

あけておくれよ　十五でござる
　しのび初めで　恥ずかしい（淡路）

ということになるが、まあかねて予約があったとみてよかろう。

思うてみやんせ　十五や六で

一人夜路が　通わりょか（印南）

と、気の弱いのは一年たっても夜這いできないのもいる。そこでこの型のムラでは母親がお互いに相談し、あんたのむすこは私が男にしてやるから、私のむすこはあんたが男にしてやって、と交換協定をするのもあった。まあ、手ほどきだけしてやれば、後は自由にしろということになる。だが、娘でないと夜這いをさせないムラもあり、そうなると女頭目に頼んで、適当な娘を探してもらった。

夜這いは、馴れてしまえばらくなものだが、初めはなかなかできるものでなく、やはり手ほどきが必要である。意地の悪い兄貴分につくと、いつまでも草履持ちをさせるのがあり、親が女傑に頼んでもらうと、カドのたたぬようにうまく処置してくれるのもあった。そうしたのは男色関係もからんで、なかなかいやなものらしい。夜這いについては他に詳しく書いてみたいので、いまは概略にしておく。ともかくムラによっていろいろと大差があって、どこのムラも同じでないし、隣近所のムラでも型が違うから、それがわかっていないと大へんで、一つ間違うとなぐられるぐらいですまず、丸裸にされて柱や木にしばられてさらしに会い、酒二升とか、三升とか出して詫び証文を書かせられた。「開放型」のムラなら、女傑に頼むと若衆仲間に通じてくれ、酒一升か二升ぐらいつけると夜這いの案内をしてくれる。女傑の顔と、頼みの次第によっては、よい娘さんを世話してくれた。しかし「閉鎖型」のムラでは、いくら女傑でも断念させるほかない。ただ、こうしたムラでも盆踊りとか祭りの夜には開放するという、いわば「限定型」がある。

夜這いは大きくわけると、若衆だけの特権として認め、その相手を娘、後家、女中に限定する「若衆型」と、ムラの男と女とならば誰であろうと自由に交渉できる「自由型」とに二大別されるが、「若衆型」のムラでも盆とか祭礼や山行き、野遊び、貝ひろいなどの行事には自由に開放するムラがあり、これを「限定型」とすれば、三つの様式があった。これが他のムラに対しても開放する「開放型」、絶対に開放しない「閉鎖型」、条件によっては開放する「限定型」と重なり合って、ほぼ九つの様式が成立する。こうして様式論を展開すると難しそうだが、若衆たちは毎晩のように集まって、カシラ分が今晩はお前らは「警備」、お前らはねてこいと指図した。夜這いを許可された連中は、それぞれ話し合いで相手をきめる。「若衆型」ムラではこれですむが、「自由型」ムラでは鉢合わせが起こるけれども、まず前に忍び込んだ方が勝ちであった。

しかし自分のムラだけなら一年もあれば、だいたい廻ってしまうから、他のムラの女の味もためしたいということになる。自分のムラの夜這い、とくに「若衆型」はそう難しいということはない。それで近隣のムラへ、夜這いに行きたいという根性を起こす。そうなるとムラの若衆仲間も、とんでもない事件を起こされると困るので、お互いに「開放型」

のムラへ行かせる。夜番の若衆も知っているから、どこそこの娘、女房が空いているなどと教えてくれた。そんなわけで「開放型」のムラなら、一里四方ぐらいの範囲のムラの、いろいろな夜の情報をにぎっている。どこの娘の味がよいとか、あしこのオバハンはよく泣くの類で、いずれも実地検証の上での評価であるから、間違いようはあるまい。こうした開放型ムラであると気の強い嬶や娘は、ムラの若衆にいいつけて他所のムラの男や若衆を夜這いに誘わせた。ただ閉鎖型ムラは、こうした交流を全く拒否する。しかし拒否されれば行きたいもので、ときどき暴行事件を起こし、詫び証文を書かせられることになった。

私なども、夜這いは夏の方が盛んなのかと思っていたら、かえって冬の方が盛んで好季節と教えてもらう。だいたい真夜中の十二時、一時すぎからが時間帯で、四時になるか、一番鶏が鳴けば帰らねばならぬ。これは不文律といってよく、他の家人が起きる頃までには姿を消すことになる。それだけにきぬぎぬの別れがつらいし、他方ではヤレヤレと西風が涼しいのもあった。

全く知らぬムラや閉鎖型のムラで忍び込むのは、冬の夜の暗夜に限るという。入るにも、逃げるにも好都合だからで、夏の夜はまず冒険はできない。馴れた連中の話では、外を通っても若い嫁や娘の居る家はわかるそうで、うまいこと縁の戸を外したり、裏の戸をこじあけて、文字通りに這い込んで嫁や娘を探すときの味は、とてもいいあらわせず、忘れ難いそうだ。大正中頃までは、まだ女房はビンツケ油、娘はオシロイで、匂いですぐわかる。

女一人寝は殆どなく、親兄妹、子供などと寝ているから、起こすまでが難しい。初めはいろいろと失敗するが、だんだんと巧妙になる。戸の溝に小便するとか、フンドシをのばして這うなどというのは話だけのことで、大家の戸であるまいし、そう苦労しないでも戸は外せるし、内へ入って両眼を閉じて五分ほど経って、静かにあけると、いくら真っ暗でもボンヤリと見えるそうだ。留置場や刑務所で専門の泥棒に聞《フケ》いたのも同じで、この目を静かにあけるのがコツらしい。嫁や娘の床へ這いり込んでしまえば、もうもらったようなもので、半眠半起のままですむのもあるし、気がついてもムラの者と思ってしまうようだ。後に家の前を通って顔を合わせても、全く気づかないのもあるという。「予約型」「指名型」「誘引型」「飛込型」になるが、気の強い女や娘だと他所の冒険家をとりおさえて、警備の若衆に引き渡すのもあった。

ただ夜這いといっても、ムラの娘や女が毎晩、男と添い寝するわけでない。若衆型にしろ、自由型にしろ、男女双方に好みもあれば好き嫌いもある。いくら好きでも毎晩通えるものでなく、本人や家族の病気、外泊、その他の故障、天候、だいたい雨風の夜は避けるなどで、月のうち正味十回ぐらいが精一ぱいだという。これはほぼ独占的な場合であるが、男が出撃できる日数も、だいたい平均してそんなものらしい。若衆のカシラ分は、そんな状況をよくのみ込んで、あまり娘や女が干されないように若衆を配分するのに苦労する。古狸の嬶や娘は若衆やカシラ分をつかまえて、この頃、廻ってこんやないかと文句つけたり、あの子を送ってくれと指名するのもあった。「順廻型」にしても、同じような理由で抜ける日が多く、その調節に苦労するらしい。そうした隙に他のムラから助人に来てくれれば、双方にとって好都合になる。まあ、なにごとにも表もあれば、裏もありますということだ。

柳田派が鬼の首をとったように騒ぐナジミとか、コトワリ、ツキアイ、デキアイ、イッポンなど、東播だけでも十数種の方言があるのが、男女双方の独占的な夜這い風習である。これを結婚を前提にする特定契約というのは、全く実態を知らぬタワゴトであった。宮崎の例でもわかるが、ムラの人間は他所者に尋ねられたり、説明するときにはテイサイのええことをいう。男女双方が好きになって、他の若衆と交渉するのが気まずくなると、娘仲間から若衆仲間へ申し入れて、特定の関係を許諾させる。ただし、これもムラによって大差があって、そんな勝手気ままは絶対に許さないムラもあるし、いろいろと条件つきで承知するムラもあった。宮崎や柳田派は、若衆仲間、娘仲間が二人を祝福してやって、などと教育勅語丸出しに絶讃しているが、そんなトボケた話があるものか。娘や若衆の一組が特定されることによって、ムラの夜這い体系が狂うのだから、そんなに寛大にできるものでない。これが、それほど絶讃に価するのなら、若衆入りのときから似合いの娘と夫婦にしとけばよいだろう。

なぜ結婚までの男女に、性的自由を与えなければならなかったのか。ムラ共同体の維持というのが、大前提であり、根本命題である。男と女とに好き、嫌いがあるのは当然だが、それを認めたのでは若衆仲間、娘仲間の鉄の結束は不可能だろう。これは村外婚の出現、階級的分裂、商品生産の発生、商業資本の進出など、つまり村落共同体を分解させる要素が増大するにつれて、それに伴って起こった現象であることがわかる。ムラには大小広狭があり、人口構成も、自然環境、社会経済状況など千差万別であった。表面的な人口構成は均衡しているようでも、男の出稼ぎが多いとか、女の日傭働きが多いとか、いろいろと不均衡を生じる。夜這いにいろいろと形式が出るのは、ムラによって対応が違うからだ。またムラに変化が起これば、夜這いの形式も変えられるので、いつまでも同じ形式を守るということはない。夜這いのように、日常的であり、直接的影響の強いものは状況に応じて、すぐ変えないと若衆に限らず、ムラの人間の大半がノイローゼになる。それほどでもなかろうが、原則としてはその通りだ。

したがって夜這いの廃滅も、社会経済的動向によることが大きい。郷村型村落共同体の成立、原型、解体の様相は、まだ明らかではないが、まず階級的分裂の発生が第一の要因だろう。明治末頃の夜這いでは、すでに豪農、地主、医者などの知識層の婦女や子女を疎外しているムラが多かった。いわゆるスソナガ、スソヒキなどの主婦や娘は夜這いの対象から外されたが、同時に主人や息子たちも拒否されたムラと、主人や息子たちの夜這いは許されたムラとがある。また一般的には地主の主人は小作の女や娘を自由にしたのもあり、夜這い慣行からはみ出るようになった。これはムラの上層から次第に村外婚が多くなってきたこととも関係するので、とくに娘の処女性が尊重されたのである。また住居構造も上層と下層とでは、夜這いを困難にした。上層では間どりが複雑になり、また屋敷内へ侵入するのが困難となっている。下層の水呑層、小作百姓では、座敷が二間、板張りや土間というのが多く、夫婦や娘、老人、子供などが集まって寝ているから、とても夜這い人の寝る空間がない。そういうことだが、女房や娘を外へ呼び出して変則型夜這いもしたそうだ。また女房が主人を外へ追い出して、夜這い人を迎えるムラもあって、いろいろと工夫はしたらしい。そこで夜這いの中心となるのは中間層、住居様式でいえば「田の字」型ということになる。「田の字」型なら忍び込んでまごつくことはないし、それほど厳重な防衛施設もあるまい。また下層の妻や娘は外働きに出たり、奉公に出されて居らなくなる。こうして夜這いも、上と下が不能になった。

それでは中間層はどうか。この層も、少なくとも上、中、下、または上、下ぐらいの分化を起こした。上層は村外へ出て経済活動も激しくなるから、昔なら宿場の女郎衆、飯盛など、明治以降なら町や駅前旅館などの仲居、酌婦などと遊ぶから、とても土臭いムラの女の相手など面白くなくなる。ムラから出たことのない、またあまり出ていない女たちの話題は極めて限られており、あんたはうちより、あの子が好きやろとか、隣の三毛が子猫を五匹生んだぐらいであって、どうにも間がもてない。同じムラに住んでおれば、殆ど情報は変わるものがなく、こんなことになる。たまに他所のムラから夜這いに来てくれると、双方とも一晩語りあかしても足りないということになった。下層は、また周辺の都市や町へ出稼ぎに行き、仲居、酌婦などと接触するから、ムラの女や娘ではもの足りなくなってくる。同じ女を相手に遊ぶのなら、世間知りの仲居、酌婦と酒を飲み、歌を聞かせてもらうのが面白いのは当然だろう。では、なぜ夜這いがなんのかのと批難されながら、大正末頃まで、あるいは現在まで続いているのか。ずばり本音をいえば、タダ、つまり無料接待だからである。他所のムラで、初めての女であっても世帯染みた話ばかりなら、うんざりするだろう。まして同じムラなら、いやになる。だから普通の女房、娘より、女傑などがよろこばれた。いわゆるネヤ上手、トコズキなどというもので、若い男などはフラフラになるほど苛められる。そうしたのもあるが、夜這いが全般として衰退したのは、このためであった。教育勅語の純潔教育などは、ほんとはそれほどの威力がない。

17　女の夜這い

女の夜這いに触れておくと、女の夜這いを原則とするムラはないと思う。要するに男の夜這いの、変形である。但馬、後生楽、女の夜這いなどと、上の国名を淡路、伊賀などに変えると、全国的に多い。淡路女にＭＡＲＡ見せなと同じで、これも同類の発想がたくさんある。だいたいのムラは、原則として女の夜這いは認めない。女や娘は、ムラの若衆仲間が支配する、というのが原則だからだ。しかし、季節的な男の出稼ぎで、男の数が減ってくると夜這いに行くムラが多い。待っていたのでは、いつきてくれるかわからない、ということだ。双方が交渉して順番を組むということもあるが、男としては競争させる方が面白い。しかしこれだと、一人の男に集中することにもなる。一長一短だが、競合のすさまじさは男などの及ぶものでなく、家の前でワアワア、キャッキャッの大喧嘩をやるそうだ。

そうした「季節型」の他に、通常のムラでも女の夜這いを絶対に拒否するムラは、あんがいに少ない。まあ色狂いとか、ボタモチ下げとかいろいろと悪口はいわれるが、それさえ苦にしなければ夜這いはできる。ただ相手の男と相談するか、その家庭事情を調べておかぬと家の女房と大喧嘩になった。女房の留守にというのが多いわけだが、それでも後でわかるとヌスット猫などとつかみ合いになる。若衆は、そんな紛争はないが、女同士がかち合って喧嘩になるのが多い。好きな男や若衆は、他の女も好きになる。女頭目などになると好きな男を自由に夜這いさせるのに、それでも夜這いに行くのが面白いというのがあった。母と娘、姉と妹とがかち合って、大喧嘩をするのも珍しくないらしい。母親が娘を早くねかせてと苦労し、漸く忍び出て行ってみたら、娘が先にきていたなどと大笑いさせた。

他に特殊な例として「辺地型」があり、山奥や海岸などの辺地に赴任してくる教員、技術員、農会職員などが、戦前にはあんがいに多い。役場や分教場に宿直というのやら、民家に下宿というのまでいろいろだが、ムラの住人でないからだいたいは夜這いできないことになる。若衆などの相談で許諾されると、村人なみにできた。夫婦で駐在するときは、相互開放となる。独身の場合には夜這いにも行くが、娘や女が夜這いにくるのが多いらしい。「辺地型」は男が外稼ぎに出るのが多く、とくに冬季は出稼ぎが多いので、男後生楽、寝て待つことになる。女の夜這いは、そんな状況だが、男のとり合いの喧嘩や、どうして男を手に入れたか、などの女の話になると面白い。

ただ夜這いについて注目されるのは、性交のテクニックがそう複雑でないことだ。周辺には家人が就寝しているから、そう大あばれをさせられないわけだが、いまの夫婦交換とか乱交パーティーなどに比較すれば、単純なものであったらしい。戦前でも四十八手の裏表はあったのだが、レパートリーは多くなく、それよりも家宅侵入をやって、女の顔を見るだけで楽しみがあったのだろう。ただし双方で合意すれば他の時間、他の場所で、いくらでも死ぬの、行くのと大騒ぎするのは自由である。田舎のことだから、その気になれば、いくらでも場所があった。ただしムラによると若衆はともかく、夫婦の場合は夜這い以外の関係を嫌ったムラが多い。つまり夜這いなら公的関係だが、それ以外は私行なのである。ムラの論理には、そうした半面があった。ムラの秩序を維持するためには、その程度の規制も必要になる。

それでは上階層の女房や娘が男遊びをしなかったかといえば、公式にいえばそれほど貞操を守ったわけでなく、私的にいえばいろいろと楽しんでいた。初めは附近の旅館料理店、地方都市の待合などを利用したのかと思っていたが、行商で仲よくなった茶屋の女主人から教えられて、峠の上や林の中にある一軒茶屋、俗にヌスットヤド、バクチヤドといわれるものが利用されたとわかる。こんな山道を日に何人ぐらい旅人が通るのか、それでよく生活が立つものだと思っていたが、なるほどこんな儲けがあるのかとわかった。男に夜這いはさせられないし、旦那が留守の僅かな日中を利用するので、そんなに遠出はできず、近所の旅館では顔を知られているから、こうして盲点を突くことになる。そのかわり湯につかって、うまいもの食って、ゆっくり楽しんでは、無理だろう。こうした茶屋の構造がわかっていないと理解できないが、表面的に見ると土間にはリンゴ箱、ミカン箱などをならべ、店の板の間には駄菓子や餅、まんじゅうを入れた小箱をならべ、その後ろの小棚には日用雑貨を置くというわけで、女主人一人がやっと座れるのが精一ぱいである。サツの刑事なども騙されるのだが、箱や小箱、小棚を隅へ積み上げると二、三人が寝る空間は作れるし、夜に数人が集まってバクチぐらいできた。オイエサンとか後家さんは若衆を連れてくるし、奥さんは青壮年の物売り、下男などが多いらしい。いろいろあるものだと感心したが、こうした茶屋の女主人は口が堅く、絶対に洩らさないので、安心して利用できる。

娘の方は、好きな若衆ができれば、山中の堂、宮などを利用するし、いくらでも場所はあった。ただ若衆仲間が目をつけると、女中など連れて遠出したときにカツがれる。一人では難しいから四、五人が組んでかつぎあげて山中とか、墓地隅などの小堂へ連れ込んだ。これはマワシ、輪姦になるが、ついでに女中もお相伴させられる。こうしたのは若衆たちから、いろいろと面白い話が聞けた。

田舎の性生活が以前は、かなり自由であったのは明らかである。戦後も漁村、とくに離島のウラ（浦）では、よほど後まで残っていた。ところが柳田派の民俗採取や、解説を読んでいるとふき出すのがある。夜這いは性交が目的でなく、お互いにいろいろと語り合うのが目的であったなどという。こんなアホタレが採取する民俗資料など、信じられるはずがあるまい。お上品に語り合うだけなら、よるのよなかにわざわざ忍んで行かずとも、ひるひなかにいくらでも機会がある。今夜、あの女は、あの娘は、どんなアシライをしてくれるか、というので胸をわくわくさせながら行くのだ。しかし女心と秋の空で変わりやすく、不首尾になることもある。遊廓のお女郎さんでも、機嫌を悪くすると馴染みでも振るのだ。だからといって遊廓は性交を目的とする所でなく、お女郎さんと文学、芸術などを語り合う所だというのだろうか。まあ解釈は自由だが、こんなバカモンに教育される奴がかわいそうになる。

播磨の美嚢郡、加東郡、多可郡などの山奥のムラで、後家さんを「若衆のケイコ台」というのがあった。こうしたムラのなかに、若衆がケイコしてくれと頼んでくると、後家さんは絶対に拒否できないというのがあり、ここの夜這いは性交を保証していたことになる。そう怒りなさんな、ヨバイドにしても、遊廓の客にしても女に振られたとはいえんので、そこはていさいよく語り合ったなどとおっしゃっているので、おまはんも苦労人なら御苦労さまでしたといっときなさい。女頭目に叱られると、低頭するほかおまへんわ。夜這いの喧嘩は、あんた、あの子にどないいうたん。うちのわるくち、いうたやろ。ちゃんと、わかっとるえ。が序の口で、だんだんと物騒になってくる。殆どがヤキモチで、若い娘や女のことだから、いろいろと女同士の駆引きもあれば、手練手管もあった。怒ったり、拗ねたり、泣いたり、いろいろとあるから面白いので、すんだら、すぐに帰れと股を開かれたのでは、しようがあるまい。

実もまことも　皆いいつくし
　枕ならべて　顔と顔（揖保）
ぬくい季節《おり》にも　まかれぬわたし
　冬のすはだも　お前なら（揖保）
お前思えば　照る日もくもる
　さえた月夜が　やみとなる（揖保）
ほれた証拠に　お前のくせが

いつかわたしの　くせとなる（揖保）

通う男はかずかずあれど、思う男はお前だけ、ということになってくると、

こよいきてなら　はだかでおいで
ゆかたかけおく　あまえんに（加西）
とんと戸閉めて　細目にあけて
しきを枕に　さまを待と（加西）
あなた待ち待ち　よいからここに
髪のたぶさに　露がうく（加西）
くるかくるかと　あなたのうわさ
とかく話して　よあけ頃（加西）

ということになる。

花も散らずば　ふまれもせまい
のろけにゃほれたも　わかりゃせん（揖保）
いうておくれな　かくしておくれ
若いときは　みなたがい（淡路）
例のちゃかちゃか　口ではけなし
それをかけての　のろけ草（揖保）

あんな男と　いわんすけれど
　ほれりゃだれしも　同じこと（揖保）

だんだんと恋の深みにはまってきた。

新手ずくめが　またきてながす
　わしも泣いたり　流したり（加西）
ままになる身か　なんぞのように
　きては泣いたり　泣かせたり（淡路）
あなたみたよな　あた気のわるい
　おまい待たんせ　わしがいこ（加西）
まなべものじゃ　間男きりょじゃ
　男ぬす人　恥じゃない（淡路）

いろいろと夜這い風景も多角的で、テクニックも一段と冴えてくる。

好いて好かれて　添うてこそ縁よ
　親の添わすは　無理のえん（淡路）
ほれた男に　添わせん親は
　親じゃござらん　子のかたき（揖保）
どうせ一度は　騒動のもとよ

騒動起さにゃ　添わりゃせん（加西）
男持たでか　まおとこせでか
いやなお前と　添うからにゃ（淡路）

大へんな結論になったが、夜這い段階の結婚と近代資本主義体制の結婚との矛盾、相剋としておく。

播磨、丹波、但馬、西摂、淡路地方は明治末頃まで夜這いが盛んで、山奥や沿海の町や村では大正末から昭和前期でも、まだ残っていた。私が行商や調査に走り廻っていた頃は、教育勅語のしめつけが強くなり、とくに満洲事変後、戦争後家が激増し、憲兵までが監視に走り廻っていたが、かえって夜這いが再興している地方が多くなる。出征軍人の妻や英霊の妻と密通していたのがわかり、現場をおさえた巡査や憲兵が、両人を素っ裸にして木や柱にしばりつけてサラシにしているという噂が、あちらこちらで発生していた。流言飛語の類で、まことしやかに某村某大字の某家だというような話になったのもある。ムラの女傑や茶屋の女主人などは、いま頃に男つくるのにそんなトンマが居るものかと大笑いしていた。実情としてはいろいろとあって、戦死者の下附金をめぐって家族が対立し、妻が実家へ返されたり、夫の弟と再婚させられたりしたのもある。また舅が通じて、姑と三つ巴の色喧嘩というのも多かったらしい。

この茶屋というのは国道、府県道などの峠の上や登り口、中間の人家のない場所に小屋がけして建てていた。この頃の田舎は自転車が交通運輸の主力で、重量物は馬力、中量物は車力である。自動車やトラックなどは、一日に何台という程度より走らない。したがって一里、約四キロか、二里ぐらい運ぶと、茶屋で一服する。自転車なら四里、五里ぐらいで一服していた。もとより茶屋で休まないのも多いが、行商や荷運びの連中は茶屋で一服して、女主人や他の商人などから情報をもらったり、お互いに交換する。途中で雨になったり、ヒマができたりすると常連が集まってきて、茶碗酒を飲んで、ということになった。こうなると柳田民俗学など吹き飛ばしてしまうような、ホンネの民俗学が出現する。夜這い、密通、強姦、カツギ、オカマ、ありとあらゆる田舎の性文化が開花した。

私はブタバコや拘置所でも民俗採取をしていたが、三食板の間つきで作業もしないで座っているのだから、一日中ムダバナシするよりしようがない。同居の連中は学力優等、品行方正などとは全くエンがなかった。かくてOMEKO＝CHINPO、バクチ、犯罪技術が三大研修科目となる。人は変われど主は変わらず、半年、一年と監房長勤務をしておれば、社会のあらゆるウラがわかった。わかったのは、あんがい正直だということで、自分の犯罪だけは少しホラを吹く。つまり組織的、機能的に虚構を造作するだけの頭脳に欠ける。はばかりながら唯物論研究会の会員として観察すれば、娑婆のインテリどもよりはよほど信用してよい。夜這い、強姦、遊廓、売春、誘拐、男色その他ありとあらゆる性民俗がわかる。ときに男色などは、実演して見せてくれた。監房長、おさきにどうぞ。いやかんにんや、女なら、なんぼでも好きやが。そら監房長、食わず嫌いやと大笑いされる。

その点は茶屋に集まる超零細企業群も同じことで、小さい誇大はあっても、まるまる虚構を造出する能力がない。まあ、かれらの性民俗報告は信用してよかろうということで、いままでもいろいろと利用させてもらっている。ただ行くの、死ぬのという最高のテクニックは割愛するほかあるまい。そんな辛気臭いことやらな、あかんのか。お前、まだほんまのOMEKOの味がわからんのじゃ。女をヒイ、ヒイ泣かすのもええもんだぞ。お前、キンチャク、タコ、ソロバンの味、知っとるか。わしのムラへ来い、ええ味のん世話したる、ということになった。いずれにしてもかれらは男女とも、最後の、最終末段階の夜這い実行部隊の猛者たちであったので、その経験談、いや当時でも実行中であるから、その方法論は貴重な証言である。当時、私は二十五を越えたところだが、まず検査前後とより見えなかった。おまはんら、あんまり子供あいくったらいかん、と女主人がかばってくれる。

18　女のお接待

よく泥棒になん度も入られるという家があり、専門の泥棒に尋ねたら、ねらわれる家には、それだけの様相があり、遠くから見たり、前を通るとピンとくるそうだ。別に隙があるとかなんとかいうのでなく、なんとなくわかるらしい。夜這いも同じで、全く知らないムラを夜中に通りかかって、なんとなく女の居るような家がわかり、入ってみると待っていたみたいなことになる。他の連中も同じような経験があり、そうした家へ入ると女も馴れていて、なんども入られていた。科学的精神を発揮して、いろいろと尋問してみたら、これも奇妙によく泥棒に入られる家と、様相が似ている。まず第一は角地であること、家の整理がよいこと、庭があること、その他というわけにしておく。農村でも家の周辺が乱雑で、洗濯物の夜干しをやっているような家は、男世帯か、婆か、女なら梅毒もちの要注意だから、誘われても入らぬそうだ。世の嬶ども、女ども、よく聞いとけ。

　泥棒たちに、家へ侵入する前に大便するそうだが、なにかマジナイであるのかと尋ねたら、これも異口同音というほど否定された。ただ、いよいよ侵入という前になると、妙に小便や大便がしたくなるらしい。しかし前科も累犯で、タタキもある専門業者によると、大便をしてタライ、洗面器などあり合わせのもので伏せておくと、つかまらぬとか、遠くへ逃げられるというマジナイがあるそうだ。いつも実行しているの。そうはいかん、その場にならんとわからん。まあ大仕事のときは、大便して気を落ちつけることがある。初めからねらってタタキをやるのもあるが、ノビで失敗したり、家人が起きてタタキになるのが多い。そんな予感のあるときは、余裕があれば引き揚げるのだが、金につまるとムリをする。ムリすると失敗しやすいので、大便して気を落ちつけた、そうだ。伏せる物がなければ紙でよいわけだが、新聞は使わぬ。また入るときに伏せておかぬと、出るときにはそんな余裕がないらしい。

ついでに、たった一件だけ強盗強姦犯が一人入ってきたが、かねて目をつけていた堂島の豪商宅を三人で襲った。留守をねらったので、女房と娘二人を起こし、衣類、現金などを出させ、荷造りもして夜明けを待ち、戸口まで出たとき、下の妹がおかあちゃん、こわかったなあ、といっているのが聞こえる。後の男がすぐ引き返して襲いかかり強姦すると、他の二人も残った女を襲って強姦したが、すむと他の女に乗り替えるというわけで、三人が三人を輪姦することになった。末の娘は十二、三ぐらいであったらしく、かわいそうだと思ったが、あの一言がなかったら引き返したりしないのに、と悔んでいたのである。他の連中は、なにをぜいたくいうか、とからかっていたが、本人はほんとに悩んでいた。強盗強姦は重罪だが、それが集団強盗で、輪姦したのだから、最低でも十年、ということになろう。ところがもう一つ、刑事の調べがねちこいので閉口していた。三人が三人を輪姦した順すら、記憶ちがいがあったそうである。それを一人ずつ、どうして、どうなって、行くの、死ぬのと、いったか、いわなんだか。どちらが拭いて後始末したかまで、微細に調べられた。六人の口が合うまでたたかれるのだから、被害者の三人、とくに妹娘は困っただろう。当方の興味は味が違ったか、というのだが、刑事も聞くけれどゆっくりと鑑賞したわけでなし、広い、狭いがわかる程度であったらしい。そういうことにしておいて、夜這いの記録を警察調書みたいにとっておけば、大へんに貴重な資料になるのだが、甚だ遺憾である。

さて夜這いでも、よく戸の溝に小便をかけると、音がしないように開けられるというが、どうだろうかと聞くと、これもマジナイというのでなく、夜這いに入れば原則として夜明けまで出ないのだから、入る前に出しておくのが礼儀だろう。普通の農家なら新築は別として、十年も使っておれば溝も上もちびるから、それほど開けるのに苦労はあるまい、そうだ。これも泥棒の証言と同じで、普通の造りなら、玄関でも、縁側でも簡単に開けられる。専門家はよほど複雑な錠前でも、マッチ棒一本で開けた。刑事の話では、手錠でも開けるのが居るそうである。大正初め頃から景気がよくなって農家も新築するとハメコミにしたり、溝にレールを敷いたり、いろいろ工夫して外すのが難しくなった。しかし、まだそんなに広く普及していない。せっかく来たのに先客があったりすると、小便や大便をしてアタン（復仇）したので、それは覚えがあるそうだ。ただヒノデ若衆で、先輩の見習いをするときには、初めはなかなか難しい。要領がわかるまでは、外した戸を外へ落として大きな音をさせ、逃げ出したという。そうした失敗は、いろいろとある。

こいとよばれず　手で招かれず
うたの文句で　さとらんせ（加西）
ほれたまことを　わしいいかねて

筆にいわする　送り文（揖保）
ふみはやりたし　書く手はもたん
やれど白紙　ふみと読め（加西）
今夜おいでよ　裏せんざいの
いばらぼたんの　木の下へ（加西）

夜這いというと盗人のように忍び込むものと思い勝ちだが、最末期にはこうした予約型、誘合型も多かった。明治の農村の女性は、中農程度でも尋常科四年卒業が大半で、ひらかなが書け、読めたら一人前である。字の書けない、読めない人も多かったが、それは男の方も同じであった。しかし恋の仲介をする文法はいろいろとあったので、紙に松葉を入れて包んで渡せば、今夜、待ちます、である。その松葉の片足を直角に折っておけば、早く来て私の足を折り曲げてくれ、というわけで、甚だ濃厚な性交の要請になった。もう一秒も待っておられません、すぐきて下さい、で緊急情況である。また、小石一つを包んで渡せば、恋しい恋しいあなた、今夜、待っています、になった。ところが小石が二つも入っていると、恋し、恋しのあなた、早く抱いてよ、で、これも緊急情況である。

その他、女から男へ手拭い、男から女へ足袋などを贈って、変わらぬ恋を誓い合った。こうなると、ムラによって処理の仕方がいろいろと違う。柳田派はすぐに喜んで、結婚の前提、婚約の発表ととるが、そんな簡単にはならない。仲人をたて、結納を入れるというのは、明治も後半になって普及した近代作法で、昔はそんなことをしなかった。だいたいは若衆仲間が相談し、異議がないことになると双方の親へ通知し、男が女の家へ移るか、女が男の家へ行くか、あるいは通うかは、双方の家の、主として農作業の状況で違う。若衆宿、娘宿の発言は、双方の親が合意しないときに出ることが多く、ムラの頭分の介入も同じである。若衆仲間も、若衆型のムラでは、ともかく支配から離れるわけだから、なかなか承知せずにもめるのもあり、きまるまではこれまでと同じく若衆の相手をさせるのが多い。自由型であると夫婦になったところで、夜這いには行けるので、若衆型のように難しくないようだが、それでもいろいろと横槍が入る。またナジミになったといっても、

わしとおまえと　このよい仲を
　たれがよこやを　いれたやら（加西）

猫の目と　またお前の心
　かわりやすきに　おそれます（揖保）

はらんだといや　はやのき心
　それが男の　御作法か（淡路）

ききわけないと　お前はいわんすけれど
　きれる覚悟で　ほれはせん（揖保）

などと、さまざまに状況の変化が起こった。そうした変化を婚約不履行などと訴えるのは

いないから、男も女も自由に交渉を楽しんでいたのである。大正も中頃ぐらいから官製青年団組織を強化し、ムラにも男女の自由な性生活を陋習淫風などと規制しようとする者が増え、だんだんと難しくなってきた。しかし、もともとはナジミになったからといって、誰も近代の婚約と同じには考えなかったのである。

昭和八年頃からは農業恐慌の最中で、どことも少しの副業でもして収入が欲しかった。それでメリヤス物の輸出が盛んになり、よほど山奥のムラまで靴下、手袋など機械編み工場が増える。それもせいぜい十人、十五人ぐらいの小工場が多く、五、六人ぐらいの超零細工場もあった。工場というより、小屋がけの作業場である。近所の女房や娘の片手間仕事、いまのバイトであった。しかし一応は朝八時、退五時、中食一時間ということになる。化粧品や小間物の行商は、この中食帯と退け前をねらった。よく売れそうな工場で月二回、殆どは一回ぐらいである。工場の隅の机にならべられるのはよい方で、だいたい近所隣の家のエン側などを借りた。集まってくる女は、これも最終末期の夜這い受け入れ部隊の精鋭ということになる。この階層より上の女たちはまず受け入れ拒否に廻るのが多く、下の階層は殆ど都市に流出するか、日傭稼ぎに出て余裕がない。こうした両極分化で、最後に残ったのが中級階層で、それも下が多かった。

中食後、若い男が一人となれば、もういいたい放題で、野郎どものワイ談はまだ大まかだが、女どもとなると芸が細かくなる。よんべきた男は、とこと細かく解説するのもあれば、うちのオヤジは、というのもあって、性交技能研修会となった。あんた、もう一ぺん空気抜きせなんだら、自転車に乗れへんやろ、とひやかされていたら、横からマタをつかんで、あっ、ほんまや、というのがいる。とっつかまえておさえつけたら、昼食においでと誘ってくれた。しばらくして行ったら、あんた、ええ草餅食わしてもろたやろ、とひやかされる。この地方では小餅、白餅、赤餅、草餅、ボタ餅の順になるそうだ。白餅、赤餅は難しくなっていたが、草餅、ボタ餅はまだなかなか開放的である。食事に誘われたら、下の方も据え膳になるので、俗にお接待といった。娘や嫁たちは他に家族も居るだろうから気ままにならないが、嬶どもは家族不在であると、ケンタイみたいな顔でお接待を楽しんだのである。ほんとに黄粉餅やボタ餅をつくって誘ってくれるのもあって、名実ともにお接待といってよい。

加東郡ということにしておくが、あるムラの堂でズズクリがあると紹介されて、採取に出かけた。いろいろとオトウのはなしなど聞いているうちに、夜這いの話になる。初めて夜這いがきた夜の話、結婚初夜の話、若衆の筆下ろしした話、夜道で強姦された話などと賑やかになり、ついには男の物が太いの、長いのとなって、どうすれば効果が高くなるかの性交体位実践事例の交換ということになった。女のワイ談は、男と違って極めて具体的、直接的なものとなる。うち、こないだ強姦されたんや。どこでいなあ。駅から帰るとき、堤でやられたんや。なんや、会長はんもか、うちもやられた。あしこは、ようやられるとこや。強姦の名所やで。だまってはったん。下手して殺されたら、よけいなりが悪いやろ。誰やわからんかったん。わからへんけど、どうせ近所のムラの子やろ。それが早いことしよって、どないしたん思うたら、またきよった。なんや二度突きかいな。そんでわからへんかったん。抱いてみたら、わかるわいな。これは上品にしたので、もっと具体的描写になる。

某駅に下車すると長い川堤の上を通るので、暗い夜などは絶好の場所であった。田舎には、よくそうした名所があって、どこの某女がやられたなどと噂になることが多い。なにも危険を承知で通ることはなかろうといえば、秋口などは予定が狂って遅くなるそうである。夜の女の独り歩きは、する方が悪い、ということだ。だから強姦の噂が多いのに、届け出たとか、検挙されたというのは殆ど聞かない。夜の独り歩きをするのは中年女に限るので、襲うのは若い男というのが相場である。すんでから問いつめて、どこの誰と白状させ、もうこんなことしたら突き出してやると説教するそうだ。夜這い世代では、こんなアヴァンチュールも、話の種の一つだろう。若衆たちも、それを承知でねらうわけで、全く知らない女の場合もあれば、かねて目をつけているのもあった。女が、道で知り合いに妹の家へ行くとか、なんとか話をしているのを聞いて、だいたい帰るのが遅くなると推知、待ち伏せることになる。ねらわれる女は、まず味がよいとか、道具がよいとかの評判のあるのが多い。襲われるのは自慢にもなるわけで、普通にいう強姦事件とは違って、夜這いの変形ともいえる。

強姦されたという女たちの話を聞いていると、襲った若衆たちの方がかわいがってもらったのだ。この頃の若い衆は、どないしたんじゃろ。女の腰巻も、よう開けんのや。ほんま、ほんま。だんだん夜這いが難しなってきたからやろ。夜這いもようせんいうような男が、かかもろてどないするんやろか。まだ強姦しよういうような若い衆なら、見込みがあるわなあ。あかん、あかん。夜這いやってみい、くぜつのいい方から教えて、抱き方、お乳の吸い方、もみ方から、だんだん教えたるやろ。イマキの開け方、とり方、なぜたり、さすったり、吸うたり、それから「御免」いうことや。いまの子みてみ、首にかじりついて、腰押しつけるだけで、なんにもようしようらへん。そんで、どないしたん。マタひろげて、イマキ開いて、つまんで入れさせて、いうことや。こっちも面白いやろ、イヤや、イヤやいいながら、うまいこと腰動かして、マタにはさんだるわけ。そんな若い衆ばかりでもなかろうといったら、昔にくらべると落ちたそうである。まだ夜這いが残っているムラなら、それほど不自由せんだろうし、教育もしてもらっているから、他所で無理はせんだろう。夜這いが不自由になってきたムラの若衆は、まあ他所へ出て無理することになる。周辺のムラの事情はわかるから、だいたい見当がつくので、白状して謝るらしい。だんだんと夜這いが禁圧されるようになって、そうした歪みが出てきたのである。

あんた、あんな話ばっかり聞かされて、もうむずむずしとるやろ。こんなかで気に入った女《モン》あるか。会長はんが、ええやろ。うち、あかんぜえ。なんいうてはるのん、戸閉まりして帰ってもらわんと困りまっせ。ということで、他の女たちは揃って帰ってしまった。手伝って座ぶとんや茶道具の始末をし、ゴミを掃き出してしまうと、堂の戸を閉める。あんた、お乳吸いたいやろ、おいで。会長はん、後家さんか。アホやな、ダンナもおるし、子供もおるわ。ふん。うち、きらいかいな、ということになった。昭和の初め頃までは、このくらいの開放的なムラが、そう珍しいほどでもない。しかし、ただ野放図に開放しているわけでなかった。出身の知れている若い男をいろいろとからかって挑発したのだから、それ相当の接待をしておく、ということである。こうしたときの、女たちの動きはみごとなもので、いつのまにか合意が成立し、接待の人選も終わっていた。

いつでも、誰にでも接待するわけでなく、相手の人間もよく見定めて、それに相当した接待人を出すのである。こうしたお接待は、ありがたくお受けするのが作法であった。難しい礼儀がわからなくとも、うまい具合に接待してもらえる。双方で気が合うと、日光山の花供養、光明寺の四万六千、清水寺の名月会式などに誘い合わせて、野外接待もしてもらえた。これは番外であるが、結婚を前提とするような難しい関係でなく、お互いに楽しい逢瀬で満足できればよいのである。男の側も夜這いその他いろいろと楽しみがあるけれども、女の方にもこうしたお接待の楽しみ方もあった。女の好みによって宮相撲の三役などという巨漢を選ぶのもあるし、十五から二十も年下のお稚児さん趣味まで、いろいろとある。他の女たちはわかっていても、知らぬ顔をしていた。その頃は血液型で親子の鑑別する方法などなかったから、嫁や嬶が産んだ子供の卸元を調べようなどという料簡の狭い男は居ない。女どもは、安心してお接待を楽しめたのである。

19　講衆と雑魚寝

丹波、西摂、東播あたりのムラでは、尼僧の住む庵寺、無住の堂祠などが、ムラの中央とか、一般民家の端に接している村中型と、一般集落から離れた墓地に接したり、山林中に建てられている孤立型とがあった。だいたい山村では孤立型が多く、野村では村中型が多い。村中型の庵寺や堂祠などの祭儀、行事は、見物や参加者も多いし、いろいろと監視もされているので、そんなに自由なことはできなかった。しかし孤立型では殆ど関係者に限られ、見物などに来る者は居ない。したがって参加者が同意すれば、よほど自由なことができた。ムラによって差はあるが、行者講（山上講、山伏講など）、伊勢講、広峰講、愛宕講、稲荷講、庚申講などは男、淡島講、阿弥陀講、念仏講、大師講、薬師講などは女を中心とする講である。もとよりムラによって男女混淆の講も多いが、だいたいは男女の性別に分かれていた。加西郡加茂村は講の多い地方だが、地蔵講の石仏に「女講」と刻しているのもある。女仲間というのは、だいたい嫁と嬶とが中心であり、娘は別に娘仲間、婆や後家は婆仲間、後家仲間、隠居仲間など、ムラによって違う。また嫁仲間、嬶仲間と分かれているムラもあるが、いずれも固定的なものでなく、そのときの状況で編成替えも行われた。簡単に解説しておくと、嫁は当主になっていない男の妻、嬶は当主の女房、後家は当主に亡くなられた嬶で、ただの未亡人のことではない。嫁には殆ど権力がないが、嬶や後家は家の実権を握ることになる。当主が跡を譲って隠居すれば、嬶も嫁に座を譲って隠居した。すなわち女仲間の中心になるのは、嬶である。

阿弥陀講、大師講、薬師講などと名称は違うが、行事の内容は殆ど変わらない。いわゆる御命日、忌日が違うだけで、本尊を変えることはなく、稀に絵姿を変えるぐらいだ。宗旨によって誦経に差はあるが、中心になるのは西国三十三カ所の御詠歌、般若心経である。御詠歌には京流、大和流など諸流派があるけれども、東播あたりはムラによって勝手気ままにフシづけしており、先達になる嬶に合わせてフシを変えた。御詠歌は一度だけというのを嫌い、だいたい二度とし、祭りになるといく度となく中休みして繰り返す。一回のなかでも「中山寺」の御詠歌がすむと中休みし、茶菓子を出した。般若心経は御詠歌の前と後との二回にすることが多く、後の場合は再度繰り返すのが多い。ズズクリというのは、大きい木珠を五百、または一千個綴った三間、五間という大数珠を、念仏唱えながら廻すので、一廻りすると五百乃至一千回唱えたことになる。堂の大きさにもよるが、十人、二十人ぐらいが多く、堂が狭いと縁側から石段にもムシロを敷いて座をつくった。ズズクリは殆ど浄土宗関係で、他の宗派ではしない。これも多少の違いはあって、念仏鉦を叩きながら廻すのもあり、素廻しにするのもある。だいたいは正午頃から始めて、四時、五時頃に終わるが、熱心なムラでは八時、九時頃から始め、昼食を炊き出しするのもあった。またオコモリといって、特別に終夜興行するのもある。坊主を呼んでお経をあげるのもあるが、殆どは在家衆だけで、庵寺や庵寺のあるムラでは、尼僧も加わった。

こうした行事が喜ばれたのは、嬶すなわち姑を送り出した嫁には、息抜きの機会になるし、嬶にはお互いに嫁の悪口をいい合ったり、オヤジや息子の不平をならべたり、他の家の情報を交換できる機会になったからである。とくにお互いの情事、俗にいえばイロゴトの知識と、その交換は最大の関心事であったといってよかろう。ところが、これも大正末頃になると愛国婦人会あたりの干渉で、だんだんと粛正されるようになり、中の下以下の階層からは出席しなくなって、行事そのものも廃滅するようになった。底層の嬶や婆さんたちからいえば、スソナガやスソヒキズリなどの息子が大学へ入ったの、娘のムコが県庁の課長になっただの自慢ばなしを聞かされて、なにが面白いということになる。夜の川堤でムラの若衆に強姦されたり、夜這いにきた初心の若衆をからかったり、の話の方が面白いのは当然だろう。この方は自分にも覚えがあるし、今度、若衆が来たら、その手で遊んでやろうなどとよい勉強になる。昭和に入っても維持されているようなムラなら、嬶や婆たちがまだ主体的に運営していたと思ってよい。ただ嬶や婆たちの名誉のためにいっておくと、イロゴトだけを楽しんだわけでなく、他の村の地主の評判や小作米が高いの、安いのの情報も交換したわけで、こんな話は愛国婦人会が来ていたのでは、しゃべれないのが当然である。そうした政治的にきわどい話になると、イロゴトのはなしの間にはさんで、実にうまいこと持ち出していた。ムラによると愛国婦人会たち二、三人が、御詠歌やズズクリが一廻りした頃に、なんとか家の用事にかこつけて早退するのもあるし、うちらが長居したらじゃまになるやろ、などと笑わせて退去するのもある。

こんな堂のなかには、男女が混淆して祭るものもあった。正月、盆、秋祭り、暮れには、オコモリするムラもある。堂といっても、せいぜい数人が座れるぐらいの狭いものから、詰めると四、五十人も座れるものまで、いろいろとあって、それによって祭祀の方法も違った。オコモリのできる堂は、少なくとも十人ぐらいが座れるものでないと、フトンを敷くオコモリは難しい。オコモリにもいろいろの型があって、ほんとに一晩、御詠歌やお経をあげて、朝がたに解散する徹夜型もあるし、十二時頃に休止してフトンを敷いて休み、早朝の五時頃に起床して七時頃までつとめて解散する半夜型とがある。また男のみの男性型、女のみの女性型、男女の混淆する両性型まであった。両性型のオコモリでは、いわゆる雑魚寝になるわけで、いろいろと面白いはなしの聞けるのが多い。ただ早いムラでは大正後半、遅いムラでは戦後には、廃止したのが多いようである。両性型のオコモリでも、男女の無制限の自由型、若い独身男女に限る限定型があり、また自分のムラだけに限定する封鎖型と、広く他のムラからも参加させる開放型とがあった。

昭和初め頃には摂丹播国境地帯から、大阪府能勢地方の山奥のムラでは、まだ両性型のオコモリ堂が残っていて、縁日によっては他のムラからの参集も受けていたのがある。加東郡境に近いムラでは徹夜型、両性型のオコモリであるが、つかれてくると両端にフトンを敷いて寝る人もあり、交替する人もあった。徹夜といっても、全徹夜というのは少なくなっていたらしい。はなしによると昔は、御詠歌を聞きながらザコネしたそうで、極楽浄土でお供養してもらっている気になったという。この種の堂は村端や山林中にあって、周囲に広場があり、昼間には露店が出るようなものもある。夜になると堂外の山林中で自由に交渉できるのもあって、必ずしも堂内だけでザコネしたわけでない。ある薬師堂では嫁や嬶たちが、好みの男を探してタネモライをした。ある嬶は、うちは男にひろわれたので、タネヒロイだと笑わせる。男も、女も気軽に誘うので、断るのも簡単な意志表示ですんだ。だいたいそのムラか、周辺のムラだから、両方とも素性がわかっていることが多い。若衆型の夜這いのムラであると、嫁や嬶がそうした夜に若衆との接触を頼む。つまり子種が、元気のよい若衆に多いということである。

明治までは若衆や娘も大勢参加して賑やかだったが、だんだん嫁も参らなくなり、嬶と婆とが中心になって、男も中老や爺が多くなり、次第に衰退したらしい。だんだんと風紀の規制が喧しくなってきたのと、田舎の町や役場、駅前などに仲居、酌婦を置く店や宿屋が増えてきたからである。百姓の娘や嬶がいかにお化粧したとて、また接待に努力したとて、プロの接客術に勝てるわけがあるまい。夜這いやザコネなどは原則として無償であるべきだが、だんだんと金品の贈与を伴うような風潮を生じてきた。そうなると、なにも泥臭い女たちに無理せずとも、金さえ出せば楽しく遊ばせてくれる女の方が面白かろう。他面では、それくらいの現金収入も増えてきたということだ。夜這いやザコネなどの風俗習慣がすたれてきたのには、そうした内外、双面からの動因があったのである。

女のお接待にも、いろいろあった。全く行きずりの、袖すり合わせたのが縁というのもある。いまはクルマが走れるように、道路は直線にするし、高低がないようにし、舗装を同じようにするので、つまらないのっぺらな化け物の顔を見ているようなものだ。よくもまあ、あんな道を気が狂いもせずに、何時間も走れるものだと感心する。自動車を買うカネもないが、あんな道、こんな道を走るのかと思うとゾッとした。昔の道は走っているだけで、その府や県、市町村の顔や頭の違いがわかる。僅かに国道だけが比較的均質で、府県道となると雑多な路面となり、市町村道はテンヤ、ワンヤで同じなのは一つもない。大阪府から山一つ、川一つ越えて兵庫県へ入ると、眠っていてもわかった。忽ち凸凹が多くなり、曲折が急になる。俺の生まれ在所だが、兵庫県という奴はなんという貧乏たれかと怒ったものだ。しかし後に山伏峠を越えて岡山へ入ると、それはもうガタガタで、これでも県道かと寒心する。上には上があって志戸坂峠を越えて鳥取へ入ると、もうタンボ道になった。というわけで、道を走っていてもそいつの顔や根性まで見えてくる。昔は喜んだり、怒ったりしながら走ったものだが、いまは道路も、お茶屋いまのサービスエリアも、モーテルまで、どこまで行っても均一で、面白くもおかしくもない。あんなものの、どこに「道路文化」があるのか、吹き出したくなる。

とはいうもののガタガタ道、とくに砂利で舗装した道を自転車で走るのは、ええかげんにしんどいものであった。それに長い峠や坂の上りとなると、まさに心臓破りとなる。私の生まれ故郷、播磨国加西郡下里村から外へ出るとすれば、四方どこへ出るにしても坂や峠のないところはない。姫路へ出るには猫尾坂、小原坂を越える。加古川へは札馬峠、高畑峠、神吉坂を下った。北条へは大村坂を上るか、山王坂を上ったが、それから北へ多可郡鍛冶屋へは古坂、二荷坂、野間坂を越える。東北の清水寺へは高岡坂、三草坂を経て登り、それから日出坂へ出て丹波へ入り、不来坂を経て古市、篠山へ出た。高岡坂から東へ社を抜け天神坂、渡瀬坂を下って摂津の有馬郡三田町に着く。東南へ下ると粟生の天神坂から小野へ出て、大村坂を経て三木に達した。これが主要な幹線で、その他の細道、小路となると無数の峠や坂があって、上り、下りする。なかでも有名なのは二荷坂、高岡坂、日出坂、渡瀬坂、天神坂、大村坂、猫尾坂で、あの坂を越えるのかと思うだけでうんざりした。私たちの感覚からいえば里程、距離はあまり問題でなく、いくつ坂や峠を越えるかでタメイキが出る。

女の自転車乗りが最も怖れたのは長い無住無人の原野山林で、北条へ北上する飯盛野、姫路へ下る猫尾坂、西脇方面の二荷坂、野間坂、清水寺周辺の三草坂、日出坂、大川瀬、三田へ出る渡瀬坂、社の東の嬉野、高岡から粟生の天神坂にわたる青野ケ原で、いまでも演習場になっており、南へ下って小野から三木へ出る大村坂などがあった。どことも今は開発されてしまって、昔の面影が殆ど残っていない。戦前は昼でもうす暗い山林原野の中の一本道で、通行のないのをねらわれたらどうしようもなかった。飯盛野、猫尾坂、二荷坂、日出坂、大川瀬、粟生の天神坂、大村坂などは明治の末頃にでも追い剝ぎ強盗が出るという噂が高く、早朝や夜中に通るときは仕込み杖を持って自衛したそうである。それほどだから女の単独通行はなかったらしいが、自転車が普及してきてから女も単独で走るようになった。しかし夜中通行は男でも恐ろしいと思うのだから、女は殆ど避けている。

強盗だけでなく、猫尾坂で猫が泣いたら狼が出るというし、飯盛野では狐の三吉さんが機織りを見せて化かした。天神坂、大村坂でも狐が出て、いろいろと悪業を働いたらしい。この辺の狐は殆どスペシャリストであって、雑多な芸を見せなかった。飯盛野の三吉狐は機織り、田原の権三狐は二本差しの武士、善坊のお梅狐は娘などというように専門の技芸巧者である。しかしそれも男だからこそ化かされても、芸上手をほめてくれた。女ではとても、それほどの度胸も、度量もなかろう。まあ魚をとったり、空の川を渡らせたり、糞桶へ放り込んだりは、どこの狐もやっている。そうした話をいろいろと聞くのも面白いが、またの機会にしよう。

20　深夜の峠と儀式

ところで自転車が普及して、婦人用まで製造されるようになると、女たちも暗夜の街道を緊急の用件があったり、秋口のように日暮れが早くなったりして、よんどころなく夜行することになった。そうなると当然に、また必然にあの坂、この原野で強姦されたという噂が、またたく間に拡散する。駅から帰る川堤の強姦ばなしと違って、どうも本物らしいという話であった。こうしてどこの坂や峠でも、夜中に走っていたら女によびとめられ、いっしょに連れて行ってくれと頼まれた話も多くなってくる。私が経験したのは美嚢郡の渡瀬から長い急な坂を上って、加東郡の天神へ出る道で、坂を上ってからも暗い原野が続いた。ぼつぼつ坂を車を押しながら上っていると、突然に女が現われて社の方へ帰るのだが、道連れにしてくれと頼まれる。月夜でなかったから突然に出られると、全く幽霊が出たか、狐が化けたかとびっくりした。ちょうどええ、ぼくは加西まで帰るといったら、今度は女が驚いて明日の朝に着くつもりかという。それほど遅くもないが、似たような時間になる。ようよう坂を上ると、林の中で一休みしようと誘われた。座って世間ばなしをしているとムシイモを出したり、柿をむいて喰わせてくれる。当時の自転車は提灯か、電灯であったが、双方とも電灯であったから交互に使った。さあ行くかと立つと、もうすこし休んだらええ、遅くなったら天神で泊まればよいという。この辺では天神に大きい宿屋が一軒、商人宿みたいのが二軒ほどあった。しかし二円か、二円五十銭ぐらいとられるし、片泊まりは嫌われたから断られることもある。しようがないので座ると、あんたのムラ、夜這いするの。夜這いぐらいやるぜえ。さっきからナゾカケしてるやないの、わからへんのと物騒なことをいい出した。嫌いな型の女でもないので仲好くして、こんなことになるのなら、他にとられるものはなし、男に同行を頼まずともよかろうといったら、変な男と道連れになって家までついて来られ、後のちまで脅かされた人もある。私はおとなしそうな、若い男の人がくるまで待っていたんや。若い人でも男連れなら、悪い奴も手出しせんやろう、ということだ。あほらしい、これから家までつけて行って脅してやるからといったら、いま頃に気がつくようではあかん、心配せんでも今晩は家へ泊めたると笑われ、それから「姉さん」交際《ツキアイ》になる。

私は三木から山田、三田以北、古市、篠山あたりまで行商や調査によく廻ったので、十数年の間に同じような経験をなん度か重ねた。日出坂も今は新道になったが、古い街道は急坂である。日中でも暗いので、夜になると一層淋しくなった。相野へ帰る女が道連れにしてくれというので連れて上り、頂上で休息する。古くは茶屋があったようだが、その跡の広場で休んだ。下って相野の近くへくると、ここまでくれば家が近いからと別れる。女も自分のムラや家まで送らせることはなく、もう大丈夫と思えば別れて行った。相野から天神へ抜ける大川瀬は、道は平坦だが長い山林原野の無人地帯で、夜はあまり気持ちのよいところでない。狐に化かされるほどでもないが、やはり入口で女につかまり、天神まで送ってやった。大川瀬から秋津までが嶮しい山道で、ここらで強姦されたらどうしようもなかろうといったら、やってみんかとすすめてくれる。天神近くまできたら家まで送ってくれといい、もう独りで帰れるだろうと断ると、これからが心細いという。椅鹿谷からまだ細い田舎道の山奥のムラで、心細いのは事実だが、夜中に他に人が通るような道でない。あんたを泊めてやろうと思って誘うたんやというわけで、いろいろとムラや周辺の民俗を聞かせてくれ、翌日は天神周辺のムラを案内してもらった。まだ夜這いが残っているムラもあって、なかなか資料が豊富である。天神の宿屋へ泊まったら女中のサービスつきになるから、今晩も泊まったらええという。不景気の最中で、滝野、西脇、小野、社などという田舎町の宿屋、飲食店では、どことも仲居、酌婦、女中がチップ稼ぎに苦労していた。しかし下手に酒をくらってバクチに手を出すと、インチキでひどい目にあわされる。宿屋は怖いから、もう一晩ねさせてくれ。なんぼでもねたらええ、オバンでしんぼうするかと承知してくれた。ときどき女の道連れになって泊めてもらうのだがというと、それは道連れにしてもらったオカエシの接待だと教えてくれる。女から声をかけたからには、この男とどんなことになろうと損はないと踏んでの話だ。峠の上でお接待したら、いつ別れてもオカエシはすんでいる。あんたが強姦してくれていたら、家まで誘わずにすんだ。しかし接待せんと、別れたのもある。それは男が悪い。峠で休んだときにカエシをしてもらうべきで、女には家へ連れて帰れん事情もあるのだから、あんたに嫌われたと思ってくやしがっているのもあろう。へえと合点したが、女に都合のよい話だから、どこまで本音かはわからない。ただ、世話になれば接待して、カエシをするという習慣はいろいろとあるのも事実であった。

三木から小野へ出る大村坂、いまは新道だが、三木攻めに合戦したと思われる旧道は、かなり急坂で曲折があり、市場へ出るまで淋しい長い道である。電鉄が三木まで開通してから、夜行も多くなっており、いろいろと不穏な噂も出ていたが、これは後から追ってきて連れにしてという。女は急坂になると降りて、車を押して上る。坂の上へ出ると市場あたりの灯が見えるので、乗って走ろうとすると一休みしようと誘った。胸がドキドキして苦しいというから、ふところへ手を入れてお乳をさすってやる。小野からまだ奥の浄土寺の近所やが送ってくれるかといい、まだその奥の山のムラまで送らされた。翌朝、目が覚めたら、こんな深い山の感じがするところが、えらい近くにあったもんだとびっくりする。夜這いやっているやろなあといったら、この近くのムラならどこでもやっているが、だんだんはやらなくなっているそうであった。よう連れに誘ってくれるのはオバハンばっかりやが、そなえ若いのがええのんかいな。ええいうより若い人なら、どないでもなるやろ。

えらいみくびられたなあ。そやないねん。オセやったらどんな人間かわかりにくいし、からまれたらしようがないやろ。若い人ならちょっとはなししよったら、だいたいどんな性の人かわかるので安心なんや。俺、性がええことないぜ、からんだるからなあ。はあ、なんぼでもからみにおいで。こうした女たちは、周辺のムラ、ムラの事情に通じているし、いろいろと民俗慣習の内面の葛藤まで教えてもらえる。

　オトウの行事にしても、男は表面のことより知らないが、ある年、必ず使わねばならぬブリが入手できず、カツオを使ってブリだとごまかした。すぐわかるやろ。わかってもええねん。女がブリやいうたら、ブリや。へえ。オトウの文書記録を金科玉条みたいに守られているものと思って採取しているバカモンが多いが、あれほどいろいろとインチキのあるのはない。男連中に聞くと、あれほど厳しい作法が守られているものはなく、足りないものがあれば、どんなことをしてでも揃えるという。しかし女たちにいわせると、ないもんはないんや、数合わせはするが、だいたいそれですむ。昔は、もっと厳しかったのではないか。そんなことできるわけがない、昔は昔でごまかしとったんやが、そんなこと表に出さへんし、書いたりせんやろ。オトウのなかには、トウケすると一《ヒト》身上潰すというのもあり、なかなか難しいことをならべているが、それではいずれ崩壊するほかあるまい。喧しいことをいって揉めている例も多いが、慣例を守ったことにして実質は変えているムラが多かった。どんなに頑固そうに見えるものでも、いつかは綻びて行く。

加東郡粟生から郡境を越えて加西郡中野へ出る天神坂も、昔から有名な難所であった。この坂下まで帰ってくると、やれやれ、この坂一つ越したら生まれ在所か、とほっとする。もうどこでどうなろうと、見知ったムラばかりだからどうにでもしてくれる、と安心した。明治末、大正初めでも追い剝ぎが出たというほどで、急坂で曲折が多く、山林が深くて、坂の上へ出ても人家が見えるまでは姫路師団の精鋭を鍛練した広大な青野ケ原演習場だから、もう猫の子一匹も居ないということになった。粟生の町並を外れかかると、もう連れにしてと寄ってくる。郡内へ帰るにきまっているから、どうせ知っている連中だろうとたかをくくっていた。どこまで帰るのと問い合って在所がわかれば、もう素性もわかってしまう。私の在所は南端に近いが、北の端近くまで送らせられたのもあり、さすがに泊めてくれた。その辺のムラも夜這いの盛んな土地で、いろいろとウタを教えてもらう。大正初め頃までは若衆型、自由型、または閉鎖型、開放型、限定型などが混淆し、とったとられたの喧嘩も珍しくなかったらしい。あんたのおとうさんもよう遊んだ人やでえ、となつかしがられるやら、「段下のダテコキ」いうて有名やったんやでえと教えてくれるやら、生まれ在所では素性がわかりすぎてかくしようもなかった。「天下一品、驚く勿れ、旭味醂」という大看板には、ほんまに驚いたとひやかすのもある。よほど評判になっていたとみえて、あちらこちらで聞かせてくれた。他の土地のように気ままな調査はできなかったが、なんでも知りたいことは教えてくれる。ただもう半世紀が過ぎるから、その頃の人たちは殆ど彼岸の人になってしまった。

これらは東へ出る峠や坂のことだが、西へ出るには善坊から猫尾谷を越えて姫路へ行くのが一本である。猫尾谷という地名からして恐ろしげだが、昔から猫の泣き声が聞こえたら化けものが出ると恐れられていた。ある旅人が千匹狼に襲われ、大樹の上に上って下からくる狼を切り払っていると、三口の婆をよんでこいと叫ぶものがあり、やがて大きい怪物が襲ってきたので眉間を切り下げると倒れてしまい、他の狼も逃げてしまう。夜が明けてから三口のムラを通ると、ある家の婆さんが夕べ座敷から落ちて大怪我をしたと騒いでいる。昨夜のこともあり、家人と相談して槍や刀で寝室を襲うと、飛んで逃げようとしたので突き殺した。しばらくして正体を現わしたのは、眉間に傷のある大猫である。深い山中や峠のムラに多い昔話であるが、これからでも猫尾谷の深い山林が想像できるだろう。飾磨郡小原まで約五キロの無人地帯で、あまり急坂はないが、なんしろ長い上り坂なのでうんざりした。八重畑あたりから後をつけてくるのがあり、坂の途中で休んでみると女で、連れにしてくれと寄ってくる。いろいろと世間話をしていると、野里（姫路の遊廓）からの帰りかと問うやら、月に何べんぐらい通うのと聞く。しまいにはナゾカケしているのがわからへんのと、きわどいことといってからんでくる。猫か、狐が化けているのとちがうかとからかったら、さあ、正体見てくれたらええ、尻尾もあるでえと突きつけられた。自宅の前を通っても帰れずに滝野近くまで送って行き、泊めてもらうことになる。朝になると猫か、狐か、お前の背中の爪あと見たろか、と笑われた。

南へ下って加古川へ出るのも、印南郡境の札馬峠の一本よりないが、この峠は最繁多に夜行したにもかかわらず、一度も連れを頼まれたことがない。他の峠や坂道と比較すると夜間の通行量が多いのも事実であり、早朝に高砂、加古川辺の工場へ通う者も多かったので、危険性が低かったのだろう。

こうして夜中に長い、急な坂や峠の登り口で女に道連れを頼まれた例を解析してみると、かなり特徴が明らかになる。まず深夜といってよい十一時以後の暗夜が多く、それ以前の時間帯や月夜は殆どなかった。普通であると女の夜行は夏季で七時、冬季なら五時が限界である。その時間帯なら、まだ単独の夜行もしばしば見られたが、その後はばたっとなくなった。つまり深夜の十一時頃に夜行するのは、極めて少ない。それも夏季は経験がなく、秋口から十二月初めまでである。女の家庭状況は後家か、主人が出稼ぎその他で不在、娘は居るが、男の子はまだ役に立たぬ、というのが概要であった。急用ができると当人が出かけるほかないわけで、生活程度も中農層といってよかろう。用件は法事、嫁入りの相談その他で、どうにか家へ帰れる時間に出発したつもりなのが、途中で他所見したり、道に迷ったりして遅れたということだ。しかし娘や若い嫁なら、引き返しているだろうから、嬶ともなると図太い根性になる。早く帰宅しなければならない用もあるというが、自宅へ早く帰りたいのだ。当時もかなりバスは普及していたが、行先によっては終点からかなり歩かねばならないとか、終発が早いとかで、自転車を利用せざるを得なかったのである。

こうした深夜の時間帯になると、男の通行も殆どなかった。同じ郡内で、ムラの灯火が点々と見えるような地域なら、まだ走っている車の灯もわかる。しかし郡境の長い山中の無人の峠や坂を越えるとなると、それほど緊急の用件が多いわけもあるまい。私にしても八、九時頃までには帰りたいのだが、調査や商売でついつい延引し、深夜に郡境の峠を越えることとなる。その頃、普通の宿屋で二円、二円五十銭が相場であった。料理屋をかねている店になると女つきになって、酒料理も加わり、その交渉によっては天井がわからなくなる。とてもそう泊まれるわけがないので、翌日休むことにして強行して帰った。いくら田舎でも普通の家の男なら、そんな深夜に走る用事はないので、急な死人が出て報らせに行くとか、遊廓などで遊んでの帰りというのが多い。だから男とでも、殆ど会うことがなかった。道の横が川であったり、池があったり、深い谷になっていると、男であっても相手の人間が怖くなることもある。まさか狐や狸が化けて騙すとも思わないが、強盗ぐらいやられてもしようがあるまいと観念した。まして強情なようでも女だから、車の灯が接近してくると茂った木陰にかくれて、どんな人間か見定める。経験するとよくわかるが、小さな車灯でも道を走って、坂を上ってくるのがよく見えた。その頃の提灯や電灯はまだ未発達で、せいぜい一メートル半ぐらい前方を円く照射する程度だが、それでも近くにくると乗ったり、押している人間の顔や姿が鮮明になる。恐らくかくれたままで見ていた女も、あったのにちがいあるまい。連れにしてくれと出てくる女は、殆ど夜這いなどの経験もある嬶どもで、若い娘や嫁は出てこなかった。経験の多い嬶たちにしても、若い、おとなしそうな男と見定めてから出るので、男ならどんなものでもよいというわけでない。ほどよい相手とみれば連れにしてくれと出るのは、後方や前方などで車灯が見える度毎にかくれてやり過ごすと、時間がかかってあまり走れないからだ。連れができて自由に走れば、一休みしたぐらいはすぐ取り戻せる。単独で暗い夜道を走るより、連れがあるのがよいのは男女とも同じだ。気の強い嬶連中でも、山中はもとより、ムラの中でも人が出ないかと怖いらしい。だから儀式が終わると、当然のような顔をして家まで送らせた。翌朝になるといろいろ雑用させたり、歳末の田舎町の誓文払いに連れ出されたりする。うちの親類の子や、長いこと大阪に出ていたんやが帰ってきたんやと、なにかというとその後も誘い出されてオバサンの家の仕事に扱き使われた。

21 庵寺の生活と供養

そうした経験をしているうちに、私も一つの疑問をもつようになる。私の方から儀式を請求するわけでもないのに、向こうから誘ってくることが多い。男でも股をこすっていると、走りながら大きくなって困ることもある。とくに坂を上るとき、中腰に立ってペダルを踏んばったりすると、おかしくなってきた。恐らく女の方も同じことで、サドルと股の具合では刺激される。とくに婦人用車では、その使い方によるとかなり強いと思う。最近の婦人用車は細身のスマートなものになって、昔の面影はない。古型は殆ど男物と同じで、ただ中央の連結軸が斜めになっているだけなのだ。サドルも男物と同じだが、その尖端がうまい具合に股の中央と触れ合えるようにできている。あれで長時間走って刺激されたら、女もたまらんだろうと同情できた。もとより座台を上下させたり、尖端の向きを変えたりして調節はできるが、深夜の長い独走になるといろいろと刺激されることは間違いあるまい。とくに坂を上るときの角度によっては、マスターベーションに近くなる。男の顔を見て安心すると、下のお接待もしたくなるのは当然だろう。男の方からいえば練りに練れて、濃厚な味覚を楽しめることになる。正面から女に聞くとたいがい否定するが、なかには正直に告白するのもあった。私は昼の坂や峠で誘われたことはないが、物売り行商の同輩たちによると誘われたのがある。長時間走って坂にかかったりすると刺激が強くなって、どうしようもなくなるのがあるらしい。夜と違って送らせるわけもなく、一過性の儀式に終わるようである。私が経験がないというと、お前は女が誘っていてもわからんのだ。長い急な坂で車を押しながら上っている女を見たら、それと並んで話をしながら上って行くと、気のある女はわかるし、そんなのは女から誘うそうである。まあ戦前の自転車の時代でも、それなりにいろいろの事件があり、街道は必ずしも雲助、追い剝ぎだけが跳梁していたわけでなく、夜の濃厚な緞帳のかげでも男と女との生活があり、一つのルールが生まれ、そして維持されていたということだ。いわば現在のカーセックスの源流といえるが、もうすこし生活的であり、かつ健康的であったと思う。

ただし若い、おとなしそうな男を、まずの目標として選ぶのは、後のちの迷惑を考えるのみでなく、他にもう一つ大きい理由もある。田舎で夜這いその他の性風俗を楽しむのも悪くないが、それには一つの危険もついてきた。昔から瘡《カサ》毒を二度や三度やらないようでは男でないといい、淋病や梅毒などの性病が多かったのは事実であろう。明治政府が夜這いなどを淫風陋習として弾圧したのも、こうした性病の蔓延を口実にしていた。しかし都市の遊廓を保護しながら、田舎だけ風紀を正そうというのはおかしな話である。田舎にも性病が多かったのは事実としても、政府や御用学者がいうほど蔓延していたか、どうかは疑わしい。田舎の風紀を正したところで、都市の性病を輸入していたのでは、どうなるものでもなかろう。あんがいに健康体が多かったのでなければ、とっくに田舎者の大半の鼻が抜けていたはずである。田舎者でも性病は嫌いであるし、その恐ろしいことも知っていたから、いろいろと予防策は考えていた。峠や坂で男の連れを物色する嬶《かかあ》や後家どもにしても、若い、おとなしそうな男なら、それだけ性病の経験も乏しいだろうと推測してのことで、連れになって車を押して上りながら、相手の男の在所、職業、性経験の有無などを調べる。峠の上で休むと遊廓からの帰りかとか、月に何度ぐらい遊ぶなどとからかいながら、実は最後の口頭試問というわけであった。いよいよ腹の上へあげて極楽浄土へお参りさせる段階になって、男の一物をつまんで入口へ案内することになるが、このとき必ず強くしごいてくれる。若い男なら、これで白旗をかかげて退散するか、まっしぐらに突撃するか、どちらかになった。

男の方も同じことで、この女なら病気はもたぬだろう。どんな性格で、この後も交際できるような女か、どうか。頭の回転が早いか、嬶か、後家か、主人の職業、子供の有無その他重要事項を調べる。これなら極楽浄土へのお導きを受けてもよかろうと思えば、撫ぜたり、さすったりしながら、障害物の有無を調べるし、一物を強くしごかれる機会に玉門周辺の景観を見学した。書くとこんなことになるが、それほど難しいわけでない。男も、女も夜這いやっておれば、そのくらいの知恵は楽に出る。これで男はお接待を楽しみ、女はカエシをして満足した。双方が合意すれば女の自宅まで送ってやり、泊めてもらって味もよくわかれば姉サン、伯母サンでこれからも長く仲よくしましょうとなる。難しくいえば一つの危機を共通体験して、その紐帯を強固にしたわけで、単なる一過性の触れ合いとは基礎が違うということになろう。若い娘や嫁たちと世間の体験も違うから、いろいろと身のためになるよう考えてくれた。ただ若い娘や女たちとの情事には笑っていても、同じ年齢層の嬶や後家との色ばなしになると焦げるほどヤキモチを焼く。あんた、あのとき他の峠でもオバハンに誘われたいうたやろ。いや、あのオバハンは家の近くの道で別れた、などと大汗になる。

性病を恐れるのは嬶や嫁だけでなく、若衆や娘でも同じであった。あの若衆、あの娘が病気もったというと、あんがいに早く評判になって伝えられる。そうなると若衆も、娘も警戒して近寄らないし、寄せつけないようにいろいろと工夫した。まあムラで育った若衆や娘なら、子供のときから性格も行状もわかっており、女郎や仲居、酌婦と遊んだという種類の情報は、翌日にはもうムラ中にわかっている。あの男、または女は警戒を要すると平素から要心されており、すこしでも怪しいとなるとボイコットした。だから病気もち同士で交渉するか、他のムラへでも行くほかないし、だいたい附近の都市へ逃げるのが多い。中老などといわれる熟年の男にしても、嬶や後家にしても性病にかかるとすぐ評判になって、そう長くかくせるものでなかった。たいてい離れたムラの医者や、町の病院へ治療に行くのだが、それでも二、三日たたぬうちにわかってしまう。男のくせに、風呂へ最後に入らせられているのを見られると、もうその夜のうちに疾風のように噂が走った。女にしても消渇を治すという評判の神社や堂祠へお参りすれば、その日のうちにわかる。だから夜這いが盛んであるため性病が蔓延したなどというのは、ムラの人間を全くの虚仮にする話であった。実情は、ムラの人間の性病に対するガードは、それほど弱いものでないということである。夜の情報は自分のムラだけでなく、ほぼ一里、四キロ圏内の他のムラのことでもわかった。女房や娘の味がよいの、悪いのとテスト結果が流れているのだから、性病にかかれば女も、男もすぐに警報を流されてボイコットされる。それで洩れて被害が出ることもあろうが、大騒ぎするほどのことにはならない。逆に上層の旦那衆が芸妓や高等淫売から性病を仕入れ、妻君が町の病院へ入院したというような話が多かった。

ところで、その頃の田舎では、いろいろと変わったお接待もあったのである。他の地方のことはわからないが、加西、加東、美嚢、多可の東播から有馬、能勢、川辺の西摂、多紀の南丹地方へかけての、三国国境地帯の山奥の村むらには、どうしたことか庵寺、すなわち尼寺が多かった。この地帯のすこし大きいムラであると、僧寺と庵寺との二カ寺があったし、よほど小さいムラでも庵寺がある。部落の場合は僧寺か、道場、説教場というのが多く、尼寺は少ないのでないかと思った。平地のムラの庵寺は、だいたいムラのなかに多く、村外れの淋しい場所にあるのは少ない。ところが山奥や山端にあるムラでは、山林中に孤立した庵寺が多かった。白昼でも怖いような山奥の、墓地に接して建てられていたり、僅かな平地をならして建てたような小さい寺が多い。初期は無住の堂や庵にすぎなかったのに、おこもりや集会所を附設したりするうちに尼僧が住みついたというのが実情であろう。したがって僧寺のように庫裡といえるほど立派な建物でないし、庭などもだいたいは狭いもので、すぐ墓地に続くのもあった。

若い頃に国境の山林地帯で日が暮れてしまい、ムラの女に宿屋がないかと尋ねる。昔は商人宿、旅人宿が近くのムラにもあったが、もうなくなっている、いまからであると古市へ戻るか、広野へ出ないとなかろうという。どこかで野宿でもするかと迷っていると、向こうのムラの山奥へ入ると庵寺がある。庵主さんは若い人なら泊めてもらえるかも知れんから、一ぺん尋ねて見たらええとすすめてくれた。山へ入って行くと人家の灯も見えぬ奥で、堂に狭長な小さい家をくっつけたようなもので、裏や周辺の山は段々に削られて墓石や木柱が立っている。こんな淋しいところで尼さんが一人で住んでいられるのかと、ほんとに驚いた。戸を叩いたが返事はなし、堂の方へ廻って間の扉を開くと誰やということになり、漸く泊めてもらえる。風呂へ入るのなら、自分で焚いて入れという。五右衛門風呂で、私の家も同じだから要領はわかっている。しかし焚口は外で、内側も狭いし、半分は野ざらしみたいであった。寒いときでもないから湯につかっていたら、戸を開けて尼さんが入ってきたが、全裸であったから狐が化けたかとびっくりする。背中を流してやろうというのだが、釜へいっしょに入れるわけでもなし、外にしても漸く一人が座ったり、立てられるほど狭い。断って、入れ替わるというと怒って、あっち向けというので釜の中に立って、外に立っている尼さんに洗ってもらった。すむと私が入るから、背中を洗えということになる。それからのことはわからないが、出るときはお手てつないでになっていた。年齢は熟年といえるが、顔は若くて、かなり見られるし、肉体も悪くない。子供みたいな男ばかり引っ張り込むのかというと、泊めてくれと頼むから泊めたのにと叱られた。居間も寝床二つ敷くのがやっとであるし、台所も漸く一人が暮らせる程度に揃えてある。信者が集まるときは、外から道具などを運んできた。翌朝、出発するとき宿料の代わりに御布施を出したら、心配せんでもええが、今度くるとき化粧水やクリームを買ってきてくれと頼まれる。歯磨や石けんぐらいは買えるが、尼さんが化粧品は買いにくいそうだ。次に持参すると、今晩は何時頃に泊まるというわけで、予定しなかったのに泊めてもらうこととなり、それからはときどき泊めてもらう。表の参道から入らないで、裏の抜け道を使うと誰にもわからずに出入りできる。

この庵寺では正月初めに若衆入りした青年たちを、日を選んで一人ずつよんで一人前に教育した。毎年、四、五人ぐらいあるそうで、それが最も重要な仕事らしい。どこの地方の尼さんでも、僧寺の住職や在家の世話人などといろいろと噂があるもので、別に珍しいことでないが、公認でムラの青年たちに初夜教育、童貞の筆下ろし教育をするのは珍しいといったら、この附近ではあちらこちらにあるそうで、新入り若衆が集まってお通夜をし、半夜になって当人だけ残し、他は帰宅する型もあるそうだ。その後で夜這いにくる若衆がいないのかと聞くと、夜這いなら若い娘さんの方がよいのだろう、ということである。若衆にいわせると、尼さんは気を遣わされるから面白くないらしい。尼さんからいうと初めての若衆なら心配ないが、尼寺へ夜這いにくるような男は危いから寄せつけないそうだ。それで風呂へ入れて、身体をよく調べた上で寝させるのかとむくれてみせると、なにをいうの、それくらいのことは顔を見ただけでわかるわ、と叱られる。まあ、そんなことにしておいて、摂丹播国境地帯を走り廻って、夜遅く峠を越えて帰らねばならぬことがあり、どこに泊まるわけにもならず困るというと、あちらこちらの尼寺、庵寺を紹介してくれた。すこし大きくて、ムラに近い寺は泊めてくれても素泊まりで面白くもない。しかし山奥の人家から遠く離れた庵寺の尼さんであると、いろいろとお接待をしてもらえた。周辺のムラの習俗を聞くだけでも、なかなか参考になる。

そのうちに馴れてくると、初めての土地でもムラの地形や、山の風景で庵寺のあるところは推定できるようになった。夜になると殆ど灯を消すのでわからないが、すこしでも月明があると浮かんでくる。あるとき探して行ってみると、やや大きい堂だけに見えた。恐らく無住かと思って、野宿のつもりで扉を開けようとすると開かない。裏へ廻ると住居らしい家宅があり、声をかけても返事はなし、戸を引き開けて入ると、白衣の人間らしいのが見えてびっくりした。幽霊が居るのか、狐が化けているのかと思ったが、今晩、泊めてもらえまへんかというと、しばらくしてガンドに火をつけたので尼さんとわかる。こんな狭い場所で寝るところもないが、というから、堂を開けてもらったら寝ると頼むと、フトンがないそうだ。いやフトンぐらいなくても寝られると強引に開けてもらって入ると、後からフトンを持ってこられたので、それは困ると断ると、あっちは炉があるから火を焚いて寝ても暖かいといわれる。そうもなるまいと、またフトンをもって返しに行く。そんなことをしていてもしようがないと、とうとう一つぶとんの中で寝ることになった。なんにも奪られるような物はないけれど、強盗かと思って腰が抜けたといい、こんな山奥の堂は、近所のムラの者でないとあるのも知らないから安心していたそうである。尼僧は地方の出身と、遠隔地から渡ってくる人があり、また尼僧学校などで本格的な修業をした人と、中年からいろいろの事情で遁世した人もあり、なかなか複雑であるし、小さい庵寺や堂守になると生活費を作るだけが精一ぱいで、講や法要などの収入、葬式などの手伝いでもらうお布施ぐらいが大きい収入源らしい。この地方の尼さんには、名古屋周辺の出身が多いということで、彼女たちにもいろいろと激しい人世の流転があるのだろう。しかし親切に乏しい物を分けあって、というのは小さい山奥の庵寺や堂守さんたちで、すこし大きい尼寺級になると格式張って、なかなか泊めてくれず、そのくせお布施だけはとるし、食事の世話は全くしないのもある。私たちは宗教界でも、最低層の貧しい人たちとより交流できなかったわけであろう。

　私が尼寺、庵寺などに泊めてもらう前には、夜遅くなると普通の寺院へ宿泊させてもらえないかと頼んだのだが、殆ど拒否されている。次のムラの寺では泊めてくれるだろうというので訪ねると、なんのかんのと理由をつけられて断られた。うちは宿屋やない、隣のムラに宿屋がある。あれは料理屋兼業で、わしらの泊まれる宿やない。そんなことというとれば、このへんに泊まる宿はないぞ、と叱られた。ムラで聞くと、おかしな旅人を泊めると泥棒して逃げたり、火をつけるのもあったりして、お寺さんが要心するのもしようがあるまい、という。汽車が通るようになり、また最近のバスの発達で、昔の旅人宿、商人宿は殆ど廃業したらしい。そうなると自転車行商人などは惨めなもので、深夜の山坂越えて生まれ在所へ帰るほかなかった。しかし、そのために峠や坂で、ときには楽しいお接待をしてもらったり、山寺の尼さんに浄土へ参らせてもらったりしたのは、すでに書いた通りである。なにごとにも祖型、源流があるもので、いまのユースホステル、民宿は、この延長線上に育ったといってよかろう。

22 市場の丁稚と性騒動

私は、いまいう母子家庭に育ったから、中等学校入学を断念していたので、あまり学校の勉強はせず、神戸市の大倉山図書館へ通って、好きな歴史物や伝記などを読んでいた。そんなことで学校の成績は良くなかったが、自分でも記憶力が抜群であると信じていたので、好きな勉強を気ままにやろうと思ったのである。しかし高等小学校を卒業してみると、遊んでいるわけにもいかず、五郎池にあった株式取引所の証券屋へ給仕で入った。どうにも株屋は性に合わず、一カ月足らずでケツを割り、世話する人があって大阪の果物屋へ丁稚奉公に出る。小店の丁稚奉公だから勉強もできず、待遇もよくないし、そのうち友人もできて、あちら、こちらと移り歩いた。また結核の初期、肺尖カタルというので、早く田舎へ帰って養生しないと死ぬぞと脅かされ、故郷へ帰って一年ほど静養する。二、三カ月ばかり寝ていたが、寝てばかりも居れず、自転車で周辺を走り廻っているうち、喜田貞吉の『民族と歴史』『社会史研究』を読み始め、民俗学、当時は土俗学とか、郷土研究などといっていたが、それに興味をもつようになり、民俗採取をやるようになった。十七になっていたが若く見えて、十五くらいより見てくれず、女たち、とくに嬶どもにはだいぶんなぶられている。民謡を聞かせてやるから酒一升はずめというのでおごると、夜這いのきわどい唄ばかりで、どお、今晩、夜這いにおいで、ええこと教えたるとからかわれた。しかし子供だと安心して、新婚の夜の柿の木問答などの秘儀も教えてくれる。功罪ともにいろいろとあったが、民俗学、考古学志向の地盤は作れた。

そのうち母が勉強するのなら仕送りしてやるとすすめたので、また大阪へ出て夜間商業へ入学したが面白くもないので、昼間の工業学校へ転校したが、これも面白くなかったのでやめ、小学校教員検定試験を目標に独学ということになる。そうなると仕送りをとめられたので、また商店員になって渡り歩き、友人の手引きでヤシ稼業にも入った。祭りや縁日に瀬戸物を売ったり、氷かき屋を手伝ったりしたが、ヤシの世界も多様であるし、いろいろと面白い経験もする。しかし仁義を切るようなプロになる気はなく、大正橋あたりの零細工場の職工になり、そこで今宮、いまの釜ケ崎、四貫島などスラム街の人たち、西浜など部落の人たち、鶴見橋の朝鮮の人たちと接触するようになった。誘われてメーデーにも参加したし、争議の応援にも行く。どこへ行っても姉さんや叔母さんみたいな女たちにかわいがられ、あまり良い噂も出なかったのは当然として、田舎へも聞こえたらしく、また母が心配して呼び帰された。それで一年ほどまた農村を走り廻って考古学、民俗学の資料採取をする。そのうち教員の勉強もして、大阪府の小学校準教員検定をとったが、当時は不景気で三重県、奈良県などの山奥の分教場なら採用するところがあるものの、月給が不渡りで、現物支給になるのを承知ならというような話なので行かなかった。

しばらくすると大阪中央郵便局で吏員採用試験があると報らせてくれたので、受験してみると採用になり、成績も良かったから窓口取り扱い業務、当時は通常郵便課第六部所属となる。どこの郵便局でも窓口勤務というのは羨望される部署で、とくに中央郵便局は花形であった。その頃、中央郵便局は東京と大阪との二つよりなく、大阪逓信局の郵政部門もあって相互の出向がある。逓信局は、いまの郵政のようなものでなく、近畿地方に徳島県を加えた管轄で、郵便、電話、電信、貯金はもとより、海運、航空、ラジオまで支配していた。局長は勅任官で、長官閣下といばったものである。おとなしくして居れば、たとえ下っ端であろうとも逓信官吏でいばっておれるのだが、全協日本通信労働組合大阪支部再建などと不逞な根性を起こしたため、またまた追放されて田舎へ追い帰らせられた。三つ児の魂、百までの通りで、田舎へ戻ると民俗学、考古学の調査を始めることになったが、今度は追放ぐらいですまず弾圧、投獄となり、足かけ五年、まる四年のブタバコ、刑務所暮らしとなる。これがだいたいの経歴で、私の民俗調査は、そうした生活経験を基盤とし、脊柱として蓄積された。

いまの人たちには想像できないだろうが、昔は職業紹介が官公庁の独占事業でない。ごてごてした下町には、どこにでも口入屋《クニユウヤ》、つまり職業紹介屋があった。口入屋にもいろいろと専門があって、大きく分けると女、男の二大系統となり、女には芸妓娼妓、仲居酌婦、お茶子、女中子守、女工、看護婦付添婦など、また専門に分かれている。男では丁稚小僧、雑役、職工、大工左官、板場（料理）、帳づけなどの専門業者があった。頼まれれば必ずしも専門にこだわったわけでないが、一応は手がけている業種がある。大阪などでは芸人や坊主まで、専門の口入屋があった。こうした口入屋の特色は、男でも、女でも着替えの衣類をフロシキに包み、身一つでころがりこめば、雇われ先が見つかるまで二階で宿泊させ、メシも食わせてくれる。紹介の手数料はだいたい双方からとるが、雇われた方は給料が出るまで待ってくれ、そのとき宿賃や食費も清算した。公設紹介所みたいに現住所が明確で、経歴、身許がはっきりしている者と限定されれば、そんな難しいところに頼まずとも、一文の銭がなくても雇い先が決まるまで泊めてくれる口入屋がよいということになる。そこで口入屋を弾圧して廃業に追い込み、僅かに看護婦付添婦など特殊なものの他は禁止してしまった。口入屋にいろいろの弊害があったのは事実だが、そのためにルンペンや泥棒を量産して社会不安を大きくしたのも事実というべきだろう。

口入屋にもいろいろと異なった経営様式があって、必ずしも宿泊させる店ばかりでない。いわゆる一見《いちげん》の客は断るのもあった。そこでお得意さんになり、相当の信用もできている先輩の紹介が必要になる。うっかり同宿者に油断すると、着替えの衣類から財布まで盗んで逃げられた。相宿にどんな連中が泊まるかわからず、丁稚小僧級の若い衆は夜中に押さえつけられて輪姦されることもある。まあ、そうしたマイナスもあるが、泊めたからには一日でも早く雇い先を探してやらないと、宿の廻転がとまるし、手数料も稼げないというわけで、主人や番頭が駈け廻ってなんとか押し込んでくれた。公設紹介所みたいにカードをつくって、いま希望するようなとこないなあ、二、三日したらまた来い。なにをぬかすバカタレめ、俺、今日はエンコで青カンだぞ、と怒ってみても蛙の面に小便である。口入屋は、その点では引き受けると、なんとか働き場所を探してくれた。盗癖がないとわかり、紹介の手数料の他に謝礼を渡したり、田舎の土産を贈ったりしておけば、おまはんが希望していたようなええ口ができたから、すぐにかわったらええと報らせてくれる。早いのは十日も住みつかなかったのがあり、いまとなっては忘れてしまったのも多い。渋皮のむけた嬶や娘、女中が居って、夜這いをかけたのは失敗したにしても、成功したにしても、覚えているが、それでも詳しい状況は忘れてしまっている。

しかし当時、大正末から昭和初め頃は不景気で、失業者が多くて、一般的にはなかなか就職先がなかった。とくに二十五以上の男の就職は、殆ど困難といってよい。ところが尋常小学校卒業から十七、八歳までの若い衆は、自分の好みをいわなければ、いくらでも就職先があった。だいたいが住み込みで、作業着その他を支給、年齢・経験にもよるが五円から十円ぐらい小遣いをくれる。ただし船場、本町あたりの大経営はだめで、市中の零細企業、たとえば八百屋、魚屋という程度のものだ。家族経営でやっていたが、ともかく人手も要るというので一人、せいぜい二人ぐらいの丁稚を使ってみようという型が、その主要な業態である。まあ公設紹介所では相手にもしないような、超零細企業群が不景気の中で、かえって激増していた。とくに公設市場の他に、私設市場が場末の新住居地帯に続出し、かれらが丁稚小僧や女中などの若い人手を必要としたのである。また工業も一方では大経営へ集中が行われたが、他方では下請けの零細化がすすみ、一つの倉庫のような建物の中に、四つも五つもの超零細企業が雑居し、かれらもまた徒弟、小僧などの安価な労働力を求めていた。したがってわれわれ若年労働力には、不景気にもかかわらず、食うぐらいの場所はどこにでもころがっていたといってよかろう。私なども友人の紹介で口入屋へ行くと、二日と待機しなかった。

ただ、そうした超零細企業の勤務が、商業にしろ、工業にしろ、待遇や給与が大企業、大工場にくらべて格段に劣悪であり、勤務時間は長く、休日なども月二回の半休が珍しくない。そのため少しでも待遇条件のよい商店、工場を探して移動したのである。月のうちに三度、五度移動したという豪傑も居り、女中のなかにもお目見えして、その晩にもう逃げ出したのが居た。そうした状況であったから、よほど条件が良くないと二年、三年と勤務するのはいない。私も、初め二、三度ぐらいまでは転職するのに抵抗も感じたが、それからは変わった商店や工場を渡り歩く方が面白くなる。雇主や嬶、娘など応対が悪ければ、すぐ喧嘩して飛び出した。フロシキ一つの衣類だけまとめればよいのだから、なんの造作もない。私はまだそれほどの無茶をしなかったが、雇主の留守をねらって女に喧嘩を吹っかけ、嬶や娘、女中などを強姦して逃げるのもあった。私の友人が今晩手伝えというので出かけると、隣の二階から行李を釣り下ろし、これをかついで早く逃げろといい、落ち合ってみたら勤めている店の隣の娘さんと仲好くなり、駈け落ちである。これなどはまだ良質の方で、脅して恐喝するのもあった。

大阪の九条、住吉神社の近くに新しく発達した商店街があり、そのまた端に私設の廉売市場が設置されたことがある。ある年のこと、春の運動会というので紀泉国境の温泉郷へ旅行した。山の中に新しく開かれた温泉であるが、当時はまだそれほど著名でもなく、二、三軒の宿屋があっただけである。そこで市場の幹事さんたちが、面白いことを考え出した。主人や番頭たちと若い女房、女店員、仲居を加えて闇くじを作り、男と女とのカップルを決め、同床させることにする。自分の女房と当たったようなものは、いなかったそうだ。ところで十人ほど居た丁稚小僧には、比較的高年齢の女房と闇くじでカップルを組ませ、これも同じ床で寝させて筆下ろしをさせることとなる。やはり自店の女主人には、当たらなかったそうだ。広間に丁稚たちだけ残され、どうなるのかと思っていたら、オカミサンが一人ずつ現われてどこかの部屋へ連れて行ったらしい。いずれも大阪生まれの男たちでなく、地方より上阪した連中であるから、どうせ田舎では夜這いを実践していたのであろう。古女房に丁稚の筆下ろしをさせる発想は、そうした田舎の伝統である。

ところが、困った騒動が発生した。喜ばせてやったはずの丁稚たちが、ええことを教えてくれたのはよいが、これからさきもかわいがってくれるのか、と申し込んだのである。市場は店舗だけで、住宅は別だから夜這いもさせられず、といっていくら古女房でも共同使用はできず、どうしたものかと思案投げ首になった。いろいろと苦心して主人か番頭たちが、月二回は松島（遊廓）へ連れて行くこと、小遣いを上乗せすることで妥結する。だいたい五円ほど実質的な給与値上げになったが、筆下ろしもとんだ騒動を起こすことがあるとわかった。農村の民俗がストレートに都市へ持ち込まれると、どんな拒否反応を起こすかの一つのテスト・ケースになる。

この騒動は、後あとまで尾を曳いた。主人や番頭が丁稚を連れて遊びに行くと、いわば公用出張であり、公費支出となったから、それまでのかくれ遊びとは段違いに経費がかかり、大蔵大臣の女房をあわてさせる。自宅で女房や女中に夜這いするのでガマンできんかといっても、組み合わせの相手が承知しないとどうにもならない。丁稚の居なかった店の連中は、面白いからいろいろと焚きつける。なかには筆下ろしした女房が、あの子、あの子とかわいがるのもあり、うちの丁稚にしたいと譲り渡しを申し込み、主人と大喧嘩するのも現われた。

市中の小商店も同じことだが、よく芝居で泣かせてみせる、ナニワ・アキンドのド根性を見せろなどという台詞は、昨日や今日、どこの田舎から流れ込んだのかわからんような、こうした市場の零細業者や従業員のいうことだ。かりにも二代、三代と大阪で育った商人たちなら、こんなアホな文句は口が裂けてもいわない。丁稚小僧を育てるにしても、うちはバクチウチやデン公を育てようと思いまへんさかいに、と断った。まあ市中や下町の口入屋から雇うようなことはせず、ちゃんと身許のわかった人の仲介で、本人もよく調べて採用する。普通の人が考えるような、いわゆるハシカイ、才気走った子供はかえって嫌う。なにかといえば泣いたり、笑ったりして、ナニワ・アキンドのド根性などとわめくのは、最低のネタである。鈍重に見え、言葉もハキハキいえぬような子供を、じっくりと育てるのが本筋であった。尋卒から育てるのが商人には最適ということで、縞の着物に角帯姿で商品の入った小箱車を曳き、手代、番頭のお供をして得意廻りをする。ただそれだけのことなのに二年もたつと、いかにも大阪商人らしい風格が出ていた。私は心斎橋筋の古い呉服店で有名な小大丸、藤井大丸の丁稚たちを見ていたが、私のようなドブ溝育ちにくらべると、大名と乞食ほどの大差があると感心したのである。船場や本町あたりの豪商たちにしても同じことで、それぞれの家風、家憲があって、丁稚小僧の教育にも職業的な特色をもっていた。つまりナニワ・アキンドといっても、そうした伝統に鍛えられた豪商たちから、場末の私設廉売市場の零細商人、更にその下には固定の店舗さえないボテフリ、夜店商人などもあり、そのすべてを紹介するなど不可能である。したがってごく代表的な、特色のあるものの一面を明らかにしてみたい。

23　御用聞きと女の性

明治の末頃、京町堀に藤井呉服店があり、商店としては中級層であろう。丁稚は十三、四歳ぐらいの二、三男から選んだ。丁稚になると住み込み、仕着せで、半季に五銭ぐらいの小遣いをやったが、明治末には三―五円ぐらいになっている。店の呼び名には「吉」を下につけるのが例であったが、他の店ではまた違った慣行もあった。二十歳ぐらいで商売も一人前にできるようになると、「樽入れ祝い」をする。式は世話人や本人の父兄などを招き、本人へ羽織を与え、呼び名も「助」に変えさせた。いわゆる「手代」で、羽織を着る資格ができる。更に十年ほど勤める間に「番頭」となり、三十歳になると「別家」させた。別家させるとき別家料と仏壇を与え、また積立金で公債か、田畑を買って与える。これで独立して店を構えたり、通い番頭となり、支配人になったりした。これが大阪の平均的な商家の、丁稚小僧から手代、番頭を経て独立するまでの経過であろう。もとより商店、その業種によっても大差があり、同じではなかったが、独立するまでに丁稚、手代、番頭の三階層を経ることはほぼ一致している。手代や番頭になる年齢は、次第に低下し、また二十七、八歳ぐらいになると番頭も結婚するのが多く、いわゆる「通い番頭」になった。

もう少し大きい物産問屋級の豪商になると、機構は複雑になるし、家族的経営では困難になる。家の構造も複雑になり、中庭を隔てて「店」と「奥」とが分離され、更に商品収蔵の倉庫群が裏に建てられた。男の使用人の他に女の使用人も増え、だいたい主人や家族に使われる小間使、上女中、乳母があり、乳母の下に子守が使われる。掃除や台所仕事は女中、下女中が当たり、重労働的な下働きはマカナイがやり、これには男も女もあった。このように複雑かつ人数も増えてくると、女中、下女中の上に女中頭を置き、またマカナイの上にもマカナイ頭を置く。子守女中などはすべて住み込みだが、マカナイは通いが多い。マカナイは米塩、副食物など食料品の買い入れや薪炭など燃料の購入管理ということになる。倉庫や蔵への出し入れは番頭、手代がするが、その監督で仲仕、人足が使われた。住み込みは仕着せ、小遣い支給を原則とするが、小間使や上女中には衣類、小遣いも自弁する、いわゆる「行儀見習」、花嫁修業もある。女中や子守には年季奉公も多く、これには半季奉公もあった。前借で働くわけで、丁稚小僧の中でも年季奉公があって、これは一般の丁稚より低く見られる。ただし詳しいことは商店やその業種によっても違うから、極めて概説的な素描にすぎない。

ところで、こうした商店の使用人の性生活はどのようになっていたか。これも商店によってさまざまであるし、オモテムキとホンネがあってややこしい。どこともだいたい丁稚小僧の段階では、性生活を否定された。しかし住み込み店員は同じ部屋で寝るから、殆ど男色が行われたと見てよかろう。表向きに聞くと否定するにきまっているが、私などが仲間として聞くと入店して一週間もすれば強姦、輪姦され、早く来年になって新しい丁稚が入ってくるようにと待つそうだ。これにも手代や番頭が専属にするのもあるし、廻しにするのもあって、喧嘩したり、派閥を作ったり、いやらしい関係も生ずる。十七、八歳になって手代になると、その夜に遊廓へ番頭や手代の先輩が連れ出して筆下ろしをさせた。株屋、材木商、肥料商などでは公然と芸妓遊びをさせるのもある。ただしそういう外廻りの連中は、それまでに遊廓や芸妓遊びぐらいやるそうだ。そんな業種では男色は特殊な者に限られ、まあ殆どなかろうという。

しかし一般の業種でも夜這いを黙認している商店もあって、こうしたところでは丁稚が十五、六になると、女中頭が番頭などと相談し、適当な女中に夜這いさせ筆下ろしをすまさせた。だいたい番頭は外遊びもできるので、夜這いは手代や丁稚が中心になる。男と女との員数で違ってくるが、まず男が多いから、喧嘩せんように順をつけたり、あるいは一部の女にだけ集中せんようにと女中頭や番頭が配分に苦労するらしい。新しい女中が入ってくると、まず番頭や手代の熟練者が初乗りをして試食した。女中部屋の存在位置、女中の員数によって、いろいろの組み合わせがあるけれども、なるべくは一人が忍んで帰ってくると、次の者が他の女中へ当たるというように順廻しにするのが多いらしい。女中のなかにも好きな男ができると、特別に待遇するのもあった。女中のなまあいろいろとあるわけだが、女中は殆どが年季、または半季奉公であるから、盆か暮れに入れ替わる。

上女中、小間使などというのは主人の家族待遇で、使用人の夜這いからは外された。しかし主人や息子が上女中や下女中へ手を出すケースもあるわけだし、反対にゴリョニンサンやイトサンが番頭や手代と仲好くなるのもある。隠居したオイエサンが手代や丁稚と仲好くなるのも、案外に多いようで、とくに手許に置いて私用に使っている丁稚と関係するのがあった。まあオイエサンが筆下ろしをしてやるわけで、双方の談合では夫婦関係のようになり、隠居の持ち分を譲って「別家」格になる。子供が産まれたりすると、子供が「分家」格で相続した。同じような例は出戻り娘などにもあって、後家にしろ、出戻り娘にしろ放っておいて芸人とか役者などと噂を立てられ、新聞種になると困るので、むしろ気に入った手代や丁稚があると、因果を含めて情人関係にする。かなり年齢差も出るわけだから、それだけの保証はしてやることになった。私の実見している例では、出戻り娘が妻子のある番頭と仲好くなり、番頭は出戻り娘と同棲して子供も産まれたが、妻とは離婚もせずに生活費だけは送っているというのもある。また息子があっても商売人に向かぬと思うと分家させ、娘のイトサンに養子をとって継がせることが多い。養子の場合には他家から入れるのが多いが、手代、番頭に適任者が居れば昇格して結婚させた。

市中の小商店や廉売市場などの零細企業の渡り奉公をやっていると、いろいろの性生活がわかってくる。丁稚小僧といっても一人、せいぜい二人ぐらいで家族経営を主体にしており、他に女中一人でも雇うと精一ぱいであった。家も下が店舗なら奥が台所、女中や丁稚部屋、二階が家族というのが平均的で、風呂などあるのは殆どなく、銭湯通いであり、夏になると行水も多い。主人も豪商奉公で訓練されたというのはいないから、経営面でも家庭面でもシツケは殆どなかった。少し景気がよくて儲かると女遊びをするか、バクチ、競馬に手を出す。そうなると夫婦喧嘩が盛大となり、一年ぐらいの間に潰れた。丁稚の教育などできるはずもなし、売り上げの管理も粗雑になるから、勝手に持ち出して遊廓などで遊ぶことになる。田舎から出てきた丁稚が初めから金をごまかすはずがないので、主人がそれだけの面倒を見なければ隣近所の丁稚仲間に誘われてみるみるうちに悪化した。女房や娘、女中も似たような環境だから、丁稚の筆下ろしぐらいすぐ誘ってやってのける。とくに夏の行水は刺激的で、女房や娘のなかには背中を洗わせるのがあり、わざと挑発しているのだ。主人が居ない夜は、夜這いを誘いにくる。今夜は暑くて寝られへんから外の障子開けておく、お前がねるときに閉めておくれなどとうまいこと誘う。正直に遅くなって二階へ上がると、カヤのなかでは急所を見せて眠っているから、外の障子を閉めれば乗るのが当然である。しかし主人にわかると、なんにも知らんと寝ていたのに、二階へ上がってきて強姦したということになった。こんなのはすぐ飛び出せばよいので、始末がつけやすい。隣近所との交際を見ていても、実質的には田舎の夜這いと同じで、お互いにかくれ遊びをしていた。それもだいたいオヤジとオカミサン、息子や丁稚と娘や女中との組み合わせになる。春や秋の町内会遠足や旅行が見合いみたいなもので、翌日にはどこの主人とあしこのオカミサンが居なくなったとか、あの息子とここの娘が夜遅く帰ってきたとかの噂が乱れ飛び、殆ど情報は正確であった。オヤジと女中との関係は殆ど当然といった感覚の家もあるし、あんがいに固い家もある。丁稚仲間の交際というのも難しいもので、金を貸せとか、遊びに行かんかなどと応対の難しいのもあった。そうした交際もしておかないと、困ったときに助けてくれず、ということになる。

市中の小商店で、日常必需品の販売は魚屋、八百屋を初め、いわゆる御用聞きに廻るのが多い。これがいろいろと問題の多いことは、戦前でも知られていた。御用聞きに廻る丁稚にも問題があったけれども、私たち仲間からいえば客の奥さん方にも問題がありすぎる。殆どは女の方が年上なのだから、若い丁稚が挑発することはないのだ。奥さんたちは知らないだろうが、御用聞きの間では奥さんたちの情報や評価がすぐに流される。よく値切るとか、月末の支払いが悪いとかは当然として、すぐ乗せる、よく泣く、味はどうとかという秘事まで報らされていた。丁稚仲間で厭いてくると、お互いに相手している奥さんの交換をしたり、金をつけて譲ってくれというのもある。自身は若い丁稚を玩具にして遊んでいる気だろうが、丁稚たちの方は奥さんだけの相手をしているわけでなく、自分の店のオカミサン、娘、女中はもとより、他にも奥さんや娘さんの相手をしているのだから、若くてもその方ではプロで、ええかげんに玩具にされ、カネもむしられているのに気がつかない。

移転してきた家があると、丁稚たちが、誰が先に落とすかと賭けをした。俺に譲ってくれと頼むと、その丁稚にサービスさせ、他の者はあまりサービスしないで、自然にたよらせるようにする。早いと二月ぐらい、遅くても三月ぐらいで陥落させ、できないようなら他の丁稚と交替した。今のようにクルマに乗せてモーテルへという手軽な時代でないから、このくらいはかかる。その代わりに引いたり、離したり、怒らせたり、心配させたり、年上の女の魅力を十二分に味わわせてもらえた。あんたみたいな子、もう知らん、どうにでもしんか、と肉体を投げ出してくる。その瞬間の女の美しさは、想像を絶するものであった。こうした女とはなかなか離れられなくなり、終いには駈け落ちしたり、心中して新聞種になる。そうした事件もあったが、いまはスーパーや廉売市場が発達し、御用聞きが少なくなっているらしい。昔は御用聞きが中心で、それだけに紛争も多かっただろう。しかしその頃の奥さんや娘さんたちにもどうかと思うのがあって、あながち御用聞きの責任ばかりでもあるまい。

廉売市場、とくに私設に問題が多かったのは事実で、販売商品の質、量、価格などにもいろいろと問題があった。実際に商売しておれば、裏の裏までわかる。その頃は冷凍技術も発達していないし、冷蔵庫もいわゆる氷冷で、ガス冷などは中央市場でも珍しかった。鮮度などといっても、すぐ落ちる。魚、肉などは当然だが、四十物《アイ》、塩干物、野菜なども鮮度の落ちたのを、いろいろと細工して売りつけた。いまでも同じ方法の残っているのがあって、やっているわいと吹き出すのがある。しかし面白いのは、やはり御用聞きであった。市場では普通の商店のようには出ないが、それでもいろいろとある。同じ業種の店が二、三軒あると、いつの間にか得意さんがきまった。これも妙に主人が的になるのはなく、丁稚が主となる。今は男の市場通いも多いが、昔は殆ど女に限られていたから、女客の好みは丁稚によって定められた。お得意さんになると値をまけたり、量りをよくするのはもとよりだが、品質のよいものや、数の少ないものを除けておいて、その客がきたときにかくすようにして渡す。これ預かってましたぜぇ、などといって他の客の前で渡したり、こうしたサービス品は、わざと金をとらないで平素の御愛顧の御礼として進呈した。そうした特別サービスに、女は弱い。このくらいのテクニックは今でも普通と思うが、あの店は私が行くと安くしてくれるし、良い品物をかくしておいて売ってくれるというので、近所の奥さんたちに宣伝したり、連れてきてくれた。

女の客の性格、素質、才能などは、商品の買いぶりを見れば、すぐに判定できる。あちらの店、こちらの店と迷い歩いたり、どんな品物でも一度は値切ってみたり、量りが悪いの良いのと文句つけたり、いろいろの女が居るものだ。この店ならぼるようなことはしないと見定めたら、その丁稚や主人を信用することである。長い間には品質の悪いものを他店より高く売ることもあろうが、市場の仕入れの状況でしようのないときもあった。信用して買っておれば、長い間には得になっている。魚、野菜、果物、塩干物、海産物などは、いかに素人がわかっているようなことをいっても、プロの判断に勝てるわけがない。率直にいってどんな商品であろうと、とくに生鮮品は品質の落ちるのが早いから、ごまかしの手法がいろいろと多かった。いまのように冷凍技術や機器が進歩していなかった昔は、あの手、この手で騙したのもやむをえないことでもある。しかし常得意には買わせぬように苦労するもので、他の客の前で古いから買うなともいえず、後から追っかけてとりかえすこともあった。だが、これも客の性格をよく知った上でないと、かえって不信をもって買わなくなるだけでなく、他の客にも宣伝するから大損になる。ともかく常得意の固定客になれば、いろいろのサービスもした。

女客が特別な好意をもち出したことは、いろいろの状況で判定できる。あんた昨日どないしとったん。昨日は居りましたぜぇ。いや四時頃来たのに居らんかったよ。あっ、すんまへん、配達に行ってましてん。うち、あんたおらへんさかい、どっこでも買わんと帰ったんよ。という状況になると、かなり危険な角度へ傾斜してきたと断じてよかろう。丁稚にも好みの型があるから、ここまで傾斜してくるのは双方の好みが合っているのだ。当時の市場従業員はだいたい住み込みで、年齢で違うが十円から二十円が最高だろう。二十歳にならぬと月手当十五円ぐらいで、とても女を連れて宿へ行く余裕はない。連れ込み宿は最低でも五円かかるので、市場へ買い物にくる勤め人の女房では荷が重くて、双方とも難しいだろう。そこで女の家を利用することになるが、これも夫婦暮らしばかりでなく、姑や子供もあるとなると家族の留守をねらわねばならないから、なかなか隙をみつけるのが難しい。しかしお互いになんとか苦労して、逢瀬を作り出していた。小商人を中心とした商店街のオカミサンになると、主人、家族、使用人も居るから、これも自宅では難しいが、宿へ行くぐらいの費用なら作れる。つまり市場が勤め人の街か、商店街か、どちらを主とした顧客にしているかで違った。住宅街は閉鎖的であるから情事がしやすく、洩れることも少ない。商店街は開放的であるから、すぐ洩れるが、洩れても深刻な問題にはならないだろう。それぞれの特色があるということで、情事の発起、経過、結末にも差が現われた。

私は廉売市場も大宝寺町、心斎橋、長堀橋、阿倍野、西九条、玉造など渡り歩いたので、いろいろと商品知識や販売方法だけでなく、立地条件、生活環境、顧客の特色などまで勉強になる。廉売市場の出店者はだいたい零細業者であるが、なかには数カ所も支店を出しているのもあった。しかし八百屋と魚屋とは、大きくなると倒れるといい、その通りになる。利益は大きいのだが、場所代、人件費などが高くつき、とうてい及ばなかった。その頃の市場は店舗だけが多く、兼住は少ないから、殆ど別の居宅から通勤する。主人に女房、子供など家族、丁稚は一人が多く、せいぜい三人ぐらいまでで、女中一人というのがおおよその平均だろう。自宅でも店舗を出しているのは八百屋、魚屋などに多いが、他は通勤である。これまでの慣行であると市中の商家へ勤め、お礼奉公をすますと、ともかく商店街へ分家、別家を出して独立した人たちが地価、物価などの高騰で不可能となり、主家にとどまって通い番頭になるか、せめて廉売市場の出店権でも買って、ということになった。また田舎から多少の資金をもって出てきても、そのくらいでは独立の商店経営はできず、市場商人になるのもある。したがって初期の廉売市場商人というのは、商店街の独立商人のように一人前の商人としては認められなかった。市中の商店街の独立商人たちでも、前に書いたように性生活状況は模範的とはいえないのが多い。いわんや居宅は別にあって、市場は狭い出店の集合であるし、夜の六時か七時には閉店して帰るし、月二回または週一回の定休日がある。いくらでも自由恋愛の機会があるし、その頃から住み込みの女中になっていたのが、通いの日給制女店員に変わってきた。丁稚の方も年季奉公が主で、いずれ手代、番頭となり、分家、別家として独立できたのだが、もうそうした保証ができなくなり、住み込み月給制の商店員に変容する。しかも居宅と店舗の分離が進んでくると、商店員も完全日給制の通いが主体となった。大正後半から昭和四年ぐらいまでが、そうした変革期で、私は旧型の丁稚奉公から新型の商店員に変容する過渡期を、身をもって体験していたことになる。

大正十二、三年頃までは大阪の百貨店も下足制で、入口で履物を渡し、出口で受け取って帰った。スラム街など貧民階層は、預けられるような下足がないから、百貨店へは入れない。そんな時代なので丁稚も縞の着物に角帯で応対するし、女店員も和服で上着を着ていた。しかし学歴は尋小卒が多く、漸く高小卒に変わりかけ、レジや事務は高小卒になっている。ところが昭和二、三年頃から大丸が高女卒を採用するようになり、またたく間に高小卒を追い出して、完全に洋装姿へ変わってしまった。男の方も高小卒を主として丁稚に採用して養成していたのを、中等学校卒の「学校出」を採用し訓練するようになる。そうなるとたちまちのうちに寄宿舎収容が廃止され、自宅から通勤させることになり、呉服など特殊な売場を除いて背広の洋服姿に変わった。これまで履物を預かっていた下足制は廃止され、そのまま自由に歩ける土足制となる。大丸呉服店の「呉服店」が削られて、ただの「大丸」となった。つまり古い呉服店の垢を削り落とし、近代的な百貨店、デパートメントストアに進化したのであり、こうして男女とも通勤月給制が基本となり、年季奉公は極めて特殊な部分に残るだけとなる。

百貨店や商業経営から追い出された丁稚小僧たちは労働者になるほかなかったし、女たちは女工、電車・バスの車掌などになった。そうした過程で私が職工となり、メーデーに参加し、争議に介入するようになったのは、正に歴史的必然というべきであろう。田舎では夜這いから自由恋愛へ、村内婚から村外婚への過渡期であるし、都市へ出てみると丁稚奉公から通勤店員制へ、別家・分家保証制から自由勤務無保証制へ転換という社会的激動期に当たったのだから、とうてい平穏な生涯は望めなかった。しかも商店員ですら男は中等学校卒が最低学歴となり、女は高等女学校卒を主体とするようになって、戦後の学歴社会の発起点となったのである。いわゆる今日の学歴社会の落ちこぼれは、すでに発生していたので、私は落ちこぼれ人生街道の最初期の旅人となっていたことを光栄としよう。

24 豪商の民俗慣習

ただしその頃の市場《イチバ》商店主や女房などの家族も、われわれと同じ程度の学歴よりないから、品行方正、学術優等など期待するのが無理である。率直にいえば極めて人間的で、性生活も開放的であったとよりいいようがあるまい。その極めて象徴的な一例として、丁稚たちの集団筆下ろし事件と、その反応について述べた。もとよりすべての丁稚が筆下ろしであったわけでなく、相手の嬶の方が教えてもらったのもあろう。市場の丁稚奉公をすると、半年ぐらいもすれば変わってくる。主人たちや先輩が寄っての話といえば、芸妓女郎女給相手のエロばなし、どこの娘や女店員はよさそうだといった挑発、あの奥さんは落とせそうだという噂ばなし、毎日こんなのを聞いておればろくなことになるまい。高小卒の娘さんが桃割姿で店員になって入ってくると、たちまち男どもの争奪の的となった。三月もするうちに女となり、賑やかな話題を提供する。なかには主人が宿屋へ連れて行って女にし、家に居る女房がかぎつけて店へ現われ、かわいそうな娘を面罵して泣かせた実例もあった。しかし主人が悪いというのは居らず、うまいことやりよったと羨望する。

レジなどはないから金をくすねようと思えばできるので、仲間に誘われて遊廓やカフェーで童貞献上が多い。しかし二年ぐらいたっても童貞というのは、まじめでよく働くから自店や他店の嬶どもが目をつけ、誰が筆下ろしさせるかということになり、休日に遊びにおいでとか、映画、その頃は活動写真、略して活動といっていたが、その見物に誘った。優待券をもらったからいっしょにというのが手で、終わると食事に誘い、宿屋へということになる。その頃は新世界、高津、生玉などにシモタヤ風の連れ込み宿が多かった。しばらくすると卒業したという噂が立ち、それからの人生航路はいろいろになる。まず市場の嬶、娘、女店員などを追い廻し、御用聞きで奥さん、娘、女中などをねらうというのが多いだろう。芸妓女郎女給などと遊ぶには給料が安いし、売り上げをごまかすにしても限度がある。そのうちに主人や嬶たちと喧嘩したり、御用聞きで問題を起こして放り出されたり、飛び出して、他所の市場へ変わった。御用聞きで問題になるのは支払い代金のごまかしで、女たちとの情事が理由になるのは稀である。また市場で働いていた店員たちは、一般の市中の商店では使われなかった。接客や商品の基礎的知識がないし、第一に言葉や態度が荒くてすぐにお里が出る。ということで市場の商店を移り歩き、そのうちうまく芽を出して市場商人になるのもあるし、土方人夫になるというのもあった。

　他店の丁稚が、おい、お前あの奥さんきらいか。きらいやないが、なんや。ゆっくり話がしたいゆうとったよ。なんで俺にいわんのや。惚れて恥ずかしいのやろ、ということになる。しばらくすると家へ遊びに来ないかと誘ってくれ、訪ねると女だけが待っていて、いろいろ御馳走も出すが、その目的は明らかだろう。また隣の店のオカミサンが、明日の休みに遊びに来んかと誘うので出かけると、お得意の奥さんも遊びに来ており、しばらくするとオカミサンは買い物があるからと留守にし、二人が残されることになった。また、あの子、連れて遊びに来んかと誘った奥さんがあり、これは連れて行き、しばらくして残しておいて帰る。奥さんたちも、若い男の筆下ろしや、相手をして遊ぶのに興味が多いらしい。考えてみると女も、結婚する気はないので、一時の遊びであるから、男が他店へ移ったり、女が転居するとそれで縁が切れた。そうしたどちらかといえば純情型もあるが、あんた、今晩うち一人やねん、泊まりにおいでんか、という直接型もある。こうした奥さんたちとは、ふだんからきわどい話をして騒いでいるから、よく通じた。店主と仲よくなるというのは殆どなく、この方はいろいろと難しい問題が発生するので、どちらも自重するからだろう。丁稚にしても、奥さんやオカミサンと遊ぶのなら責任なしに楽しんでおればよいが、娘や女中などになると結婚を強要されることもあるので、よほどでないと遊ばないということだ。この頃に新しく発達してきた廉売市場も、その定着までにはいろいろの問題を発生させ、だんだんと今日のように成長したといえるだろう。

廉売市場も場所によると、豪商などといわれる巨大経営と接触する機会がある。上本町台地の西斜面には、豪商の別宅というのが多かった。別荘というほど大規模でもないが、相当の豪邸もある。その頃は主として隠居したオイエサンの住宅に使われていたのが多く、あまり格式張らない家もあった。だいたい女主人と女中頭、下女中、下男ぐらいの人数である。使用人用はともかく、女主人用は品質の良いのを買ってくれた。御用聞きが多く、あるお得意へ御用聞きに行くと、オイエサンが味噌汁の味が悪いと女中を叱っていた。それはムリだっせ、たった二、三人分のお汁では、どないしたところでうまくなるわけがおまへん、と味噌汁論議になる。そんなにうまい味噌汁がすいたいのなら、天満市場へ行きなはったらええ、と教えると連れて行ってくれと頼まれた。連れて行けといわれても、早朝の三時頃から七時頃までより店を出さないし、私も四時、五時には仕入れに行くから、とても無理だろうと止めると、起きるから誘いにきてくれという。どうせ寝ているだろうと行くと、ほんとに待っていた。二月、三月の川端の寒風でふるえながら、露天の店先で熱い味噌汁を吸うのは、実にうまい。六十年後の今でも、思い出すとヨダレが出る。私の行きつけは中年夫婦で、天幕の中に腰掛けを置き、釜を三つ四つならべて炊いていた。タコ、貝、鯨が主で、すましと味噌汁があり、一ぱい二十銭である。大釜で炊くからうまいので、小鍋で炊いてうまかろうはずがない。それでも日によって味が違うもので、今日のはうまいと褒めると、あんたも味がわかるようになったかと一人前に認めてくれた。一年中のうちでも自分ながらうまいと思う日は、そんなにないそうで、なにごとも難しいものである。

こんなおいしいお味噌汁は初めてだと喜んだが、それだけでは腹がふくれないから、屋台ずしでにぎりを食ってもらうと、これも初めてだとびっくりしていた。大阪名題の灘万とかいろいろの料理屋や雀ずしなど名物も食べたが、これほどおいしいのはないそうである。食い道楽の大阪で、その台所をまかなっている連中が食いにくるのだから、すこしでも味が落ちると寄りつかない。市場の問屋仲買も知っているから、最も新鮮で味のよい材料を吟味してくれる。これでうまくなければ、その方がおかしい。市中の料理屋、すし屋がどんなに苦労しても、市場で仕入れて客に出すまでに時間がかかる。ここは水揚げした直後の材料だから、とても勝負にはならない。それに旦那衆相手の料理や食い物というのは、ウグイスのスリ餌みたいなもので、とても人間の食えるものでなかった。オイエサンは大喜びで、十日に一度は誘いに来いといい、そのうち魚や果物の新鮮なのも買えるということになる。いろいろとサービスさせられているうちに、船場の豪商の風俗、慣習を教えてもらった。江州系の豪商で、別家七家、分家二家ということで、船場あたりで豪商といわれる階層では平均的だろう。別家や分家の女房たちは盆、暮れはもとより冠婚葬祭には顔を出さねばならない。そのときに序列があって座敷へ通ってアイサツできる家、台所の板敷に座ってアイサツできる家、台所の土間に立ってアイサツする家などとあるそうだ。船場あたりの豪商が別宅を建てるようになったのは、古くは大川端、明治になって上町台地、夕陽ケ丘などに変わり、大正になると住吉、箕面、宝塚、芦屋、浜寺など郊外へ出る。この別宅の所在で、だいたい家の古さがわかると教えてくれた。そう型通りでもなかろうが、当たっているところもある。

このオイエサンに教えてもらってわかったのは、船場方言の難しさであった。浪花、浪花といっても、いささか広うござんす、はデン公の仁義だが、ナニワ方言といってもいささか広うござんして、船場と本町とではもう違うらしい。船場にいわせると道修町など一人前の商人でなく、場違いモンである。心斎橋筋も船場には入れてもらえず、千日前、難波となると下の下らしい。堂島、北浜は本町系と思うが、本町にいわせると迷惑だそうである。船場がA1、本町がA2、新町がB1、堀江がB2というあたりが公平らしい。このA地区ではゴリョニンサンとゴリョハン、オイエサンとオイエハンで、もう格が違うのだそうで、使い分けが難しいという。戦後、誰かの小説で興行師の女房をゴリョニンサンとよばせていたのがあったが、あんなのはありえないことで、オカミサン級である。丁稚小僧の第一人称はワタエであったが、これが同輩間、番頭、主人でアクセントが違うので、陰で聞いていても相手がそれだけでわかったという。天満市場やザコバの丁稚、桜川付近の木材商の手代あたりまで、やはり特色があった。私のような場末の廉売市場や市中の小商店の丁稚など、数にも入れてもらえぬ風来坊である。しかしオナゴシが、オイエサンに早起きさせて天満市場へ連れ出したなどと、本店の丁稚が聞いたら腰抜かすという。殆どものをいってもらうこともなく、たまにお姿を拝するだけらしい。

廉売市場あたりの丁稚の第一人称はウチがよい方で、オラ、オレ、ワイ、ワシなど、大和、河内あたりの方言が入っている。船場、本町あたりの豪商になると、まず言葉の教育から始めた。船場の丁稚の会話を聞いていると、すでに職業的方言になっている。実は船場といっても、そうした豪商はそんなにないので、表通りの商店街から横へ入る小路にはシモタヤ風の長屋が多い。しかしこれが名刺になると雑貨問屋とか貿易商になり、その店舗なのである。外国貿易は殆どなく、支那、満洲、朝鮮、台湾を主とした。これらの地方へ内地の小製造業者から集めた見本を持って行って注文をとり、帰ってくると受注した商品を送るわけで、このときだけ人夫を雇ったりして忙しくなる。平素は主人、番頭が外商に出、手代一人ぐらいが居るだけで、商品見本を僅かに置くぐらいだから、とても商店に見えない。その裏の長屋には、そうした店の従業員、雑役夫などが住んでいる。つまり、ほんとに船場の商人としてよく、風格、慣習を守っているのは極めて一部で、他の大多数は最近になって各地方から集まってきた者なので、とても船場方言など使えない。したがって豪商などでシツケられた丁稚などの会話は、聞いておればすぐわかる。いまはどうなっているか、もう半世紀も昔のことだ。

しかし豪商の家族、一族などは、古い船場方言を残していたようである。私は正確にはオイエサン、丁稚、女中などの一部とボン、イトサンなどから方言を聞いた程度なので、詳しいことはわからない。ただ会話を聞いていても、なめらかな感じで、ナニワアキンドのド根性とは全く縁がなく、またド根性などのある人柄でもなかろう。ボン、つまり息子だが、明治から大正初め頃までは総領が十五歳になると宗右衛門町、新町などの一流の料亭へ親族、別家、分家その他を集めて祝宴を開き、その夜、一流の芸妓がソイネして性教育をした。豪商の後継者というのは茶屋や料亭で遊ぶのが公務みたいなもので、そうした「遊び」の初教育になる。それ以下の中級商家になると、別家、番頭などに案内させて料亭や遊廓で遊ばせ、芸妓や娼妓が性の手ほどきをした。しかし大正中頃から中学校、商業学校などを卒業してから、その祝いをかねて筆下ろしをさせるようになったらしい。ボンチにもよるが、友人や番頭などの手引きで、早くにすませるのもあった。しかし十三、または十五になると、盛大なフンドシ初メ、マワシイワイをする家もある。茶屋、料亭などに一族、別家を初め得意先などを集めて盛大な祝宴を張り、芸妓、幇間の賑やかな騒ぎのうちに、ヒイキのスモウトリ（力士）を招んで緋縮緬の豪華なフンドシをしめさせた。その夜にソイブシする芸妓が、初めてしめてやるのもある。さすがに豪商級になると、丁稚小僧の筆下ろしとは段違いで、それだけ階層性が明確であろう。

オイエサンは、だいたい別宅に隠居するわけだが、なかには息子夫婦と本店に同棲して尼将軍になるのもある。しかし隠居したオイエサンもいろいろで、小唄、謡曲、仕舞、茶湯、生花などの趣味生活を楽しむのもあれば、役者買いなどにうつつを抜かすのもあった。オイエサンといっても、早く夫に死別したとして息子や娘に養子して跡を譲るとすれば、だいたい四十代に入る。大阪あたりでは女の三十はさせざかり、四十しざかりというほどで、三十代、四十代の後家に精進せよといっても無理ということで、店の店員で好きな者があれば情人関係で別居させるのもあるが、そうした特定関係で満足せず、不特定多数を楽しみたいのもあった。一口にオイエサンといってもさまざまで、大手前高女の前身、梅田女学校卒などという本格的なものから、芸妓、芸人などの出身、女中、看護婦出身というのもあんがいあるようで、妾の引き直しというのまである。ただし本格派にいわせると、そんなのはいくら上品ぶっても言葉遣い、盛装したときの衣裳、持ち物、趣味の悪さで、すぐわかるそうだ。

豪商級のオイエサンでも平素は質素で、地味な衣類や化粧で、普通の商店の女房とかわらない。しかしなにかの行事、儀式があって盛装すると、たちまち格段の差が現われた。頭などの装身具、指輪、時計、持ち物、足袋、履物にいたるまで、いわゆる一分の隙もないというわけで、製作者、製造元の明確な逸品ばかり揃える。履物一足でも安月給の一年分では買えないのだから、その衣裳類となると溜息をつくほかない。いずれにしても春夏秋冬の四季で揃えるし、冠婚葬祭など儀式でも揃える。また常に流行で新調もしなければならぬから、どれほどの衣裳や付属品を揃えているのか、貧乏人が心配してもしようがない。あるとき御用聞きに行くと盛装で居るのを見たが、どうしても十歳ぐらいは若くなり、輝くような美人に見えた。しかし場所によっては外見を質素にするが、そんなときは見えないところを飾るので、かえって大へんらしい。まあ上の階層には、またいろいろと苦労があるのだ。

どこ行きですかと尋ねると、オイエサンばかりが寄って芸ごとの披露をするという。そうした会が月に二、三度はあって、結構忙しいらしい。商売上のこともあるので芝居や踊りなどの見物、茶、生花などの先生の昇格祝い、俳句、小唄の会などというのまで出るのもある。私も一ぺん出てみたいというと、なにか芸事ができるのか。そんなもん、おまへん。そんなん連れて行ってもしようがない、と断られた。浮世絵の展示会があるというので連れて行けと強談、借り物の衣類と袴でお供する。一流料亭の奥で一席あって、別室で公開できぬ肉筆の逸品が展示されていた。当時は鑑賞の能力などあるはずがなく、ただびっくりして眺めたのみである。古書店主催でなく、個人所蔵の出陳で、京都の祇園あたりの出品もあるということであった。その頃の旦那衆やオイエサンたちには遊びも好きだが、こうした方面の鑑賞力もプロ級のものがあり、いろいろと評価していたので勉強になる。後にあやめが池の東洋民俗博物館で同種のものを見せられたが、素人でもイカモノが多いと判断がついた。

こうした会合はまだ筋のよいもので、呉服、装身具などの展示というのには、役者、芸人、茶や花の宗匠、舞踊や小唄の師匠などというのがサービスするのもあるらしい。具体的なことは教えてくれなかったが、旦那衆にも、オイエサン、ゴリョニンサンにも行きとどいたサービスがあったのだろう。あるとき役者や芸人の子供で将来の楽しみがある者を集め、オイエサン仲間で鑑賞、批評してやる会があり、いまから行くということであった。箕面あたりの郊外の料亭の広間を舞台に借りて、子供が得意の演技を披露させるものらしい。お前、なんど芸があんのん。そらきて買いなはれ、買いなはれがどうや。あほらしい、そんなもんが芸かいな。子供でも、みんないっぱしの芸人さんえ。十から十四、五までの子供を集めて、舞台で演技するのを見物しながら飲んだり、食ったりの遊びだが、オイエサンたちも盛装して行く。子供だけの学芸会でないから、オイエサンや芸妓なども、それぞれ得意の芸を披露する。オヒラキになるとオイエサンたちが、一人ずつ子供の手を引いて闇に消えた。市中と違って郊外の料亭は独立家屋のように部屋を造作し、うまいこと配置してあるから、なるほどと感心する。これにもいろいろと型があるようで、初めから一組になっているのが集まるのや、ここでクジなどできめるものがあり、そのなかには落札というのもあるようで、さすが大阪商人であった。しかし、こうした集団筆下ろしはお遊びで、一流の歌舞伎役者の子弟となると、格式のあるオイエサン、ゴリョニンサンが一流料亭で単独筆下ろしをするそうであり、男の筆下ろしもピンからキリまである。

東播地方で調査していたとき、東条や下里などで、長雨でたたられた旅役者の一団が小屋で泊まれず、寺や公会堂に合宿していたので、かれらの風俗慣習について教えてもらった。こうした御難になると一座の女優は、たとえ座長であろうと、座長の女房であろうと田舎紳士に売るのだそうで、それでなんとかしのぐらしい。お前もお目あてがあるのなら世話したると誘われたが、酒を出すことでかんべんしてもらった。そのときの話に、男の子が九つ、十になると、もう中年の女が目をつけて買いにくるそうである。ええっ、かかさんの名は。ハイお鶴と申します。あの巡礼がよかったとほめると、もう水揚げすんでいると笑われた。しかし旅役者では娘の水揚げも、男の筆下ろしも十ぺんぐらいは使うそうで、やはり役者の演技だから通るのだろう。こうしてみると男の筆下ろし習俗でも、いろいろと職業により、階層によって大きい差があるので、それが将来の生活にとってどのような強い影響を及ぼすものであろうか、一つの解明すべき課題として残しておく。

ところで旦那衆のお遊びとなると、これはもういくら書いても尽くせるものでないから、他の記録に譲っておきたい。京の舞妓や大阪の芸妓の水揚げ風俗のみでも、大へんな記録ができる。神戸の船成金というゲテモノの遊びなども、いまから見ると、やはり一つの世相として面白い。大阪では大正末期のザコバの親方衆の乱行にも、面白い世相の反映があった。北浜や堂島あたりの相場師の興亡、栄枯も、一つの絵になる。相場師には面白いのも居って、あいつは極左翼のファンや、秘密出版物をもって行くと買ってくれるというのもあった。妾の家へ持って行ったら、百円札を渡されて困ったという話がある。そんなものを貧乏人が使えば、すぐに交番所へわかった。市中の商店で五円や十円の買い物をしたところで、お釣りを出せる店がそんなにあるまい。しかし十五や六の株屋のチンピラ小僧が五円札、十円札をタバにしてポケットへねじ込み、女郎でも芸妓でもおごってやるというのがあり、廉売市場の丁稚を驚かせたのもある。まあ、われわれには旦那衆の豪遊よりも、こうしたチンピラ小僧がどうなったかの方に興味があった。

バクチウチのはなしに旦那バクチがあり、船場、本町あたりの旦那衆も、よくバクチをやるらしい。一晩に五十万、百万の金が動いたそうだが、こうしたものになると所轄署の刑事が間違いが起こらぬよう周辺を警戒したそうだ。これほど安全なバクチはあるまいと、貧乏人が怒ってみてもしようがなかろう。どうせ取った、張ったのバクチなら、警察の手入れのあるバクチの方が、鉄火場として面白い。廉売市場のオヤジ連には好きなのが多く、市場が閉店してからやっていた。倉庫の天井を改造して中二階とし、そこでやっていたのもある。好きな者にはわかると見え、近所の小商店主も来て遊んでいたが、こうなるとすぐ噂になり手入れされた。バクチは検挙されても二日ぐらいで送検され、かたがつく。累犯になると二カ月、三カ月となり、留守中に店が潰れたり、女房が男と逃げたりというのもあった。廉売市場などで四、五人もオヤジがまとめて検挙されると商売にひびくから、市会議員、府会議員などに頼んでもらい下げしてもらう。これで議員にとっては固定票ができたわけで、次の選挙にはタスキがけで乗り込んできた。

丁稚などのやるのは野球トバクが多く、その方式も現在とあまり変わっていない。オカミサンたちもバクチの好きなのがおり、閉店した市場内や自宅などに寄ってやっていた。オヤジもオカミサンも、魚屋、八百屋、漬物屋、天ぷら屋などが多い。米屋、呉服屋、小間物屋、果物屋などのオヤジには、競馬狂が多く、業種で好みも違っていた。オカミサンのバクチには丁稚をよぶのもあり、お得意の奥さんの加わるのもある。正月には娘や女店員も加わって賑やかになり、息子や丁稚を賭けるのもあった。賭場の隣が飲食と雑魚寝の部屋で、二昼夜ぶっ続けがある。昔は正月中のバクチは大目に見たので、盛大にやっていた。カルタなどは子供のお遊びであるし、麻雀はまだそれほど普及していなかったので、大人の遊びは殆どバクチである。その頃、土佐のハシ拳が宴席で大流行したこともあった。これもバクチの一種で、女たちがお互いに丸裸にし合うのもあり、もとより男と女とが丸裸にし合うのもある。その他にもいろいろとバクチ、またはバクチ的手法の遊びがあった。

25　サカゴ（逆碁）ウチ

市場の丁稚もつまらないし、他に面白い商売ないかと思っていたら、丁稚友達に会ったのでどうしていると聞くと、いまヤシやっているというので、俺も世話してくれと頼んだ。

露天商売の瀬戸物屋で、ヤシといっても本格的なものでない。祭りや夜店を渡り歩くので、仕入れその他はオヤジがやるので、販売は女房、先輩に教えられて見習いをした。タタキというように瀬戸物をたたいたり、瀬戸物と瀬戸物とをぶっつけ合って、この通り無茶しても割れまへんという、あの商売。いまでも少し大きい市なら、端の方で瀬戸物屋がやっている。この頃は瀬戸物屋が十軒、二十軒と組んでいるのが多いが、昔は一軒、せいぜい三軒ぐらいであった。茶碗と茶碗とか、鉢などをぶっつけ合って高い威勢のよい音をたてさせるのであるが、これは双方の手の持ち方、掌のふくらませ方にコツがあるので、少し練習すれば難しいものでない。しかし初めは売れた品を包んで渡すぐらいよりやれず、売り上げの分となると僅かなことになる。それでは気の毒なので他に店がないか探してもらうと、ちょうど梅雨あけで暑くなってきたから氷店を出すというのがあり、氷店の方へ世話してもらった。氷店はいまでも祭礼や市によく出ているから、詳しく説明しないでもよかろう。私が紹介してもらったのは、他の祭りや夜店などに臨時でも出すが、本店は神社境内にあって冬季はうどん屋に変わった。夏になると祭日でなくても、涼みにくる客が多く、なかなか繁昌していたのである。天神祭りが近くなると、夜でも暑くなるので賑やかになった。

店の前の広場にヨシズ張りの仮設小屋を作り、床几や腰掛けを配置し、表側には高床を置き氷槽の中へミカン水、ラムネなどを漬け、その横に氷台を置いて上にラムネなどをならべ、ごろごろころがしながら、エー、ヒヤコウテアマイ、ラムネ、などとやっている。昔は竜紋の旗をぶら下げたもので、これは最近、復活したらしい。氷搔き台は店頭に一基、店の奥に一基ぐらいでまかなった。大正から昭和初め頃までは「台カンナ」で、私のときはこれが全盛である。その後「手廻し削氷機」が発達し、戦後は全く「電動削氷機」になってしまった。削氷作業でも、これだけの発達の歴史があるのだが、私たち経験者からいうとやはり「台カンナ」削りが一番うまい。ところで多忙になってくると、これは人手の要る企業であり、折れて曲がるほどの儲けはあるが、人件費に食われる商売であった。氷搔きは熟練の技師が当たるほかないが、私たち男はラムネころがし、食器洗い、氷原料の運搬など雑役が多い。お茶子、つまり搔き氷を盆にのせて客へ運ぶ女給仕だが、これは若い娘に限るので、昼はカスリの着物に赤い前垂れ、夜はユカタに腰までスソを折り、赤い湯巻を見せ、赤い前垂れ、タスキというのがだいたいの制式になっている。ババアに運ばれたのではマズクなるというわけだが、残念ながら同業者も多いから手が廻らず、若い嬶や相当の古顔もなんとか若造りしてごまかした。やはり若いベッピンを揃えると、若衆たちが喜んでたかってくる。美人コンクールみたいに、いろいろと評判をたててくれた。

ところで男たちのうち私など若いのは住み込みだが、他は自宅から通うし、女は殆ど通いで、女中ぐらいが住み込みである。だが忙しくなってくると夜も遅くなるので、娘は自宅へ帰らせるが、他の女どもは泊まるようになった。別室で寝るという建前になるが、夏のことだから間のフスマをしめるわけはなし、カヤ越しに双方はまる見えになる。もう一つ条件が悪いのは男はせいぜい三、四人だが、女の方は五、六人から十人近く増えることもあった。ある晩、どうもおかしいので目をさますと、オバハンが横に寝ていて手を入れている。なんや、あんた、こんなもんはいて。こんなもんですまんなあ。すまんよ、まにあわへんやろ、と心配してくれた。翌日、私がサルマタで武装していたと評判になる。こうした稼業の男たちは、まだフンドシにパッチが制式であったわけで、サルマタなどという不粋な男は居なかったらしい。寝るときはフンドシだけだから、即戦即決でやれる。サルマタはごそごそ脱がねばならず、それも片足ずつ抜くとなると日が暮れて、夜が明けた。オバハンが初めて経験して、あきれたのは無理もない。女の方もズロースなどという不粋なのは居らず、腰巻を開けば突撃できた。オバハンも初体験でいろいろ苦労したようで、手を入れても直接にはつかまえられず、足の方から手をさしこもうとしても入らず、腹の方から下へさし込むまで、だいぶん迷ったらしい。しかし差し込まれてみると、どうしようもないので閉口した。丁稚小僧あたりは、もうサルマタに変わっていたのだが、ヤシ稼業などの男はまだフンドシが主流であったのである。なんにしても正式な女の夜這いに逢うのは初めてで、あんた、あの人好きかいな。嫌いやないが、先方からきはったんやで。ほな今晩、うち行くわな。というわけで男後生楽を実感させてもらった。

商売の方も賑やかになると、お客の間で足を踏んだ、肩を突いたと喧嘩になることが多い。また水がかかったとか、なんとかなんくせつけて脅すのもあるが、これは兄貴が出て放り出してしまう。一人前のデン公なら正体がわかっており、脅しになどこない。ほんまのチンピラやから、二度とこなかった。他にタダの喰い逃げ、食べたもののゴマかしなどもよくあったが、これはなんとか私でも間に合う。しかし面白いのもあって、痴漢の出現である。被害者は店のお茶子、つまり女給仕人で、あっという瞬間にやられた。お客さんもやられたらしいが、この方は届け出ないとわからない。女の子がぷんぷん怒ったり、泣きベソをかいていたが、なんのことかわからなかった。オバハンが、ねらった女の子の急所を、下から手を入れてつかむのだが、あっと思ったときにはもう外へ出て人ゴミにまぎれてしまうので、どうしようもないのだと教えてくれる。兄貴分につかまえられんのかというと、たまには人寄せにええんだと笑っていた。朝のヒマなときに早速、俺にも一ぺん実演させてくれと女の子を追っかけ廻していると、姐さんが私のをやってみんかと誘ってくれる。喜んで手を差し入れてみると、湯巻の表を突くだけで、なかなか中へ入れられない。下からまくりあげて開帳させればよいのだが、それでは即時離脱が難しくて、相手にとっつかまってしまう。なんやこの子、女の湯巻も開けたことないのんかいな、と大笑いされた。姐さんやオバハンたちもときどきやられるそうで、盆にラムネや搔き氷をのせて運んでいるときは、全く無防備になる。とくに夜のように浴衣を尻からげにして、湯巻だけというときには、まるで誘っているようなことになった。女たちが面白がってキャッ、キャッ、いいながら実技の指導をしてくれる。

隠語ではサカゴ（逆碁）ウチというので、手を逆にして湯巻の間から内股へ差し入れ、陰部をつかむのだ。つかむといっても、撫ぜ上げる程度のことで、つかんだりすればよほどどとんまな女でも股にはさんでしまう。最も巧妙なのはサネをはさんで、碁をうつように叩くのだそうで、まあ素人にはだめだろうといった。だいたいの要領がわかって実演してみると、逆手で湯巻をかきわけ陰部を撫ぜ上げるのが精一ぱいで、初めはつかんでいたのでとっつかまえられる。しかし、さあ、やってみいと股の角度をうまい具合に開いてもらってのことで、他流試合などに出たらすぐとっつかまって警察へ突き出されるだろう。そういうことになったので、本格的なヤシの兄貴分に話をすると、そんなことがトウシロウにできるのなら、チボは苦労せんと吹き出して大笑いした。ヤシ仲間でもツマミ、メクリなどのできる小手先が器用で、早いものでないと難しいらしい。スリはたいてい二人で組んでやり、市電のなかが絶好の働き場であった。少し混んでいて、座っている前へ飾った別ピンが乗ってきて立ち、釣り輪を持つという形になると、すぐにダチが横へ来て釣り輪に下がる。停留所が近くなったり、曲がり角へきて車がゆれると、女は両足を開いたり、前後にして身体を支えた。そうなるとサカゴウチをしてくれと頼んでいるようなもので、停車した瞬間の大揺れを利用して、座っていた男が立ちながらサカゴをうつ。女がハッとして気を移したとき、隣の男が懐中や帯の間にはさんだ財布を抜くということになる。座っていた男は降車してしまい、すった男は場所を移して次の停留所ぐらいで降りた。まあ、そのときの状況で多少の手順が変わることはあるが、だいたいはこの通りである。

なるほど、夜店や祭りの掻き氷屋の状況も、市電の車内とよく似ていた。床几と腰掛けが狭い間で並んでいるし、通路も狭いからどうしても身体を斜めにし、譲り合うようにして通行する。腰掛けていた男がチャンスと判断すれば、サカゴをうって立ち上がり、素早く表へ飛び出す。すぐ横か、後に密着していたダチが財布を抜く、ということだ。後にブタ箱で専門の技術屋に聞いても、だいたい同じことで、一人で単独のこともあるが、二人の方が安全らしい。サカゴウチでへまをやって捕えられても、贓物がなければ軽犯罪ぐらいで帰られる。サカゴウチというのも、いろいろの技術の一つで、被害者の風体、財布の場所などで判断した。木綿やメンネルなどの湯巻を二枚も重ねていてはしにくいし、その風体では財布の中身も軽い。やはり令嬢、夫人級で絹物、緋縮緬といった上級物がやりやすいし、財布も重いということになる。前に立った女の顔立や着物の線などで、だいたい肉体の様子が判るそうだ。上つき、下つき、密林、疎林、針葉樹、広葉樹など、おおよその風景がわかってサカゴウチをやるので、撫ぜ上げるといっても、僅かに触れる程度にしないと声を上げられたらしまい、である。戦前はクルマが発達していなかったから、令嬢、夫人級も市電に乗ることは珍しくなかった。掻き氷屋でも同じであるが、浴衣などが多いだけやりやすいこともあっただろう。いずれにしても春から秋の中頃までが季節で、厚着をしたり、コートを着たりという気候や雨天になると難しい。

店の子にテストさせろと追い廻し、姐さんにえらいタコ釣られたというと、だいたいの要領を教えてくれた。掌を細く巻くようにして、人差指と中指だけを長く伸ばし湯巻の開いたところから中へ入れ、下から上へすくい上げるようにして、女の割目を撫ぜ上げるのだそうである。なるほど広い掌をそのまま入れていたのでは、防潜網にひっかかってあたりまえ、とすぐケイコすることにした。オバハンたちはケイコ台になってくれるが、いくらでもつかんだらええというのではケイコにならない。やはりキャッ、キャッ、と逃げてくれる娘連中でないと、ほんとのケイコは困難である。お客さんの居ない時をえらんで、娘が前を通るときをねらって手を入れたら、安物の湯巻はなかなかうまく開かれず、内股をかすった程度になった。怒った娘とドタバタ追っかけっこしていたら、出てきた姐さんにとっつかまえられ、なんや、まだやっとるのかと叱られる。いや今度は新手を教えてもらって実験中やと弁明、ふと見るとうまい体位で立っているので、下から撫で上げたらええ具合につかんでしまった。とても撫ぜ上げて、その瞬間に離脱するのは無理である。

怒った姐さんに裏へ引き出されて、さあ、お前のもんも握らせろと責められた。他の女どももわいわいいうので観念していると、サルマタの中へ手を入れて握ったが、もうかんにんしてくれと頼んでも、なかなか離してくれない。そのうちしごきだしたので、それは約束違反や、あんたのもんもしごかせろと股へ手を入れて押し合いになった。女どもが喜んで、あんたはすぐ離したのに、姐さんはいかん。姐さんが大きしたもんは、姐さんに小そしてもらい、とけしかける。そうなると逃げもできんので女を押し倒して上になると、なにをするんやと怒ってあばれ出したが、いつの間にかうまい具合に入っていた。押さえつけられて、どうしようもなかったというかっこにしただけで、本気で拒否しようとあばれたわけでない。しばらく見ていた女どもも、他人《ヒト》がええことしよんの、見てても仕様がないと居なくなった。すんでから、うち、この子、オトコにしたぜえと披露、もうサカゴウチのケイコなどと女を追い廻す必要もなくなる。それでも他の男たちに、遊廓や悪所遊びに誘わんようにと頼んでいた。

よく誤解されるがオトコにする、オンナになるは、夫婦になることではない。主人がありながらオトコをもつ女もあるし、妻がありながらオンナをもつ男もある。片方が独身で、他方が結婚というのもあるし、いろいろの型はあるが、いわゆる情夫とか、妾とかいう関係とは違う。双方とも独立的な生活をしながら、必要なときの性的交渉を保証し、他の者よりも優先的順位を与える。その限りで男が夜這い他の遊びをしようが、女が他の男と遊んでもよい。お互いに財政その他の援助をし合ってもよいが、所有財産を一つにはしないのである。そうした関係を認知し、保証する法的規制はないが、どちらかが合意の上でオトコあるいはオンナになったことを、その周辺の人たちに宣告する必要があり、それが暗黙に認められれば、夫婦とほぼ同じに見てくれるだろう。また、双方が同意すれば、いつでもその関係を解消できる。ただ、そのために経済的その他の負担を負わせることはない。すなわち夫婦のような法的関係でないし、ヒモや妾のような経済関係もなく、ただ双方の信頼だけで維持されている愛情関係といえるだろう。まあ、そう型通りにうまく行くわけでもないが、法理論的に難しく説明すると、こんなことになる。あんた、姐さんのオトコになったん。あの人、きついようやけどええ人やで、よかったなあ、というぐらいのことだ。

ある江戸性風俗の資料によると、「逆碁」とは「指人形」「二本指」と同義の異称とし、『陰陽手事巻』では女子独悦の法としている。『文指南』には探春の法とし、中程の上つらが急所だという。つまり江戸では、女が指二本を自分の穴へ入れての自慰方法の一つであるとしている。東はそういうことになっているが、西は以上の通りで、少しは違う。女の性器に関係があるのは同じだが、東は自動的、西は他動的といえる。厳密にいうと東はサカゴ、西はサカゴウチであって、それが作業の相違を現わしているらしい。しかし年代が異なるから、正確には比較が難しいだろう。いまのところ、これより資料がないので、紹介したまでである。ただ、ほんとのサカゴウチ、逆に撫ぜ上げてサネをはさむというのは相手の肉体によっても違うから、よほどの名人でないとうまくできぬだろう。サカゴウチという性民俗でも、いろいろと難しいということにしておく。

氷屋は資本もあまり要らんし、割合に儲かる商売やから勉強せんかと姐さんにすすめられ、だいぶん経験させてもらった。ただし、やってみると簡単なようだが、なかなか難しいところもある。当時は全く機械化されていなかったので、今とはかなり異なるにちがいない。台カンナで削るのは、なかなかコツが要った。氷の状況やその日の天候、売れ具合などで、カンナの調節をする。高く出せば荒い削りになり、低くすれば細い削りになるのが一般だが、それで粒子の荒い、堅い氷にもなり、細雪の柔かい氷にもなった。削りの上手、下手で味も違うし、原氷の消費も大差がある。どことも「削り方」職人を雇うのには、その技倆をテストして賃金を決めた。少しぐらい日給が高くても、大差が出るからである。普通の自家営業、主人や家族経営のところでは、そうした調査をしないので、なんとなしに経営しているにすぎないから、詳しい分析はできないだろう。もとより私も当時のことだから、そう詳しい調査をできるはずがない。古い昔のことでもあり、数字に記憶違いがあるかとも思うが、一応書いておく。

その頃、大正十三、四年頃、原氷一貫が十銭から十五銭ぐらい、一体が四貫、それを四つ切りにして台カンナにかける。一貫の氷で、だいたい十から二十ぱいとれるが、一貫十銭×十で一円、十銭×二十で二円の売り上げになるだろう。そうすると九十銭乃至一円九十銭の粗利益で、大儲けのように見える。しかし十と二十との大差は、誤差の範囲を越えており、構造的な違いであろう。どうしてこんなに違うか、客が次から次へ来てフル回転すれば、氷の解ける率は殆どなくなる。ところが天候が悪くて涼しければ、客は少なくなってガタ落ちし、漸く十となった。客のないときは氷をタオルや綿布に包んで冷蔵庫へ入れて、できるだけ解氷をすくなくする。しかし十以下になれば店の借地料、店舗料、電気代、その他の掻き氷に必要なアンミツ、小豆、イチゴ、宇治など補助材料費、店員などの労務費、その他の雑費が加わるから、そう大儲けはさしてくれない。だが好天で暑苦しい夜が続けば、二十、二十五、三十とメーターが上がるから、たしかに笑いがとまらぬほどの大儲けになる。

客が少ないときは、氷を細かく削り、ミツもたっぷりかけてやった。素人が商売を始めると、このときミツを節約しようとするから、客は一ぱいで逃げてしまい、あんなまずい店はあかんということになる。たっぷりミツをかけると、どうしてももう一ぱいと追加した。とくに女や子供はこらえられなくなるものだが、そううまく追加がとれなくても評判はよくなる。客が混んできてイライラしながら待つ状況になると、カンナを上げて荒削りにした。うまく高く盛り上げて量が多く見えるが、実質的には減少である。客に二はい食ってもらうよりも、早く追い出して座席の回転をさせる方がよい。そこでミツその他の材料も節約できるので、更に儲けが大きくなる。まあ、そう理論通りにはならないが、原理的にはそんなことだ。ただし、いくら売れたところで単価が安いから、売上高としては知れたものである。したがって、ある限界に達すると人件費が圧迫してくるので、売れるからといって人を増やしておれば、売れるほど損が大きくなった。とくに祭礼や夜店となると売れる時間帯は三時間ぐらいのことで、後は遊んでいるようなものとなると、そんなにお茶子その他を増やすわけにはいかない。それは皆さんカンで承知しているから、今でも掻き氷屋の多忙な時間帯にはおとなしく座って待たされている。

26　女釣りの手法

氷の季節がすむと掻き氷屋は、竜紋の旗を下ろして来年まで潜伏するほかない。うどん屋の出前持ちなど面白くもないから、なんぞ面白い商売させてくれと頼んだら、ダチ、つまりサクラをやるかと誘ってくれた。ダチでも本物はなかなか難しいもので、とても素人にできるものでない。まあ、このくらいのものならできるだろうと紹介してくれたのが、タンカバイのダチ。主役は大学の学生帽をかぶった袴姿の兄貴、大へん申しわけないが関西大学専門部の学帽が多かった。借金をネコババにして支払わぬ方法、家賃を払わずに住む方法などという法律問題、いろいろの日常生活に関する知識、犬にかまれたらどうするか、天ぷら油に火がついたらどうするかなどというのを二百ばかりならべて解説した、四六判三十頁ぐらい、荒紙印刷のパンフレットを一部二十銭で売った、いや買わせたのである。まともらしいのもあるが、だいたいが賢問愚答式で、なかには絶対に水に溺れない方法、絶対に水の中へ入るな。これはもう完全に詐欺だなあと吹き出した。他にも女の子と握手する方法などがあり、当時はこれが最高で、キスする方法などと書くと、風俗壊乱で発売禁止処分になる。売るときの口上を聞くだけでも値うちはあるので、それほど高い投資ではなかろう。

学生姿の兄貴が中央の腰掛の上に立って、ところどころ面白いところを読んで笑わせ、客を寄せて周辺へ円環を作らせる。ここらの技術は大したもので、文化財として保存の価値があろう。ええかげんに客が集まってきても、話を聞くだけではなかなか本を買う気にならない。そこで、この本を買えばどのような現実の効果があるか、実演して立証することになる。たとえば夜中に強盗に入られても、街の真中でデン公に脅されても、この秘法を知っておればただちに撃退できる。ウソと思うのなら、これから実験して見せる、と観衆からカモを物色した。あまりバカそうなのも困るし、賢いのはもう一つ困るというわけで、適当な十歳前後の少年を選び出す。指定すると逃げ出すのもあり、うまいこと誘うのも難しい。ともかくガキを連れ出すと竹か木の、五、六尺ぐらいの棒を渡す。このガキに、いや失礼、おぼっちゃんに大人と棒押しして勝てる秘法を伝授する。このおぼっちゃんと棒押しして勝てると思う者は、遠慮なしに出てくれ、と頼む。どうせインチキだろうと思っても、なかなか出るのはいない。

ええかげんにヤキモキさせたところで、よし、俺が一つやったる。勝ったら、なにくれるねん。百円やる。なにっ、百円、よし、出してみい。などとやることもあるし、松島の女郎をおごれ。その本、ウソやからみんな俺が取り上げて焼いてしまうぞ、などと、場所によっていろいろと変えた。服装も学生、月給取、仲仕、商店の丁稚などと千変万化する。そこで中央に出て棒を横にかまえたガキと対戦になるが、ガキは棒の中央を片手で握るのに対し、こちらは両手で両端を握って押し合った。兄貴がガキの耳に秘法を授け、片手を握らせて腰に当てさせる。よし、と押し合いになると、さんざんガキを押し負かしたり、いろいろとやって、ここらでええかとじりじり後退、ガキの棒に押し倒されてひっくりかえった。こらっ、なんぼ力が強いいうてもひっくりかえさんでもええやろ、無茶するなとつかみかかる。まあ、まあアニイ、そう怒んな。俺が秘法教えたからや、すまんすまん、ということで、幕にした。この通り、子供の片手でも、両手の大人よりも強くなる、こんな秘伝もたくさん書いてある。普通はいくらだが、昨日、大会社の社長が、そんなええ本は社員に読ませたいと五百冊買い上げてくれた。今日はこれだけより残っとらん、早いもの勝ちや、と売りさばきに入ると、またサクラが俺にくれ、と出てくる。ところで、その秘伝というのが、右手の親指を掌に包み込んで腰に当て、棒を握っているところに目をあてて押したらええという。人を食ったようなものであった。毎日、大阪市内や近郊、夜店などでやるのだから、棒押し役やら買い役やら、いろいろと変わるが、主役はプロでないとできない。いまはもう殆ど見なくなったから、書いておく。

いま少し手の込んだ悪どい方法もあるが、これももう殆ど見なくなったから、戦前の世相として書いてみよう。だいたいは大阪、神戸など大都市の周辺が多かったが、尼崎、姫路あたりでも見かけることがあった。方法は駅の近くの路上とか、繁華街の裏筋とか、あまり目立たないが、人通りはかなり多いという場所で、若いナッパ服姿の男がカバンをひろげ、ピカピカに磨いた万年筆をケース箱に入れてならべる。ちょっと老年の和服姿のオッサンが、なんや、どうしたんや、そんなええ万年筆ぎょうさんならべて、盗んできたんか、と問いつめた。フン、フン、なんや会社がつぶれて月給や退職金の代わりにもろたんか。田舎へ帰りたいが旅費もないので、これ売りたいのんか。そら困るやろ、万年筆見せてみ。フン、こらあ有名な×××ではないか。これなら一本十円はするぞ。それを一円でもよいから売りたいいうのか。これなら五円でも安い。よし、俺が三円で買うてやる。友人に五円で売っても儲かる、とかなんとか焚きつけて、実際に紙やノートを出して書いて見せる。若い衆はできるだけものをいわないようにし、いうときは、もう困ってしまって、自殺でもしたいといわんばかりの風情にするのがコツであった。大阪なら、九州の熊本、長崎などよく知られている都市の近くのムラを故郷に設定、そこまでの旅費はつくらぬと宿賃もないから、死ぬほかない、ということになる。それじゃ俺が三円で買ってやろう。そこの背広、お前も買うてやれ。僕、一本持っているんや。しかし僕も熊本の近所や、よし、一本買おう。こうしたサクラも居るわけで、だいたい三、四人で組んで商売をする。

これに釣られて二円、三円で買って帰ると、十八金の金ペンが全く書けない贋造で、完全なインチキ、詐欺商法であるが、だいたい三十分以上はかかるだろう。街頭の悲喜劇芝居を見せてもらったと思えば安いもので、それくらいの値うちはある。やばい商売だから、必ず一名は見張りに当たらねばならないし、やっている方も真剣なのであった。寸劇が終わったら、すぐに高飛びする。まあ、それほどでもないが、大阪の東端で出演すれば西端ぐらいに移動した。地方の都市であると、次の都市ぐらいへ移る。当時の有名商品として、スワン、三輪など使う。

これにもいろいろと似たような型があって、若い男が泥まみれの万年筆をカバンから出して、汚い布で泥を落とし、ピカピカにしてならべて見せた。そうすると通りがかりのオッサンが寄ってきたという形で問答になり、工場が火事で焼けてしまい、幸いに焼け残った商品を失業手当の代わりに支給されたが、これを売らぬことには田舎へも帰れんという設定になる。後は前と同じ経過になるが、こうした主役の一人となる若い衆は、できるだけアホになり、すこし脳足りんと見せる方が効果が大きい。また同じように万年筆製造工場が焼けて、焼け跡から掘り出したというので、いろいろの型の万年筆を平桶などに盛り上げ、一人が傍で水洗いをし、一人が台の上にノートを置き、インキをつけたり、注入したりして書いて見せるのもある。現場では自由自在に書けていたのに、家へ帰って書いてみると全く書けないということになった。これは軸製造工場から廃品を買ってきて、それらしく加工するのである。値も五十銭、三十銭ぐらいだから、ポケットに差して飾りだと思えば腹も立つまい。戦前は万年筆が割に高価で、庶民にはちょっと買えなかったから、こんな芝居ができたので、いまは時計も、カメラも安く手に入るようになって、この種の商売はできないだろう。

ヤシについては、戦前に『野師奥儀書』があり、やはりまとまった文献としては参考になる。戦後は聞書とか、調査記録のようなものも出版され、かなり実態が明らかになってきたが、まだまだ一部に限られており、総合的な実態調査はできていない。通常にヤシと見ているものの大多数は、いわゆる露天商で、すべてがヤシではなく、ヤシの組合である神農組へ入っている人もある、という程度である。しかし全く関係がないかといえば、支配というほどでないとしても、共存共栄の立場にあることは明らかだ。露天商への加入、脱退は自由であり、組合の指示に従って場所割をしてもらい開店し、規定の料金を払っておればよい。戦前、大阪では争議などで首を切られると、よく夜店へ古本屋を出させてもらった。友達などから本をかき集めて売ったので、そう長続きしなかったが、これを機会に古書店で成功したのも珍しくない。ところがヤシの仲間の組織である神農組となると、これは親分、子分の関係で、盃をもらうことになる。通俗的にいえば仁義をきったり、旅人になったり、と難しい。しかし、これもあまり土地から動かない人もあるし、殆ど旅に出ている人もあって、いろいろである。いわゆる女極道をやって、面白いというのは旅人に限るだろう。

ただし親分によっては、バクチや酒は、これはしようがない。しかし女はクロウトならよいが、素人女はやめておけ。いかに商売でも、やらずぶったくりはするな、などと極めて厳格な人も居る。そうした親分からみれば破門されるような女釣りがあり、トウシロウ女がよくひっかかっていた。それればかり専科というのもあるまいが、梅雨の頃とか、長雨が続いて稼ぎがなくなり、女郎買いもできないなどということになると、三、四人が組んで女釣りをやる。だいたいの手法は、うす暗くなる前ぐらいに表通りから一歩、横へ入った小路などに大金が入っているように見える財布を落としておく。正確にいうと、顔もブスでなく、ちょっとは見られた顔で、おとなしそうな二十五から三十五ぐらいの女房風の女が歩いてくるのを見つけると、女の先を歩いて財布を落としておく。女が財布を拾い上げると、陰で見張っていた別の男が急ぎ足で通りかかったという形で近寄り、まず警察へとどけんといかんなどと気を引き、女がもじもじしていると財布を取り上げ、こりゃぎょうさん入っとる。貴女と二人より知らんのだから、二人で分けようと誘う。いやだと断れば、ネコババしようとしたのだから、警察へ行こうなどと脅す。そこはいろいろと、その状況に応じた誘い方があるのだが、これにうっかり乗ったら人生の終わりだろう。通りかかりの男などが、なにごとかと近づく、と別の男が現れて凄い目つきでにらみつけるから、逃げてしまった。こうなるとトリモチ紙にひっかかった蝿みたいなもので、もうどうしようもあるまい。逃げようとしても、左右の男がタモトをつかんでいるというわけで、かれらの泊まっているドヤへ連れて行かれる。

たいてい金のない時に泊まるのだから、スラム街のドヤが多い。また、その方が安全であった。四畳半か六畳ぐらいの二部屋のフスマを取り払って、十人、十五人ぐらいをオイコミで収容する大部屋である。そこへ女を連れて帰ると、待って居た仲間も加わって、女を中へ取り囲み、ハダカになれとかなんとか強要した。女も処女でないから、だいたいの察しはつける。主人も子供もあるので、カンニンしてくれとかなんとかくどくと、いきなり横っ面を三つ、四つなぐりつけ、泣いたり、起き上がりかけるとひっくり返して押さえつけ、たちまち素裸にしてしまい、輪姦ということになった。ムラの若衆が娘を引っかついで輪姦というのは、一番、二番とクジを引いて、単独性交というわけだが、かれらは性にかけてもプロだから、もっと複雑怪奇な遊び方をする。正常位、背交位などというありふれたことはやらない。女も初めは泣いているが、されるままになる。相部屋だから、他に同宿客が見ているわけだが、ともかく一通り遊んでしまうと、他の相客たちにお前らもかわいがらんかと渡した。金魚売りとか、飴売りなどという連中が、また玩具にして好きにするわけで、もうとうてい元の身体には戻れない。こうした手法を、大阪あたりの仲間はチョウフでナオオトシ、輪姦をヘケマワシ、強姦をヤチゼメなどというが、その他にもいろいろと変わった符帳がある。

輪姦がすんでしまうと、女を裸にしておくとか、手足をしばるとかしないので、女に逃げる気があれば逃げられると思うが、こんな身体になったのでは主人や子供に合わす顔がないとか、家へ帰れんとかいって泣くばかりだ。そうなると早ければ二日ぐらい、遅くとも数日、男たちの玩具になっているが、いつの間にか仲間に連れ出されて姿を消す。相客の連中は、あの顔と身体なら田舎の芸妓には使えるとか、あれは田舎の酌婦よりしようがあるまいとか噂をする。また一日、二日のうちに女衒が現われ、女を連れて行くのもあった。まあ女郎に叩き売られるか、満洲あたりへ売り飛ばされるかだろう。

なお落とし物のネタは財布に限らず、ダイヤの指輪、女持ちの金側時計などを使うときもある。インチキの天ぷら物だが、暗いところではわからないらしい。ねらわれる女は、だいたい当時の月給で八十円から百円級、中の下から中の中ぐらいの階層の、世間知らずの主婦専業である。着物も履物も揃え、髪飾りや手提げ袋もなんとかできたが、指輪や時計のもっと良いのが欲しいだろうという情報を、すれ違う一瞬に読み取ってワナにかけた。あまり娘をひっかけないのは、親が突然に居なくなると、すぐ警察へ手配するのが多いからである。年増の女房も突然に蒸発すれば困るはずだが、二、三日の間があるらしい。しかし女の夫の職業が官公吏、教員などとわかると早急に処分する。手を廻すのが早いのと、警察も早く動くかららしい。置き去りにして逃げたというのもあるようで、まあ、せいぜい三、四日ぐらいまでに処分して、高飛びということになる。こうした誘いに女は弱いらしく、ときどき見聞しているから、他にも同じ被害に遭った女性が多いのにちがいなかろう。

しかし最近のスワッピングとか乱交パーティーなどの情報を読んでいると、なかなかトウシロウの嬶連中も派手に楽しんでいるようで、一対三ぐらいは序の口、一対五というのも居るらしいから、落としにかけられた女たちも、性の快楽に開眼させられて、かえって歓喜していたのかも知れない。世の中の女にもいろいろで、強姦願望というのもあるらしいから、そんな女が聞いたら羨ましいだろう。乱交パーティーを実見していないのでわからないが、どうせ双方が馴れ合いだから、とてもぶっつけ本番のオトシの乱交の迫力には及ぶまい。オトシにかけられた女の中にも変わったのが居て、張本人の男にまとわりついてどうしても離れず、かえって男の方が持て余しているのがあった。もう主人に会いたいとは思わないが、子供の顔は見たいとくやんでいたが、今の主人をどうにしてでも少しでも真人間にしたいということである。あいつは気が弱いからと仲間たちは笑っていたが、その男はどこかの土地で落ち着いて露天商になるといっていた。仲間では当然のことなので、露天商になるのは難しいわけでない。恐らく実行しただろうが、そうした人たちもある。

ヤシ稼業というのも、ガマの油売りとか面白いのもあるが、神戸の新開地や大阪の天満などで、棒にくくりつけた石塊を、うまい角度の斜めにして地面に立て、それだけで大勢の見物を二時間もしばりつけていた仲間があり、これにはびっくりした。二時間も、こんな簡単な仕かけだけでひっぱっておくのは、しゃべくりが巧妙なわけにちがいないが、大へんな技倆である。切り傷の薬を売るのだが、これだけの実力があれば、なんでも売れるだろう。よく田舎の神社、寺院などの祭礼に出すのだが、板の上に万年筆、時計、双眼鏡など子供の欲しがるのをならべ、前に極小にまるめた紙粒をたくさん置く。その紙粒一つが十銭か、二十銭で、つまんでひろげると内に時計とか、キャラメル三粒などと書いてある。人が集まったところで時計と書いてある紙をまるめて粒にし、さあ、ここへ置くぞと釣った。サクラが買うと当たるが、客が買うと絶対に当たらない。紙をもんで置くときに、別にかくしていた粒とすり替えておくのだ。これがモミだが、メクリという同じような型のものもある。こうした縁日、祭日のサクラは三、四軒かけ持ちで、だいたい参詣者や見物客が二時間ぐらいで一巡するという見込みをつけて廻った。下手したら、あの男、さっきも買って時計当てたなどということになるから、うまい具合に廻る。素人上がりでは、とてもクロウトの真似はできないが、それでも決めた分割は必ずくれた。私などでは売り上げがいくらあったのか推定もつかないが、プロはちゃんとわかっているそうで、決してごまかしはしない。大阪のブタ箱で同宿した仲間はモミの名人で、さすがは器用だから紙コヨリで長さ一センチもない極小のワラジと草履を作ってくれた。これを履いて早く出るようにというわけだが、出てから女に話をすると、それは出産のとき持っていると安産のマジナイだというので、取り上げられてしまう。顕微鏡で見ないと細部がわからぬような極小型だが、なんにもかも揃っている芸術品であった。

27　スラム街の長屋

ムラの民俗調査は比較的容易な面と、非常に難しい面とがある。その被調査者や、その内容によって、かなりの差があった。だいたいムラで古いことが知りたいとか、民俗や風習が知りたいなどと正面というか、公式的に持ち込むと、いわゆる「もの知り」を紹介される。非常に良い伝承をもった人もあるが、たいてい独断的な人が多い。なかでも最も困ったのは教員、とくに校長などを勤めて退職した人たちで、ムラの淫風陋習を矯正するのを使命とするわけだから、少しでもそんな民俗について聞くと、言下に否定されてしまう。大阪の中河内郡のあるムラで、盆踊りの晩に女に袖を引かれたといったら、顔色を変えて、うちのムラにそんなことする女は居らん。どこの女や、つれて行け、調べると怒り出したので、いや、なにもこのムラやいわへんぜえ。他所のムラで、そういうことがあった。しかし、それはよそのムラのことだから云えん、ということで漸く鎮静させる。これに懲りて、よほど相手を見てからでないと、性民俗などは問えないとわかった。他の人や若衆たちはなんでも話をして呉れるので、安心して口をすべらしたわけである。あいつは固いことばっかりいいおって、しようのない奴やと困っていた。部落差別など日本にはありませんと同じ感覚で、ひたすら自分のムラを美化し、少しでも悪いと思うような民俗、行事、歌謡などの存在を否定し、抹殺することが、ムラの面目を立てると思っているので、どうしようもない。

したがって性的民俗、とくに「夜這い」「山遊び」「盆踊り」「祭り」などの行事になると、表面だけの民俗調査では盾の半面にすぎず、かくされた他の半面に本質があるのも多いのである。ただ、そうした性民俗の公表については、地名、人名などの固有名詞や、その内容などを、どの程度まで公表できるかに、私たちも戦前から苦労してきた。戦前は『旅と伝説』にしても、『ドルメン』にしても、そんなに読者層が広いわけでないから、ともかく地名ぐらい相当に詳しく書いてもわからない。ただ人名だけはかなり注意したが、書きようによっては、その土地の人が読めばだいたい推察ができた。しかしわかったからといって怒るのは殆ど居らないし、特別の正義漢でなければ苦笑するぐらいのことである。ただ周辺に前記のような男が居ると困るので、地名をまぎらわしくした。したがって最も問題は、その内容ということになる。いくら科学的研究といってみたところで、発売禁止になればしようがあるまい。『ドルメン』のような雑誌でも、削除や欠字が無数にあり、殆ど当時の用語でいう風俗壊乱に当たった。略して「風壊」の限界がどの程度であるか、それが検閲官のその日のでき心でいくらでも変わったから、最大公約数的な判断をする以外にない。そうなれば公表できる内容は、極めて狭い範囲のものになった。中山太郎、本山桂川などが、最も苦労している。戦後は、内容の制限は殆どなくなったといってよかろう。しかし、地名や内容によって特定の人物が固定されるようになると、いわゆる「人権」問題になりかねない。昔は人権問題など殆ど考えないでよかったが、いまは最も取扱いに難しい問題となってきた。そうしたわけで性民俗の資料としての公表には、どうしても限界がある。これをどのように処理するかは、それぞれの考え方によるわけだが、私は内容を主とし、固有名詞などは適当に表現することとした。戦前でも性的民俗の調査は難しく、開放的な良質の素材を発見するのに苦労する。

ムラというのは、他所者の調査に変に親切であったり、逆にわけのわからぬほど厳しいところもある。私は石仏の調査をしていて、無断でしたというわけで、なぐられたことがあった。堂内に祭ってあるというのならともかく、路傍の石仏を調べていたのだから、なにが気にくわぬというのであったのだろう。まあ民俗学も、考古学も全くの開拓者時代で、本人すらわけがわからず、聞かれても答えようがなかった。せいぜい「郷土研究」といって、ムラの調査をしています、ぐらいのことである。よくムラの女性たちに、そんなこと聞いてなにをするのん、と尋ねられたが、当時の知識では答えるのに困った。ムラの女頭目が自身のマタをたたいて、これ知っとるのか、とからかわれたもので、ほんとの話である。大学の肩書もなし、役所の名刺もなし、自分の頭一つ、すね二つで走り廻っていたのだから、いまでは想像もできないような面白いこともあったし、逆にどなられ、なぐられ、追っかけられて逃げ出す目にも遭った。

いまの解放同盟の運動では、恐らく経験することが少ないだろうと思うが、戦前の水平社運動では部落の同人を訪ねるのでも、かなり神経を使うことがある。家を尋ねていたら壮漢が現われ、水平社がなんしにきたんじゃ、帰れ、とどなりつけられ、追い帰された。共産主義運動関係では、一般のムラでも警戒が厳重で、なかなか寄せつけなかったが、融和運動の有力な部落も同じことで、水平社と見られたら叩き出したのである。当時の私たちでは、よほどのことでないと宿泊を頼んだり、カンパをもらったりはできなかった。もし発覚したら相手が、私有財産を否認し、国体の変革を目的とする第三インターナショナル支部である日本共産党の目的を援助し、というわけで治安維持法違反でひっかけられる。必ず「第三インターナショナル日本支部」の定冠詞がついたのは、ソ連のスパイ、すなわち「非国民」という宣伝のためだ。

私は民俗学という別の手があったから、わざとオメコ、チンポの性民俗を聞き出し、お前、周旋屋かと疑われたり、ええ娘を世話したろかということにもなる。まさか共産主義者がエロ資料を集めているとは想像もしないから、いろいろと確度の高い良質の資料を提供してもらった。ただし部落だけでなく、一般のムラも同じ要領で「潜入」したわけである。正直にいえば民俗学の資料採取では一応の成果もあったが、運動そのものは失敗というほかなかった。とても天皇制廃止、戦争反対、集会・結社の自由、宗教・信仰の撲滅などという勇ましいスローガンが、民衆の間に定着するような時代でなかったのである。

一九八五年十月三日に神戸で開催された部落解放同盟の大会を傍聴したが、いまの若い人たちには水平社大会はとても想像できないだろうと、今昔の感がひとしおであった。昔の大会は敵との格闘の戦場であったから、服装も「乱闘服」姿である。当時の「乱闘服」は木綿縞のアツシに縄の帯姿であったが、その縄は米俵に使うもので細くて、強く、よくしまるのを、男むすびにして断ち切った。足は地下足袋に細縄で甲を巻いたのが多い。宮相撲に出るような壮漢になると御用、御用と飛びついてくる巡査や刑事を二、三人、腰にからませ一振りすると二間ぐらいはね飛ばす。そのくらいの威力があったし、ガチャ公が「御用」「御用」とわめいたのも事実である。

左翼のデモの戦闘序列は、だいたい先頭に指揮官単独か、副司令、伝令を伴い、その次に少し離れて三列中央に軍旗、左右に衛兵、これは最強の兵士を選ぶ。敵は必ず軍旗をねらって殺到してくるからで、次列の三人も強壮の兵を配置して掩護させた。以下は中央に弱兵、左右に強兵を配して腕組みさせ、検束のゴボウ抜きをふせぐ。段列は、その時の状況によるが、先頭と後尾とは強兵を配置した。参加者の多いときは、段列毎に左右の両側に分隊長、衛兵、伝令などを配置する。メーデーなどには赤十字マークの衛生兵を配属したものもあり、軍隊教育を受けた者が多かったから、そういうことでは抜け目がなかった。

ビラをまくときは、中央の弱兵がまき、両側が掩護する。

　服装は、職工はナッパ服だが、下のズボンはゲートルを巻き、上から普通の汚いズボンをはき二重にした。ゲートル巻きは走りやすいようにしたのだが、それをカムフラージュするため、もう一枚はいたのである。しかし、いざとなると上のズボンはぬぎすてた。敵は必ず足や股をけり上げてきたので、それを防ぐためでもある。われわれのゲートルはカーキ色であったが、巡査も乱闘用にゲートルを巻いたが、色は黒であった。農民組合の乱闘服は、水平社と同じであるし、文化団体は職工服である。しかし国粋会など右翼がなぐり込むなどの噂があると、腹に布を巻いて匕首《あいくち》をしのばせたりした。組織としては匕首の所持を厳禁していたが、若い連中は秘密にしのばせたのもいる。ある年のメーデーに同じような噂があり、友人がお前も巻けとくれたのでサラシを巻いていたら、水平社の同志が見ていて、なんじゃ、お前、サルマタはいてサラシまくのかと大笑いした。生まれて初めての武装だから、うまく巻かれるはずがなく、しめたり、ゆるめたりしていたら、トウシロウやのうとあきれて、手伝って巻いてくれる。ほんとはフンドシでキン玉とマラを包み込んでしめあげ、敵に蹴り上げられてもこたえないようにして、サラシを巻き上げるのだそうである。また、ほんまになぐり込みなら、サラシを水に漬けたり、霧をふいたりしてからしぼって巻くと、匕首で突かれても通らないと教えてもらった。しかし素人が本格的に巻いてもらうと、三時間もして居れるものでないと思った。といってゆるめると、今度はずるずると解けてしまう。サラシ一つ巻くのでも、大へんだとわかった。

メーデーの行列だとか、大会の会議場へは、こうした隊列を組んで行くわけだが、水平社が荊冠旗を先頭に大会議場へ進んでくる姿は、まさに怒濤の進撃というのにふさわしかったのである。どことも大会は合法団体としての顔見せであったから、中止、検束は当然であり、したがってブタ箱のめしぐらい珍しくないという猛者や強兵を選出した。ほんとの大会は前夜までに、秘密のアジトで各部会に分かれて終了している。だから公開大会は、官憲との激突を演出する場になっていた。その両側の道筋はアゴ紐をかけた巡査の列で、少しでも隙があると隊列から引きずり出す。私服の刑事が走り廻り、憲兵が諸所の重要地点で立哨するというわけで、周辺一帯は騒然たる状況になる。会場では「われわれは……」「弁士中止」「検束せえ」というわけで、三言か四言ぐらいもしゃべらせない。傍聴席では「官憲横暴」ぐらいはよいが、「イヌを殺せ」といったら、とたんに私服がとびかかってくる。水平社だけでなく、農民組合、労働組合、文化団体の大会も、同じようなことであった。そうした激闘風景は、もはや遠い昔の夢、まぼろしになっている。ということは現実の戦闘訓練も、実戦能力も、軍隊が出動しない限り、双方にあまり大差がなかった。いま、いろいろのデモ行進や、とくに京都、大阪、神戸、岸和田などの都市化した大きい祭礼の際の、いわゆる機動隊の行動や指揮方法を見ていると、大衆運動の規制、鎮圧訓練はくらべものにならぬほど進歩してきたのがわかる。とても戦前のサーベルから、ピストルに変わったぐらいのことでなかろう。これとどのように対抗し、克服するか、いずれ問題になるときがあるにちがいない。

さて、では都市の部落やスラム街の状況は、どうであったか、ということになってくるが、たいていの都市では、部落とスラム街、在日朝鮮人住居地、沖縄県民住居地などが、相接していることが多い。大阪では西浜と今宮、今いう釜ケ崎とが接している。しかし部落とスラム街とが混融することは殆ど見られず、双方の境界は明確であるというほかあるまい。私などの経験からいうと、部落出身でないと住み着くのが難しいところもあった。部落には村落共同体としての伝統が残っており、その出身地を質されることが多い。しかしスラム街は、そうした村落共同体から脱落、または離脱した人が多いから、他人の出身地にこだわる者が少なかった。ドヤへ泊まっても、どこや、播州や。おい播州、というわけで、それ以上に踏み込まない。もとより稀にはいろいろと聞きたがるのも居るが、そういうのは嫌われるので、いつの間にか消えてしまう。また聞かれたところで、ほんとうの出身、経歴などをしゃべるのは少ないのである。酒を飲んだりすると、いろいろしゃべるのもあるが、あまり信用もできんし、周囲もそういうものとして聞くだけで、そう身許調べに厳しいわけでない。それだけに、いろいろの兇状持ちには暮らしやすいのである。そのかわり部落のように相互扶助的な機能は浅く、自分のことだけで精一ぱいという面が強い。

昭和十三年頃で、大阪の都島あたりの「間借り」で二階、六畳間、電灯、水道込みで月十円が相場であった。その頃、今宮の長屋街、四畳半間で、だいたい五円かかっており、私などの感覚からいうと都島の方が安く、今宮は割高といえるだろう。長屋にもいろいろで、日銭十銭、十二銭、十五銭というのもあり、月額前払い五円は、まあ良いところといえる。しかし水道、便所など集団的共用であるし、ドブ溝を前にして蝿や蚊がうるさいし、南京虫、ノミ、シラミも居るし、これは留置場にくらべるとものの数でもないが、ともかくあまり好んで住みたいところでもなかった。しかし非衛生的とか、非人間的生活ということを苦にしなければ、また人間の社会的生活の最低限度の実態を経験することができる。

貧民窟から細民街へ、そしてスラム街へ、その名称も変化してきたわけだが、この名称の変化は、また実態の変化と照応していると思う。おおまかにいえば明治の軽工業発達とともに都市に集中してきて脱落した人たちの群居が「貧民窟」であり、大正の重工業発展に吸収されてきた人たちが脱落して形成されたのが「細民街」である。スラム街は昭和になってから、経済恐慌のあおりで集積された離脱の人たちで、それぞれの時代と社会相をもっているだろう。その詳しい解釈は、他の機会にしたい。

ドヤにしても、長屋にしてもピンからキリまであるわけだし、どちらも本質的には同じようなものといえるが、まあドヤ住まいには一過性が多く、長屋にはやや定住性が高いといえる。長屋の一軒といっても三畳か四畳半が主体で、独居は少なく、家族住が中心で、だいたい一家族だが、複数の場合もあった。二人以上数人の共同というのもあって、だいたいこの三つの型がある。家賃の支払いは日銭払いが多いけれども、月額前払いもあった。最も簡便な生活なら、リンゴ箱一つを横にして食卓および机とし、内へコンロ、たきつけ類、台の上に食器、鍋、茶瓶などを置けば足りる。ふとん類は部屋の隅へ積み、衣類は壁にかければよい。食事一切を外食にしても、茶や冬のコタツなどのためにコンロとたきつけは必要であろう。まあ独居の場合は、これが最低限であるが、米その他の食料品、調味料などは置かない方がよい。稼ぎに出ている間に、盗まれてもしようがないのである。失業したりして家財道具をもって移ってくると、だんだんと売って、もう売るものもなくなった頃に、漸くスラム暮らしが板につくようになるだろう。

私たちが、こうした長屋やドヤを利用したのには理由がある。第一は賃借料、宿泊代が安いことで、だいたい一泊二十銭から五十銭までで、うまく交渉すれば十銭でも泊まれた。もとより食事は別で、寝るだけだが、安いとフトン代を別にとられる。あんまり安い宿では所持品の保証が危いから、夏であれば野宿の方が安全ということになった。一カ月以上の長期なら五十軒長屋、百軒長屋の一軒を借りた方がよい。ドヤ街は、独身の一過性が多いから、油断できないが、長屋街は定住性があるので、それだけの信頼ができるし、三畳あるいは四畳半で月額五円ぐらいであった。第二は、殆ど治外法権であったこと、これは助かった。昔は普通の宿屋、ホテルに宿泊すると、よるのよなかに「臨検」で叩き起こされる。市内の安い宿屋などへ泊まると、かえって危険であった。皇族が通過するとか、強盗殺人事件などが起こると、必ずやられる。宿帳の住所、氏名をごまかしたりしてばれると、よけいに危い。しかし長屋街やドヤ街へ泊まると、特高の刑事でも怖れて入ってこないほどであるし、実際問題として臨検に来たところで手間はかかるし、その間にホシはいくらでも逃げられた。まあ、弾圧時代では、最も安全な宿泊所といってよい。私たちボル系もよく利用したが、最もよく利用したのはアナ系の人たちである。共同宿泊した経験もあるが、私たちボル系ではとてもつき合い切れないところがあった。ボル系には、どうしても秩序的感覚が抜けないのである。

いろいろの過去を背負った人たちの集まりであるから、生活環境も、精神状況も安定しているとはいえなかった。そこで大小さまざまの紛争も起こるし、喧嘩口論は日常茶飯事ということになる。しかしそればかりでは生活できるわけがないから、お互いに援助し合う面もあった。長屋街でも、ドヤ街でも、その一画でボス的な女性が必ずといってよいほど居るもので、私の経験した範囲では、あまり男のしっかりしたのは居らなかったが、女性にはたしかに人材がある。大阪では「金棒引き」「世話焼き」などといったが、そうした人たちが居て、共同生活が維持できる面も大きかった。昔も、役所式の生活相談があったけれども、よほど余裕がなければ機能しないようになっている。たったいま病気で五円要る、十円欲しいといっても、どうしようもない。そうした急場になってたよりになるのが女頭目で、その女や一家の経済状態などを考えた上で、高利貸の日銭を紹介するとか、売淫の仲介をしてやるとか、適当な処置を考えてやった。

私らのような一時的寄留者から見ると、なに一つ根本的な解決といえるものでなく、ただ当座の一時しのぎにはなるが、かえってすぐに負担を大きくするにすぎない。しかし私らにも、どんな救済の手段があるか。石にかじりついても貞操は守りなさい、などと説教できるものでもなかろう。キリスト教の伝道牧師などが、必ず失敗したのはそのためだ。悔い改めれば、天空から札束が降ってこない限り、現実はどうしようもない。当時は失業保険も、医療保険もなかったから、長屋街やドヤ街で失業したり、病気になれば、女房や娘があるなら、彼女たちが身売りするか、売淫するより手段がなかった。そうした場合に悪い周旋屋や暴力団の手にかかって叩き売られるか、新世界あたりのカフェーに前借で紹介してもらうかでは、大へんな違いになる。もとより女頭目にもいろいろで、悪周旋屋や暴力団と組んで餌食にする姐御型も居るわけだが、しかしできるだけ困った人たちの相談に乗って、ともかく最善の方法を考えてやる真の意味の頭目も居た。その人の評価は、長い間に自然にかたまるもので、あの人に頼めば悪いことにはしないという信頼ができる。したがって居住期間も長く、いろいろの紹介先もあった。

28　スラム街のバクチ

当時の、いわゆる五十軒長屋、百軒長屋というのも、いまは残っていないから想像もできないだろう。それでも高度成長までは神戸の三宮駅東の国際市場とか、新川附近にやや似た長屋群があったが、いまは全く姿を消してしまった。釜ケ崎周辺でいうと紀州街道とか、戎警察前の電車道とかが「大通り」、それに直交するやや広い道路で、皮革業とか米商などという二階商店が両側に並ぶのが「本通り」、そうした本通りから左右に入る道の両側に宿屋とか、いろいろの日常品商店がならんでいるのが「表」、それから更に枝分かれした小道路が「通り」「小路」で、零細企業やドヤ、長屋などの持主、経営者、金貸しなどが住んでおり、それから更に枝分かれして道ともいえぬ細路を入ると「路地」「裏路地」となり、四軒長屋、八軒長屋などがあり、これは定職のある人たちの住居であるが、それから更に枝分かれして各種の住居群に挟まれた狭長な場所にあるのが「裏」で、五十軒長屋、百軒長屋その他の超零細住居群がある。つまりスラム街（部落も殆ど同じ）は「大通り」から分かれて「本通り」、「表」「通り」「路地」「裏」と五段階があり、それによって道幅が狭くなり、住居建築、職業、風俗などに、それぞれかなり明確な特色をもっていた。「路地」や「裏」の住人から見れば、「通り」や「表」の住民は天国暮らしみたいなもので、せめてあのくらいの生活がしたいとあこがれている。その上の「本通り」となると、これはもう及ばぬ鯉の滝登りという感覚で、何度となく聞かされた。最近の西浜、釜ケ崎周辺では、もうこうした戦前の状況は全くなくなっている。ただ今池から萩の茶屋へ出る道路の両側に戦災をまぬがれた商店街があり、昔の「本通り」または「表」の感覚を残していた。そこで、ほんとうにスラム街の特色があったのは、ドヤと「裏」の長屋群ということになる。

五十軒長屋というのは、中央に五尺幅ぐらいの通路があり、両側に三畳間一軒が五軒ずつ十軒あり、これが五つならぶと五十軒長屋、十ならべると百軒長屋となった。たいてい奥だけが四畳半間二軒になっていたが、それは敷地などの関係からであろう。三角屋根を五棟ならべて、妻入りにしたものと思えばよい。しかしマッチ工場や倉庫などを移築して改造したものもあり、必ずしも同じ様式ばかりでなく、畳数も正確なものといえなかった。まあ十軒一群毎に裏か前に水道、共同便所ということになるが、ひどいのはそういうことになっていない。また工場や倉庫を改造したものには、下が長屋、上がドヤというのもあり、これらのドヤは殆ど未公認で、恐らく警察もつかんでいなかっただろう。なかには家ともいえんような小屋もあって、電灯もないというのがあった。そうした廃屋みたいな小屋でも、住んでいた家族もあって、家賃をとられているのかどうか疑ったが、まあ「裏」といわれるところは、いろいろの生活があったというほかあるまい。汚い話になると、長屋の共同便所の使用、掃除でもしばしば喧嘩があったので、満員でたまりかねて空いている他の長屋の便所を借りても問題であった。汲みとり料や掃除もしないで使われたのでは、それだけ負担が大きくなるからである。まず汲みとりにきてくれないし、使用人員に比べて便所が小さすぎるから、すぐに満杯になった。この上、他人に使われてたまるかということで、長屋の男たちは少しでも負担を軽くしようと、帰宅のときは外の大溝や空地に小便を捨てていたのである。便所のない小屋の住民はどうしていたのか、いまもってわからないが、よほど巧妙に処理していたのだろう。水道も井戸端会議に利用されるが、また使い過ぎるとか、汚すとかで喧嘩のネタになった。水道料を割りあてて徴収する家主が多かったからであるが、果たして市の請求通りに正確に分割したか、どうかはわからない。かなり水増ししたとみるのが、妥当な見解であろう。人間という動物は、どこに住んでも難しい課題をかかえている。

スラム街の住民たちの楽しみは、やはりノム、ウツ、カウの三つになるだろう。飲む方はどこで、どれだけのんだところで、まあ大きい問題にならないとしておいて、ウツの方は、これは警察が介入してくるから、問題になった。しかしスラム街のバクチというのは、一般の市街区にくらべると、かなり盛大なものというほかあるまい。今宮警察署の横の路上で紀州街道を走る自転車の後部の鑑札番号でバクチをやっているのにびっくりしたが、仕事にあぶれた人たちは道路上や家宅の陰で、銭投げとか、通行人の性別、持物などまでバクチのネタにしており、まあ半公認ということであろう。しかしドヤや倉庫改造の中二階などを利用して、巧妙な常設的賭場も開設したのがあり、二十四時間稼動で、よく続くと感心した。私は子供のときから、いわゆる射倖心に乏しく、碁は連珠のまねごとをやるだけで、本式のものはついに覚えず、将棋、麻雀にいたっては手にしたこともない。パチンコも二度ほどやっただけで、競輪、競馬、競艇となると、まだ見たことも、賭けたこともないのである。

しかしスラム街住まいをしてみると、女頭目に男がバクチも知らんというアホがあるかと叱られ、まあ一通りの勉強はさせてもらった。それでも、なんであんなものが、あれほど面白いのかと不思議でならない。男どもとやったことは一度もなく、男女混淆か、女のみのものに加えてもらった。つまり本格的なバクチの経験はしなかったわけだが、ブタ箱へ入ってみると、犯罪技術、セックス、バクチが研修の三大課目であるから、いや応なく勉強させられる。そんなことで理論篇は卒業したが、応用篇は殆ど失格であろう。だからバクチの話をしてもしようがないが、しかしまあ、よくこれだけバクチのネタと、方法があるものだと感心させられた。本通りなど自転車のよく通る道路では、自転車の後車輪につけた番号で丁半をやる。戦前は自転車の後車輪のカバーに、納税番号札をつけたからだ。またそんなに人通りの激しくない通りであると、角を曲がってくる男女で賭けた。女が男の子を抱いていたらどうなるのだと聞いたら、どうしようかと相談し始め、女と決めたのもある。まあ、こんなのは仕事にあぶれた連中のやることで、一銭か、せいぜい十銭ぐらいの賭けだ。連続ということになると丸髷の女が来ると、これまでの分をみな取る。しかし巡査や坊主が現われると、これもみな取られた。説明するまでもないと思うが、男が丁で、女が半である。

ドヤはもとよりだが、長屋の連中も生活困窮といいながら、よくあれだけ飲めると思うほど酒は飲むし、あれだけのヒマに働けばと感じるほどバクチを打つ。働けといっても働き口がないということになるが、それにしては飲む、打つ方は盛んである。それだけ女房や子供たちが苦労していると、いうことになるのだろう。しかし女も相当に酒は飲むし、バクチもやっている。男のバクチは一円が最低単位になるが、女は十銭ぐらいが最低単位になり、いわゆる手なぐさみになれば一銭単位や羊かん一棹（五銭、十銭）などと駄菓子を賭けるのもあった。男のバクチの熱情など、とてもついて行けぬので断ったが、女のは負けてもせいぜい五円ぐらい、だいたい二、三円ぐらいで負けもすむ。それで誘われると、ときどきつき合った。女も本格的なバクチの好きなのは、男の賭場へ行く。その代わりに女は、いろいろと趣向を変えるバクチを考えた。

遊びにおいでというので行くと女四人、男一人になる。女はサイは使わず、普通の花カルタのメクリが多い。着物ぬぎをしようというわけで、最低の者から帯、上着、伊達巻、長じゅばん、下着、腰巻、足袋と脱がせる。丸裸になると退くわけだが、腰巻をとっても、足袋があるから退けず、足袋をとられるまで殆ど丸裸を晒すことになるが、それが面白いらしい。同じ条件なら男は損だといったが、男の裸ぐらい気にせんわ、と叱られた。ルールはいろいろで、そのときに決めるが、いずれにしても最勝者を決めるまでに相当の時間はかかる。終了すると脱いだ衣類を、上着、帯、長じゅばんなどと別の値段をつけたり、均一の値段にして買い戻させた。それが勝った者の余得になるわけで、一点一円均一にしても三十円近くが入る。ともかく女も腰巻一つになると、なかなか賑やかになった。まあ若い娘や芸妓衆なら肉体の鑑賞も楽しいが、中年のオバハンたちでは興も浅いということになる。しかし腰巻も取られると手でかくしたりするが、反則だと叱られて全開帳にさせられた。そこで若い男を加えたねらいが、漸くわかる。ともかく若い男が一人でも加わると、恥ずかしいと盛り上がるわけだ。男の方もふだんは見られないオバハンたちの肉体が鑑賞できるわけで、デルタ地帯の景観もそれぞれ特色のあることがわかる。

なかなか負けるような下手なのはいないのだが、私が残ったら好きな女を食べさせてやるという。先に負けた女を食べさせろと交渉したら、この場でする度胸があればやったらよいとからかわれた。女ばかりが裸になったところで風呂屋と変わりがないわけだが、若い男を一人でも加えるとやはり興が出る。といって男が多いのは面白くなし、オヤジ連でも興が乗らぬということで、ときどき誘い出された。ほんとのバクチ好きは、こんな女のつき合いはしない。そこで次はあの女を誘って裸にしろ、などと注文をつけた。まあ、その程度ですましたが、男がバクチで負けてくると、まず娘が叩き売られ、次は女房ということになる。娘が居なければ女房を売るほかないが、親娘、夫婦で大喧嘩をやってみたところで、こわいあんちゃんを連れて女衒が出てくると、それまでであった。売れるような衣類、道具があるわけはなし、女人売却より手段がないのに、それでもバクチはやりたいらしい。スラム街のドヤや長屋で本を読めなどといっても無理だが、酒とバクチとが唯一無二の楽しみということになると、その終末は同じであった。素人上がりがいくら頑張っても、プロに勝てるわけがない。独身者と夫婦者との扱い方は違うので、独身者は早く叩いて放り出すが、娘や女房に目をつけたら、巧妙に引っ張る。素人だけのは安全だが、当たったときの儲けが低いし、面白味もないというので、プロの賭場へ出入りし始めると、三月はもたない。スラム街のバクチも、いろいろとあったということになる。

ドヤや長屋街の悲惨な話はいくらでもあるし、書いたものもあるので、すこしは違った角度から調べてみた話をしてみよう。ドヤは、これはいろいろの生活の人たちが短期に、つまり一過性で去来するから、とても書き切れるものでない。長屋住まいは、ともかく定住性があるから、すこしは長期の観察ができる。下宿的、あるいは間借り的な生活なら本通り、表などの商店でも二階の一間ぐらい貸すのがあった。それではスラム街に住んだ経験にならないので、長屋住まいをやって見たのだが、別に賀川豊彦的な目的もないし、要するに一時的潜伏にすぎない。周辺の人たちはかなり定住する人もあるが、早く移動する人たちも多かった。したがって私の見たのは、ある時代の狭い段階であり、その後の戦時体制での激変は大きかっただろう。ただ、私のときには、まだ古いスラム街の伝統が、濃厚に残っていたことは確かである。

なお近頃の学生に聞いて見ると、下宿、間借りの差もわからなくなっているので、戦前の説明をしておく。「下宿」は部屋（間）を借り、基本的には朝、夕の二食を提供してもらえる。日曜、休日などで中食を出してもらうと、その分は即時に支払うか、月末に清算した。当時、下宿屋という専業者もあったが、私のいうのは市中の一般民家を利用した場合のことである。その額は交渉によってというわけだが、昭和十三年頃で普通一食二十銭、二十五銭ぐらいであった。一般の洋食堂でカレーライス一ぱい二十五銭であったから、その程度が妥当であろう。電灯料、水道代込みが普通だが、別に請求されることもある。またフトンなど貸してもらえるのもあり、これは別に借用料を出した。下宿して呉れる民家は工場街、スラム街、繁華街に近い市街区に多く、一般の市街区では殆どあるまい。普通には家族連れを嫌い、単身という制限をつけるのが多かった。

「間借り」は部屋の一間を借りるだけで、食事は全く別である。二階家の二階はだいたい三畳、四畳半、六畳ぐらいになるが、四畳半、六畳が多く、このうち一間か、二間を貸すが、ひどいのになると階下の口の間も貸すというのがあった。だいたい単身で借りるのが多く、食事は外でとる。電灯料、水道代は込みだが、別にとられるのもあり、借りるときによく交渉しなければならなかった。工場街、スラム街に近い市街区では、部屋での自炊を認める家もある。二階を一家族で借りる場合は、殆ど自炊であった。単身の場合でも自炊をさせる家もあり、三、四人で各自自炊生活というのもある。家によっては、自炊の場合は貸し料を高くした。水道代を込めるのもあるし、別に請求するのもある。一般の市街区では、殆ど自炊を拒否した。交渉のとき自炊はできまへんと断るのが多く、後で自炊に切り替えてもめるのもある。もう一つ間借りでよくもめるのは「合部屋」「相宿」というので、単身で貸していると思っていると、そのうち友達などというのを連れてきて、二人、三人の共同合宿になった。借りている方は部屋代を割勘にして安くできるが、貸す方はたとえ借家であろうと独身と共同合宿とでは、家の荒れ方が違うというので、出て行ってくれとか値上げするとかでもめる。初めから共同合宿というと貸さないから、こうしたことになるのが多い。これはスラム街の長屋でも、家主とよく喧嘩のタネになっていた。ドヤなら相宿、合部屋は当然だが、それとは違うという論理である。スラム街の長屋は、自炊型間借りに近いというか、個別貸家との中間的形態ともいえるだろう。下宿も間借りも、その所在地、家屋の新古などで、かなりの差があった。下宿は食事つきで、食事の内容で違うが、普通として四畳半間で二十円から二十五円であろう。間借りは家の新古で差が大きく、四畳半間押入れつきで六円から十円ぐらいである。いずれも昭和十二年から四年ぐらいまでで、十五年以後は急上昇したらしい。

スラム街の長屋でも四軒長屋なら玄関、口の間、奥の間、台所があり、口の間か、奥の間に押入れがある。便所は単独もあるし、両側に四軒長屋、八軒一群で水道、便所共同というのが多かった。五十軒長屋群では玄関、押入れ、台所は全く欠除している。つまり三畳乃至四畳半間一室だけで、前の通路が玄関になった。間の壁は板が多いが、紙ぶすま同様のもある。前は障子二枚で、下にガラスの入ったのもあった。炊事は入口から出た道路か、裏へコンロを持ち出してやる。内の通路でするのは雨風の日ぐらいで、その他の日は内に煙がこもるので叱られた。そんなわけだから両隣や向かいの二軒ぐらいは、障子を閉めていても筒抜けである。大喧嘩でもやれば両端はもとより、裏の長屋群でも聞こえた。隣に売春婦が居り、夜となく昼となく連れ込んだので、さすがに閉口する。九つだという娘が居り、商売中は私の方へ逃げてきた。学校へは行かず、夜になると辻占を新世界辺へ出て売っている。その風俗は一種独特の趣向で、髪は桃割れか類似の型が多く、カンザシには小鈴がついて鳴った。着物は赤の多い縞に、これも赤の多い小幅の帯、下は赤の腰巻をする。要するに少しでも娘らしく見せるということで、紅や白粉もつけていた。辻占は十銭から二十銭、鼻の下が長いほど高くなる。日に一円から一円五十銭ぐらいだが、景気のよい晩はチップなどもらって四、五円になることもあるらしい。やはり女連れの男がよく買うそうで、馴染の女給や女が居て童謡や民謡をうたわせてくれると五十銭、一円ぐらいくれた。なかには腰巻へ手を入れるのもあり、こんなのは大声で泣くと辻占を買ったり、金をくれる。六、七歳ぐらいから十歳以下は二、三人で組んで廻ったりしたが、十二、三歳ぐらいの姉さん株が一人つくのもあった。酔っぱらいも多いわけだから、いろいろとその日の状況で変えたらしい。そうして廻っていると、とても九つとは思えず、稼ぎも俺より多いのやないかとびっくりしたが、親にかくして無駄食いするようで、これも俺よりえぇもん食っていると感心する。そこでよく母親に儲けが少ないと叱られ、喧嘩していた。母親はノム、ウツで、殆どバクチで消費するかと思ったが、ヒモもあったかもしれない。長雨のとき、娘を五円で買えというので、一晩に五円は高いと断ったら、身体ごとやるということになる。買ったところで、後の食わせが大へんであるし、母親のように辻占の儲けを出させるのも不可能だから、断るほかない。

辻占や花売り娘たちが一群となって、ムラの娘仲間みたいのをつくっていたが、もう早いのは十、遅くとも十二、三までに水揚げする。大阪ではデン公という不良少年が殆ど相手だが、客や長屋の大人たちもあった。もう七つ、八つになったら相当の性知識は、実見しているので持っている。私など独身だから、兄ちゃん、チャウス知っているか、などとからかわれた。しかし、もっとびっくりしたのは、掻っ払いである。店内で万引するのと違って、店頭の商品を盗って逃げるのだ。さすがにいつも行っているカフェーや飲み屋街ではやらないが、付近の商店街でやる。通りかかったら人だかりがしているのでのぞいて見たら、中で娘がわあわあ泣いており、掻っ払いに失敗してつかまっていた。まあ今宮あたりの女の子だろうと、叱られて許してもらったらしい。しかし聞いて見るとよくやるらしく、盗品は娘仲間のボスが売って仲間の遊びに使うようだ。九つぐらいまでだと幼女だと思って、かえって金や物をくれるのもあるという。助平みたいなオヤジに店内へ引き入れられたので、前を開けて見せたらいじくってから、金をくれたので、ときどき行っていじらして金をもらってくるのもあるそうだ。ほんとかと疑っていたら、他の娘もあるそうで、うそやいうのならついて見にくるかと誘われたが、さすがに思いとどまる。その店だけは教えてくれたが、どうも幼女姦、それも水揚げしたがるのが多いらしい。五円で買わなかったが、どうせ水揚げさせるから、あんたが水揚げしてやれ、という。初めからボスやデン公を通じて水揚げを交渉するのもあり、辻占や花売り姿を見てのことだ。しかし直接に店内や家内へ引き入れて強姦するのもあり、これは後からあんちゃんなどが娘を連れて脅しに行く。まあ店や家の状況、女房の有無などを見て五十円、百円ぐらいから切り出すそうだ。娘が裂傷を受けて医者通いしているなどともちかけ、医療費をかさ上げするのもある。幼女姦は普通の強姦より重罪だと脅され、かなり高くふっかけられるようだ。長屋の仲間なら五円、十円でもすむが、外の客には二度か、三度ぐらいまで初めてで高く売るらしい。当時、水揚げなどと上品なことはいわずハツワリ、ハツボボなどといったが、ハツケリというのもあった。スラム街周辺では、初潮の前に、すでに水揚げがすんでいるわけで、買いに来るのは初潮前であることを条件とし、初潮の疑いがあると値切る。まあ、そうした世界もあるということにしておく。

長屋群だけのことでなく、スラム街では十三、四歳になると娘は売られるか、カフェー街などへ働きに出される。早いのは九つ、十ぐらいから遊廓の下地子に売られ、十三、四になると十六として初店に出されるのもあるらしい。子守に出されるのは少ないようで、辻占や花売りの方が現金が毎日入るということだ。ただし辻占や花売りはすぐできるものでなく、縄張りの承認が要るから、なかなか難しい。しかし承認があれば仕入元や販売圏を指定してくれるので、その日からでも商売ができることになった。ついでに男児は十ぐらいから丁稚小僧や、工場の坊主小僧に年季奉公で売られる。

29　五十軒長屋の生活

しかしスラム街の長屋でも、そんな女ばかりでもない。近くの長屋に夫婦子供三人家族があり、主人は病気でねており、妻がマッチ工場で働き、夜業にマッチの箱張りをしているのがあった。子供はまだ学齢前の男の子なのだが、家事や看病をしている。胃が悪いといっていたが、肺病だろうと噂した。肺病は嫌われて、追い出されることもある。病気で失業してからスラム街へ落ちてきたわけで、もともと通常の生活をしていたのだ。気の毒でもあるので、ときどき袋や紙に米や魚などを包んで、他の者にわからぬように運んでやっていると、女ボスが、あんた面倒見たるのはよいが、主人が死んだら後の女房、子供引き取る気か、と聞くので、そんな気はないと答えると、それならあんまり深入りせん方がよい。かわいそうなのはわかるが、どうしようもないこともある。ほどほどにしておくのが、かえって親切になることもあると教えてくれた。だいぶん気を遣って、わからぬようにしていたつもりだが、なかなかかくせるものでなかったらしい。そのうち病院へ入れるとか、なんとか苦労していたが、ともかく少し病状も落ち着いたので、河内の親類が引き取ってやるといってくれるからと、女房が主人を背負い、子供がフロシキ下げて出て行った。それはよかったなあ、と送り出してやったが、長屋の連中は信用する者がおらず、どこでどうなるのかわからんが、肺病が居らんようになってヤレヤレだということになる。こんな悲劇は、まだ軽い方だろう。

長屋群には胃腸が悪いとか、ろくまくというような長期療養者も少なくなかった。胃腸というのはガン、ろくまくは結核であるが、女房や子供が看病しているのもあるし、主人の寝ている横で売淫というのもあり、私などはむしろ買う男の神経を疑ったが、安いということが魅力であったらしい。しかし医療代のため女房や娘を買ってやらんか、という誘いもある。困ったときはお互いやからというわけだが、五十銭ぐらいならカンパするといって叱られた。なんで叱られたのか、初めはわからない。そのうち子供が急病でどうしようと騒いでいるので、聞くと医者に行くのに五円が要る。いま借りられる人がないというので、私が近くの親類から借りてきてやると、五円を貸してやり、また栄養品を食わせたらと二円を別に渡した。親類で借りてくるというのは狂言で、金を持っていると思わせないためである。貸したといっても、どうせ返せるものでなし、やったつもりでいた。しばらくして女頭目によばれ、幸いに病人も落ち着いたと女が喜んでいる。暇があったら二度でも、三度でも好きなように遊んでくれと頼まれた、ということだ。俺は働いているから、そんな心配は要らんと伝えて欲しいというと、なんや、金で返せいうのかと顔色を変えてからまれる。そんなことといってないと議論になり、先方も新米とわかって、いろいろと教えてくれるようになった。

スラム街には、また一つの論理があったのである。金を借りたまま返さないというのでは踏み倒しになるので、身体で好きなだけ遊んでくれれば、それで借りを返したことになり、貸借は帳消しになった。要するに、どんな形であるにしろ反対給付が行われれば、タダで金を恵まれたという屈辱はなくなる。教育勅語的発想からいえば、貞操を守ることの方が大切であり、借金の踏み倒しぐらい軽いといえるだろう。しかし、そうした空理、空論では、実際の社会は機能しない。どのような形式にしても、既存の貸借を清算しないまで、重ねて借りようというのではアコギだとして嫌われた。等価、等物でなくとも、精一ぱいの努力で返済するものは、お互いに認めようということである。長屋街に住んで居れば、留守中に米を盗んだの、醤油が減っていたなどの喧嘩は珍しくない。また梅雨や長雨で生活に困れば、女房、娘を買ってくれと頼みにくる。それであるのに男を盗ったの、女房を盗ったのと大喧嘩をやった。つまり公然と売る、買うは、これは貸借関係である。しかしオヤジにかくしたり、女房にかくれての関係は密通であった。

だいたい米は一升買いが多く、せいぜい二升である。三、四人家族なら二、三日分だろう。調味料は醤油、味噌、塩ぐらいが多い。醤油も一升瓶など殆どなく、だいたい二合入りであった。それでも毎食食えるのは良い方で、一食や二食抜かすのは珍しくなかろう。したがって全く孤立したのでは、とても生活できるものでなく、お互いに米から醤油、塩、炊事用のタキツケに至るまで融通し合って、漸くしのいでゆける。そのくらいの共存意識がないことには生活できず、そのかわり借りたものは必ず返すという認識がなければ、スラム生活もできないことだ。だいたいは等物が主であるが、相手に余裕があれば等物、等価でなくとも、双方で承知できる基準でよいのである。二日で一升炊く家から、今日の残り五合を借りれば、明日はどうしてでも五合返してやらねばならぬのは当然だろう。しかし独身男が日に二合半消費するとして、残りの七合半を借りられれば、日に二合半ずつ返せばよいので、三日の余裕ができる。その間に夕食のオカズにと持ってこられると、これで後の米は返してもらえないと思ってよかろう。すこしでも余裕があるとみられると近所隣だけでなく、集中的にねらわれ、ときには脅迫もされて、とことん裸になるまで叩かれる。スラム街のドヤにしても、長屋にしても、住んでみればいろいろと難しいものだ。

よく利用したアナ系の人たちは、そうした事情に通じているから、金が入ると残さないように使ってしまう。同居人の衣類、夜具まで売ってしまうのも珍しくないし、女なども一人が連れてくると共同使用になる。俺の尻を貸してやるから、お前の尻を貸せというので、これは逃げ出した。まあ衣類や夜具の質入れや売るぐらいお互いさまだが、革命をやるというのでなにかと思ったら、会社、銀行のカツアゲで、こうなると危くてたまらない。どうしてもボル系は秩序感覚が強いから、そこまではつき合い切れなかった。だがノム、ウツ、カウのどれにもあまり熱心でないということになると、生活に余裕があるとみられてなんのかんのとねらわれる。したがってあまり金儲けはしないように、かくれて女遊びをやっているように、は独身男の最低の要件になるだろう。長屋の住民でも、よく見ておれば、ともかくまじめに働いて、日収が確実にある人たちもあり、そうした人たちがときどき頼母子を誘いにきた。短期だと一日十銭ずつ十日というのがあり、それでも十人になれば十円で、とりあえずの医者代とか、借金が返せる。長期でも一カ月が最長で、殆どないだろう。月掛けのものも、殆どあるまい。それほど移動が激しいからで、逃げられたら後に残っているものなど一文にもならず、踏み倒しである。長期の月掛けなどは勤務先でやっていても、長屋では組まない。しかし、ともあれ頼母子をするだけの信用のある人たちもあったことになる。

長屋というのは環境も衛生的といえず、また一般に住民の健康状況もよくないので、しばしば突発的な急病も発生した。また発病するとこれまでの無理や栄養が悪いため、とかく長引くものである。したがって注射の一本や二本で治るのは稀で、医療代に困るのが多い。そうなると金の算段に迷うが、高利貸に借りるとまず返済できず、女房か娘があれば身売りになる。女房も、娘も居なければ、金など貸しはしない。主人が急病で困っていたので、ともかく医者をよんで治療してもらい、直接、医院へ行って立て替えておいた。また米や滋養品を渡していたら、主人が礼に行って来いというのでと夜這いに来てくれる。これで表向きの貸借はすんだわけで、そういうこともしておかないと、いつ脅かされるかわかったものでない。なんといっても最も困るのは病気だが、官公庁の連中は、当時でもいろいろの社会施設や救済制度があったというように違いないが、それがほんとうにスラム街や部落の低階層の人たちに役立っていたのなら、多くの人たちが助かったであろう。金を借りるのには返却の条件、保証人などが必要でなかなか借りれないし、貸してもらっても確実な職業でもないと返せるわけがない。また病気でも無償診療には制限があるし、無料診療券を発行していた頃には、その交付の申請や保証にドヤの主人や長屋の家主が使われて、いろいろともめていた。つまり宿泊代や家賃が高いのなんのと喧嘩しておれば、なかなか渡さんということになる。

よく世間ではスラム街や部落などの公設診療所の医師たちを過大に評価しているが、実際に内面から見ていると大へんに違う。たとえば長屋街で急患が発生したとすると、診療所へ連れて行くかという者が殆どいない。少し金がかかっても周辺の町医師にかかりたがり、中風ならどこの医者、胃腸ならどこの医者が良いなどと、よく情報をつかんでいる。また、あの医師はスラム住とわかれば先払いでないと見ないとか、あの医師はえらそうにいうが後払いにしてくれるとか、いろいろと経験もしていた。まあ市中の医師にかかるだけの金もできず、しようがないから診療所へでも行くか、ということになる。また実際に診療所へ行ってみると医師も診療が荒いし、看護婦などの職員も威張っているのが多いし、まあ頭下げて行くところでないと思う。医師などからいえば月給は安いし、患者は多いし、それもこじらせた難病ばかりで、患者の態度も悪いしということになるのはわかる。しかし、そこのところが使命感の有無ということになるだろう。長期で入院というと阿倍野の市民病院か、中津の済生会病院になるが、無料は殆ど満床で、市会議員、府会議員などのコネがないと、なかなか入院できないなどと、あまり良くない噂が多かった。だが長屋街の方でも女房や娘がすこし高く売れそうだと女衒などが目をつけ、オヤジを病院へ入れてやるなどと車で連れ出し、女房や娘もついて出て行くが、それっきり帰ってこない。まあ女房、娘はどこかへ叩き売られたのはわかるが、オヤジをどうしたのだろうといったら、病院は夜でもあけているのが多いから、待合室の中へ置き去りにして逃げるのだそうである。戦前は、そういうのもあったらしい。

ところでスラム街のドヤ、長屋の人たちは、どんなことをして生活していたのか、ということになると、その実態はわからないというほかないだろう。大正十三年六月、大阪市社会部調査「日雇労働者問題」の「宿泊人の職業」や昭和十一年九月、今宮警察署「釜ケ崎簡易宿止宿人調」（いずれも昭和五十三年十一月、夏の書房刊、天平元一『釜ケ崎変遷史』戦前篇に抜粋）があり、だいたいのことは推察がつく。明治時代では横山源之助『日本之下層社会』に記事があり、『釜ケ崎変遷史』にも文献の抜粋がある。ただ宿泊人の職業や止宿人調を見ても、その職業の雑多なのに驚くだろう。とくに止宿人調となると職種らしいものが一九〇にも達する。これは少しでも調査の経験があればすぐわかるが、要するに調査者と被調査者とが、その場の問答でデッチあげた回答で、とてもまともな実態調査とはいえない。おそらくその前日に従事した作業か、数日中のうちで従事した作業であろう。殆ど常勤労働者は居らず、その日、その日の臨時雇傭が多いから、こうした職種分類をすれば毎日、職業が変わっていることになる。

ところで、それでは一般的な職種別ということになると、まず雑役工、臨時工、雑役人夫ぐらいよりしようがあるまい。販売業としていえば雑行商業ぐらいにするほかなく、金魚だの、飴だのと販売種目になると、毎日変わるのもあるから、手がつけられないことになる。呉服行商、布行商、メリヤス売などは、その日の風まかせ、ネタまかせで変わるし、文具行商、紙行商、玩具行商などの一群、雑貨行商、小間物行商などの一群、下駄鼻緒売、履物行商などの一群は、御元が同じで、毎日売品を変えたり、数日で変えたりしていただろう。金魚行商、冷飴売、甘酒売などは季節物であって、年中できた商売ではない。当時の警察から見れば、無職というのは犯罪人待遇で、それではどうして生活しているのなら、なにかの職業があるはずだ。明確にいえぬような収入があるのか、お前は泥棒だという三段論法で殆ど犯罪者と見たのである。そこで実際の調査に当たった警察官は、無職や失業者を少なくするために苦心していろんな職業をデッチあげることになったのだろう。それでも最終的には無職、男三九〇、失業、男六二になっており、総数二、三七二の五分の一強になる。昭和十一年は経済恐慌の最中だから、実質的な無職、失業は、恐らくその倍はあっただろう。簡易宿、つまりドヤ五十九軒の統計で、長屋群は含んでいない。長屋群はもう少し定住性があるから、いわゆる雑役工、雑役人夫が多いと思われるが、まあ、あまり大きい差はなかろう。雑行商人は比較的少ないと見られるが、辻占、花売りなど少女稼ぎは長屋の方が多いと思われる。いずれにしても長屋の詳しい統計がないのでわからないが、新世界や飛田周辺の商店、とくに飲食業者の雑役人夫（含雑役婦）など、新川や木津周辺の零細工業の雑役工、同人夫などが多かったのでないかと思う。女などもマッチ工場、電線工場、研磨工場などの女工として通うのもあり、こうした人たちの生活は、比較的安定していたと考えられる。殆どは臨時雇傭であるか、零細下請企業の雇傭などで、受注の波に左右されることが多い。

戦災で釜ケ崎周辺も、西浜附近も焼滅し、殆ど昔の面影がなくなっている。ただ萩之茶屋周辺に、昔の「大通り」とか、「表」の感覚をもっている商店街が残っていた。また飛田遊廓の南端のコンクリート壁が、かなりよく残されていたが、いまはどうかわからない。昔のドヤも、殆ど高層建築のホテルとなり、個室が主となっているから、ドヤ風景は想像できないようになった。長屋も市営住宅やアパートに変わり、昔の五十軒長屋などの長屋群は、どんなに説明したところで、その片鱗もわからないだろう。それにつれて住民も一変してしまったようで、いまは単身の土木工事や工場の雑役人夫などの就労者が中心になっているらしい。いわゆる手配師が現われて労働者を築港など、遠くへ運んで就労させるのも新しい現象であろう。最近、ぼんやりと飛田、今宮、西浜などの変遷ぶりを眺めていたら、釜ケ崎日雇労働組合（日雇全協）の事務所へ招かれ、いろいろと最近の状況を教えてもらった。東京の山谷、横浜の寿《コトブキ》町、名古屋の笹島、大阪の釜ケ崎、神戸の新川など各地の労働組合連合組織もできているらしい。こうした組織は、昔は全くなかった。難波には労働組合の事務所もあったが、釜ケ崎はルンペン・プロレタリアートとして見捨てられていたといってもよかろう。

ただ西浜には全国水平社関西本部の事務所があったが、六畳一間ぐらいの二階建で、ヒサシもないような独立家屋にすぎず、階下に汚い机と椅子があるだけで、平素は殆ど無人である。前は少し広くなり三角形になっていたので、私たちは三角広場といって喜んでいたが、それほどのものでなかった。午後二時頃には必ず憲兵が巡廻にくるから近寄るなとか、両側が二階建の裏になっていたが、その二階家の内から特高が事務所へ出入りする人物を監視しているので、横を通るときは素知らぬ顔で通れとか、いろいろと全水青年部の同志たちに教えられたのか、脅されたのかわからぬようなこともあって、いまはなつかしい。電車道の寺の坊さんが酒ばかりのんで、女たらしだというので御布施や本願寺の募財を拒否せよ、などと勇ましいビラを、動員されてまいたものだが、いまも立派に残っていた。しかし全水関西本部跡は、私たちにとっては国定史跡にも当たる重要遺跡であるのに、漸くこの辺だろうかと推定しただけである。すこし離れて解放同盟の新建築群があり、しばし今昔の感にたえなかった、ということにしておく。僅かに五十年だが、あの同志も、あの女性も、苦しい戦いのなかで死んで行ったが、と回顧して涙をのんだ。苛烈な闘争、弾圧下の抵抗ではペンネームよりわからない人たちも多いが、いま果たしてどのような感慨があろうか。

30　スラム街の女頭目

田舎のムラにも、部落にも、また都市のスラム街などにも、それぞれ女仲間、女連中を統率するような女頭目が居ることは、これまで書いてきた通りである。播州あたりではオンナバレ、オンナダテなどとよばれたし、大阪ではオンナゴクドウ(女極道)、カナボウビキ（金棒引）などといった。戦前でも、よく嬶天下というのはいたが、嬶天下というのは個性的なもので、いわばその家庭内の現象にとどまる。しかしオンナダテ、オンナゴクドウ、カナボウビキなどというのは、家庭外での女どもの共同活動の中で定まる評価であった。もとより嬶天下が同時にオンナダテであることもあったが、必ずしもそうとはいえない。ある女極道に、あんたみたいな女房をもったら安心だろうが、オヤジもいろいろと苦労だろうなあ、といったら、なにをいうか、うちはトト天下やでえ、うそや思ったら見にこいと叱られた。まあトト天下では、あれだけ働けんだろうと思ったが、嬶天下にならぬよう努力している女房もあるということだろう。なお女傑、女頭目と目されるような女性に女房が多いようだが、しかしいつ後家になったのかわからないけれども、いまは後家と称している後家や、ほんとの後家もあった。まあ、いろいろの険しい人生を渡ってきて、なお人間的精神を持ち続けているということだけでも、尊重に価するだろう。

断っておくが、私は他人の身上調査などに趣味はもたない。半年、一年という留置場暮らし、一年半の拘置所生活、二年半の刑務所奉公を経験しておれば、いやでも世の中の裏表はわかる。低階層の人たちが嘘をいったとしても、その底は浅いので、だいたいのことはわかった。それ以上に真偽を、たしかめる必要はない。必要な程度にわかれば良いので、それ以上の警察的、興信所的調査は、悪趣味というほかなかろう。政治的欺瞞、権力的犯罪は徹底的に追及しなければ、いずれはわれわれ自身の破滅につながる。しかし一般市民、民衆、それ以下の低階層の人たちの生涯や生活の歴史なら、誇張があったり、かくしたたころがあったとしても底は知れたものだ。たとえばスラム街周辺の女頭目たちにしたたところで、酒屋のお徳やん、あばたのおちか、ごんぞのおりきなどとしか、誰も知らぬし、知る必要などさらにない。貴族出身とか、女子大卒という学歴などで買わないからである。主人を殺して後家になったにしろ、情夫があるけれども後家というのが都合がよいので後家といっていても、本人が「後家」といえば後家であった。私のいっているのは、それ以上でも、それ以下でもない。

近頃のルポルタージュとか、ノン・フィクション物を読むと、あれほどまで個人の秘事や生涯に立ち入って調べ上げ、それを公表する必要があるのだろうかと疑う。私も資料採取の目的で読むが、たとえ金儲けや作家的名声が必要であるとしても、限界を越えているものが多い。座右にあるのを列挙すると、辺見じゅん『海の娼婦はしりがね』角川文庫、山崎朋子『サンダカンの墓』『サンダカン八番娼館』文春文庫、上坂冬子『遺された妻』中公文庫、玉井紀子『日の丸を腰に巻いて』現代史出版会、千田夏光『従軍慰安婦』三一新書などである。なお山田わかさんの暴露みたいなものもあるが、その心情を疑う。世のため、人のためというのであれば、せめて立花隆『田中角栄全研究』ぐらいのものをやってもらいたい。それこそ昔のスラム街の女たちがよくいったように、オメコ質に置いてもやって欲しいものだ。個人の爛れて、膿の吹き出している傷口へ指を突っ込んで、これでもか、これでもかと掻き廻している姿を想像してみるとよかろう。いずれも理由らしいものをつけているが、それに相当した業績を認めるのに苦しむ。私が書いているのは、個人としての女頭目でなく、そうした役割を果たしていた女連中の群としての作業である。彼女たちが、どのようにしてスラム街の生活を支え合っていたかの「昔ばなし」であった。

ムラ、部落、スラム街、どこでも同じだが、こうした女傑、女頭目は上層からも、底層からも出ない。上層の女史たちには汚い底層社会など見たくもないだろうし、底層の女たちには他人の世話をする余裕などなかった。スラム街でも「大通り」「本通り」などには発生しないで、「表」といわれる二次的、零細商店街に本拠がある。一ぱい飲み屋、八百屋、荒物屋、古着屋、質屋、口入屋、古物商、タコ焼屋、関東煮屋などが雑然としてならんでいる街区で、一ぱい飲み屋、関東煮屋、タコ焼屋、回転焼屋などのなかには軒先だけ借りて営業しているのもある。また焼鳥屋、回転焼屋、関東煮屋などには、作業場だけで、夜になると屋台を曳いて盛り場へ出るのもあって、普通の商店街の常識ではわからないだろう。屋台にも大別してハリミセとナガシとがあるが、だいたいハリミセが多いようで、それだけ安定度が高いということだ。ハリミセでも盛り場、電停前などといろいろ差があるし、ショバ代もとられる。ナガシにも屋台は自前、材料も調達というのから、屋台その他は問屋で借りるが、経営は自弁というもの、全く問屋の曳子というのまであり、問屋に保証金を払うのもあって、いろいろだ。ナガシには協定で廻る地域の割りあてがあるし、ハリミセの範囲には入れない。そうもいかぬので喧嘩もあるし、とくにハリミセは縄張りで護られているから、屋台を川へ放り込まれたりする。まあ、零細商業も大へんであった。

　こうした商店街の特色は、古物商、古着商が目立つことだろう。古物商はスラム街のドヤや長屋へ落ち込んできた人たちが家財を処分するのと、いわゆる盗品の持ち込みである。なかには表向きは別としてケイズヤ、つまり故買屋というのもあった。これには古物屋、古着屋の店を出しているのもあるが、階下の店は他人に貸し、二階で秘密に営業というのもある。なかには古着屋、古物屋を配下にして、盗品をすばやくさばくという仲買、問屋型もあるから複雑怪奇であった。大阪では堺筋の日本橋五丁目に泥棒市場があり、警察へとどけるより先に泥市へ行け、早く、安く買い戻せると噂になっている。それほどでもないと思うが、ともかく釘一本でも売ってくれた。全く雑品市場でなんでもあったが、完成品はかえって要注意で、家へ帰って使ってみたら役に立たない。まあ、そんな市場へ流れ込んだわけだが、高級品、美術品はまた別のルートがあった。戦災で焼失していたと思っていたら、「五会百貨店」として復活、現に盛業中ということにしておく。ともかくドヤ、長屋の住民にとっては質入れするより、すぐ現金になるし、買う方も中古、古着で安く買えるから繁昌した。しかし盗品とにらんで安く買い叩き、犯人が検挙されると「故買」でやられ、サツのダンナにこってりとしぼられる。平素から刑事と仲よくしとかんと、というわけで、飛び入り素人盗人などが持ち込むと、いま金がないから一時間して取りに来いとのばし、受け取ってヤレヤレと出て行き、街の角を曲がるとトタンにおい、ということになった。どんな商売でも難しいわけだが、この調子でインチキ商売の銘々伝をやっていたら、日が暮れて夜が明けるからやめておく。

ともかく「表」の商店街というのは、直接にドヤや長屋の人たちと日常的に接触しているので、その困窮ぶりや愁嘆場がよくわかる。また必ずしも働くのが嫌いという怠け者ばかりが落ちてくるわけでなく、失業、病気などという今の社会ではどうしようもないことが原因で落ちてくる人も多い。そうした人たちとの接触が多いから、どうしようもないと泣きつかれたりすると、商売気を離れてなんとかしようということになり、その評判が出てくるといつのまにか女頭目にされてしまう。しかし愁嘆場や修羅場を切り抜けるのだから、とても並の根性の女にはできない。「表」の軒先を借りて廻転焼をやっていたと思っていると、階下一ぱいを店にして飲み屋になる。そのうちに二階家を借り切って一ぜんめし屋を開業するというように、その才覚、手腕は見事というほかない。亭主は殆ど無気力で、全く嬶天下になる。したがって女のくせにノム、ウツ、カウも盛大にやるのがあり、新世界あたりの田舎廻り芝居をヒイキにし、好きな役者の舞台へ上がって十円札を背中へ張りつけたりした。そのくらいの根性と覇気がなければ、とても切り抜けられるなまやさしい世界でない。類は友を呼ぶで、女頭目たちは自然に連絡がつき、お互いに連帯するようになる。あらゆる情報が入ってくるから、いろいろの手段もとれるわけだ。ノム、ウツ、カウといっても、さすが限界を知っているから、その対応も見事というほかあるまい。ドヤ、長屋の連中でも表面では「女親分」などとおだて、かげでは「金棒引き」が、などとくさすのもあるが、そんなことは百も承知というわけで、なかなかの度胸である。

私など初めからどうも臭いと目をつけられていたようで、なんとか暮らしているから貸した金は返さなくてもよいといったら、ドアホめが、めんめ一人ぐらい食うのなら犬、猫でもするわ。女房子供養うて一人前じゃ、とどなられた。お前の年齢で女房子供もよう養わず、チョンガー暮らしの半端者が、一人前の口をきくなということである。昭和十三、四年頃で四十円、五十円ぐらいで生活すると、だいたい実働二十五日として日給一円五十銭が最低だろう。これで女房子供一家族を養えないこともないが、女房も働かないと暮らせまい。独身暮らしならかなり余裕があるはずで、かくして女遊びをしているのだろうとかんぐっていたのだ。大正橋辺の超零細工場の臨時工、仕上工というので日給一円二十銭、食費は一ぜんめし屋で朝食十銭、汁五銭、漬物二銭、合計十七銭。昼は二十五銭、夜は三十銭、総計七十二銭。家賃他日割二十銭とみれば残二十八銭、風呂銭七銭引いたら、どうしようもあるまい。

休みでしょんぼりと歩いていると、なんや、えらいシケとるんちがうか、若いもんが毒やぜ、うちへ遊びにおいで、と女頭目に誘われて遊びに行くと、これは無料接待になった。しかし、もう一ぺん遊びたいとくどくと、うちは高いぜ、ということになる。こうして、だんだんと一つの論理がわかってきた。タダで接待してもらうのはよいが、カネができたら酒一升とか、女の好きそうな装身具などを見立て、さりげなく渡す。これで、貸借は帳消しである。その間に警察に追われてトンズラすれば、それはそれで一つの帳消しになった。私は借りておいて返さず、また貸せというのだから怒ったのである。彼女にすればチンピラがあまえおって、色男づらするなということだ。女頭目だけでなく、平素からいろいろと接触している長屋の女たちでも、主人がええいうとるから、私でもよかったら遊んだらええと誘ってくれる。亭主をとったの、とられたのと大喧嘩していても、そういうことになったが、彼女たちにすれば一種の返しで、それで帳消しであった。

その女頭目は、夫婦で、「夜泣きうどん」「関東煮」などの車の店を出したり、町を流していたのである。オヤジがバクチ好きで、儲けは殆どとられていたらしい。ブタ箱や短期入所は常習みたいで、なんぼ負けても懲りんと怒っていたが、それで別れもしないのである。私がバクチを知らんというと、男がバクチも知らんことあるか、と教えてくれた。全く知らんわけでないが、ツボ振りに連れて行ってくれる。女の多い場で、どうも女頭目連中のなぐさみであったらしい。女連中のバクチというのも大へんなもので、しまいには真っ裸になるのもあった。本格的なものはともかく、女同士だけのバクチは珍しくない。その程度は治外法権地帯のことで、殆ど手入れはなかった。新世界周辺の暴力団主催のものに行くと、オヤジみたいにカモにされ、放り込まれる。しかし女のバクチでも、当時の私ではとても相手になれるようなものでなかった。

女頭目たちは、お互いに連絡があって、他の女たちから相談があると、貸金や売淫の仲介、カフェー、料理屋、旅館などへの紹介をしてやったり、小企業での働き口を世話してやったのである。その他、日常的には夫婦喧嘩の仲裁、近所隣とのもめごとの取りまとめ、その他に生活的相談の全般ということになった。いま釜ケ崎といっているが、昔は今宮で通っていたが、いわゆる「貧民窟」に対する役所の応対は貧弱とよりいいようがないし、その慈善事業にひっかかるのは表面の僅かにすぎない。まあ役所が女房や娘たちの売淫の仲介もできんだろうが、ではいったい彼や彼女たちにどんな売り物があるのか、それが問題だろう。今日の生活に困っているのに、職業紹介して月末に給料をもらえ、ではその間の喰いつなぎをどうするかだ。そういうと役所で働いていた連中は、必ずちゃんと前貸しの制度もありましたし、一家を収容する施設もございました、というにちがいない。それがちゃんと機能していたのなら、貧民窟→細民街→スラム街の系譜は、とっくに消えているはずだ。私たちは表面へ出るわけにいかぬから見ているほかなかったが、その実態はよくわかっていたのである。

かりに女頭目が、この女ならカフェーづとめができると思えば、カフェーで衣裳を貸すかどうか。貸さない店なら衣裳屋から借りるか、それもできねば仲間の衣裳を貸してやるとか、ともかくその日から僅かでも生活費が入るようにしてやる。当時のカフェーはどこでも同じだが、新世界、阿倍野周辺のカフェーは、まあ売春取引所と同じであった。殆ど給料は出さないから、客のチップが準固定収入プラス・アルファということになる。知っている女が遊びに来いというので行くと、洋服のポケットの中へ手を引き入れた。すぐに密林をつかませられたわけで、ポケットには底がなく、肌着もない素裸である。着物姿でも、いろいろの細工があって、お乳はすぐ触れられるし、手を引き入れてくれるとジャングルもすぐ開かれた。しかしお客の方が探険しようとすると、どうにも発見できない。この辺のカフェーは娘らしく化けているが、夫持ち、子持ちの女房も多く、顔で笑って、心で泣いてではないが、少しでもチップをかせがないと食わせられないから、わかっている者から見れば必死の殺気さえ感じるのがある。もう手段がないとわかれば売春になるのが当然で、とかく文句をつける余裕はない。そんなわけで健全な職業とはいえぬが、細民街から一般の企業へ通勤というのは無理だ。

売春も経験してみればすぐわかるが、ずぶの素人がいきなり売淫などできるものでない。立つにしても、客の多い場所は縄張りがあるから、無断開業はリンチで、どうなるかわからぬし、縄張りのないようなところで一晩立ってみても拾えないだろう。下手をすると刑事にひっかかって、これもしようがないことになる。警察は、たとえ初めてでも常習にしてひっかけるから、かえって予後が悪くなり、しばらくの間に荒れてしまう。刑事にすれば一人の女の生涯よりも、いまの点数稼ぎの方が重要なのである。初めて立った女をしょっ引いて、説諭で帰せばせいぜい一点だろう。しかし袖を引いて誘ったと常習にすれば、勾留五日、七日となって、三点、五点になる。女はうろたえて袖を引いてもいないのに、右の通り読み聞かせられましたが、相違ございませんと拇印させられ、前科一犯になった。

これが歳末や年度末になるとひどくなり、警察は犯罪製造所になる。その頃になると常習賭博もあるが、警察の点数稼ぎに博徒が協力した馴れ合いで、船場、本町、北浜、南などの大旦那衆は絶対にかからない。そういうことは絶対にありませんというにきまっているが、三月も、半年も留置場暮らしをすれば、学力優等の思想犯は警察の尻の穴から腹の中まで解剖してしまう。当時、署長が替わるとまず着任、転任のあいさつに親分衆を訪ねて廻った。島之内署長の餞別が一万円を越しただろうと、下っ端署員や刑事が羨ましがっていたものである。いまの額にしてどのくらいになるか換算するのもバカらしいが、当時、阪急園田駅前や池田駅前の土地つき二階建豪邸が千円から千五百円であった。大阪府警察はとばく遊技機をめぐる汚職事件を起こして、百二十四人の大量処分を出したが、さすがに裁判所はトカゲの尻尾切りだと指摘している。私も、同意見だ。明治以来、百年近い業者との癒着が、ついやそっとでやめられようか。昔の島之内署は、今度の事件の南町奉行所ということになる。

寒い冬の夜、遅く芝田町から中津通りの方へ抜ける運動場の隅で、子供をねんねこで背負った女にたもとをつかまれ、頼みます、頼みますといわれたが、さっぱりなんのことかわからない。女の方も頼みますというだけで、たもとをしっかりつかんでいる。家へ来てくれというので、近くの四軒長屋へ案内してもらうと、夫が死んでからなんとかしてきたが、もうどうにもならぬので、お頼みしますという。こんなことといつからやっているのと聞くと、今夜が初めてで、それもあんたが初めてだ。どうして頼めばよいのかもわからず、もう人通りもなくなったし、若いおとなしそうな方やと思ったので必死ですがったということになる。素人が売淫を思い立っても、なかなかできるものでない。なんとか郷里へ帰りたいというので、二、三日様子を見ているとほんとだとわかったから、荷造りして帰らせた。私が勤務中で、まだ余裕があったのである。

スラム街へ住みついた人たちは、かなりいろいろの愁嘆場を踏んだと考えてもよいのだが、それでも売春を商売にするとなると、やはりいくらか抵抗があるらしい。好色文学の作品など読むと、待合や旅館へ招んで、ということになるが、なかなか複雑な構造になっている。女頭目が顔も良し、姿も見られると思っても、年齢をくっているとカフェー向きでない。そこで出張ということになるが、金儲けしようと思えば、それだけの衣裳が要る。一通りの衣裳が揃うまでは、女頭目が走り廻って調達するわけで、どこの世界も難しいものだと思った。女のなかにはもっと儲けようと欲を出し、女衒の手にかかったりすると、もう地獄行ということになる。若い娘や女ならデン公、京浜ではヨタモノ、神戸ではバラケツというのがねらっているし、その上には暴力団、女衒が目をひからせているのだから、崩れ出したらアッと思う間もなく姿を消す。

もとより女頭目にもいろいろの型があるわけで、それなりに生活を守ってやろうというのもあれば、女衒や暴力団の下請けみたいのもある。私の経験した範囲では、部落の女頭目には信頼できる人が多く、スラム街は少ないというほかなかった。部落には強い連帯感があるから、相互扶助の機能もあるが、スラム街は全くの流氷群で、風波のまにまにということになる。農村地帯の部落は、一般のムラと同じであるが、都市地帯の部落では、一般のスラム街に似た様相も生じていた。しかし共同体的伝統があるから、その点ではスラム街とは根本的に違う。したがって階層的な差も大きいわけで、女頭目の活動はムラと同じく低階層になる。スラム街は低階層と最低階層が主で、上階層は稀というほかあるまい。したがって女頭目の活動領域は、ほぼ似ている。ただ性格にはかなりの差があり、ここに書いたのはスラム街を主とした。

女頭目たちが斡旋や紹介したのに対して、双方からか、片方からか、ともかく手数料を取っている。当然のことだろう。私が女頭目たちの奉仕機能だというと、無料なら奉仕だが、手数料を取ったのでは商売だというのが多い。いまのボランティア、昔の慈善事業が、あまり喜ばれずに失敗しているのは、そのためだ。私の郷里に近い加東郡のあるムラということにして、ハイドラカイという習俗がある。ムラで生活に困った家があると、村中が寄って救済の方法を立てた。ある人がいうには、私の家も困ったときがあったけれども、ハイドラカイを頼むと三代までムラの厄介になったといわれるから、歯を喰いしばって耐えたそうである。最近の新聞で、生活保護をすすめても拒否する人があるのを知ったが、同じような考えが残っているのだ。お前、困っているからタダで助けてやろうと恩着せがましくいわれると、ほっといてくれといいたくもなるだろう。世の中知らずのあまえたで、意識過剰のボランティアには、そのへんがわからない。

たしかに女頭目たちは、周旋料、手数料をもらっただろう。しかし規定の幾パーセントかは、必ず差し引いて受け取るなら、これは商売だ。業者なら、必ずそれをするだろう。しかし女頭目たちなら、その日の食うのにも困っていると思えば、まあええがな、ということになり、魚一匹、酒一本で帳消しになり、かえって損になっても、しようがないのである。借りたものは必ず返す、というルールはあったが、それは等価、等物を約束しているわけでない。十円貸して、女の身体を一回抱いても、それで帳消しになる。十円貸したから、日に十銭ずつ利子をつけて払えというのなら、これは商売だ。そうした商売人も入ってきたが、そんなものを信用したら、忽ち地獄行になる。若い男なら北海道や炭坑のタコ部屋へ売られるか、娘や若い女では遊廓ならまだ筋が通っているけれども、どこへ飛ばされるかはわからない。役所は、なるほど低利で金を貸してくれる。だが、その代わりに役所なり、公園の草むしりを三日するから、それで帳消しにしてくれるか、どうかだ。でなければ金貸しの看板を出しても、ほんとうに困っている人間にはクソの役にもたたない。

そうした世界で、ともかく相互扶助的な工夫で、生きて行く論理が、スラム街にもあったということだ。

31　男女の新しい連帯

お前、うちのオトコになるか。あかん、おばはん高いやろ。アホ、オトコからゼニとるか。浮気でけへんし。なんぼでもしたらええ、うちかて浮気ぐらいするぜえ。フン。オッサン、この子、うちのオトコにしたぜえ。フン。それで、しまい。ホンなら、いつでも好きなとき遊びにおいで。だが関東煮の車店でも商売となれば大へんで、昼すぎから準備を始め、六時、七時に店を出し、翌四時から五時頃に帰ってくる。あれでよく他人の世話ができるものだと、驚いてしまった。まあ多忙になるのは八時、九時以後で、季節や盛り場の状況で多少の差はできる。それまでや、二時から先になると交替で帰って休むらしい。これにもいくつかの型があって、流しのものは問屋が準備しておいたのを借りて行くが、身体は楽でも儲けは少ないという。

いつでも遊びにおいで、いうてもしようがないな、といったら、用があったらここへでも、店へでもきたらええ、いうことになる。オヤジが土間で作業していても、障子の中の部屋で遊べるし、店の近所の植え込みへ入ったらええ、のであった。当時の天王寺公園はノカンの名所であったが、このくらいにしておく。まあ、女は時間作りがうまいから、それほどの苦労はさせなかったが、オヤジも、女房もその上にまだバクチをやるのだから、よほど壮健でないとできるものでない。オヤジのバクチは宵から翌日の昼すぎまでが多く、たいてい負けて女房に叱られていた。商売がら酒は強いが、オヤジはよく酔うけれども、女房はしっかりしている。オヤジは女遊びせんのかと聞くと、仲居みたいなのを連れてくるが、バクチの方が好きだろうという。一夫一婦制で、お堅い貞潔な夫婦もあっただろうが、こんなあけっぴろげの、なんともたくましいのもあった。

こうした性風俗を見ると、都市の貧民窟は性道徳のない禽獣の世界かと疑うだろうが、とんでもない誤解である。私は、むしろ男女の性器は、それほど崇敬し、信仰せられねばならぬものなのか、と疑う。双方が同意なら貸借して悪い道理はないし、生活の手段として売買することも当然である。赤銅御殿へ嫁した貴族の娘の白蓮も、遊廓へ身売りした貧乏人の娘も、性器を売ったことでは同じだろう。いわゆる一夫一婦制が、ほんとうに護られているのだろうか。童貞と処女とで結婚し、終生を一穴、一棒で通過したという夫婦がどれだけあるのか。形式的には、そうしたことになっているが、現実はどうであろう。その自信がないのなら、つまらぬ形式を信奉することはあるまい。好きな男ができたのなら、離婚して結婚すべきである、という。これもいまの社会状況からいえば、また一つの形式論にすぎない。長屋街、ドヤ街の生活では、形式を尊重するほどの余裕はなかった。しかし人間的な、一つの論理はある。

うち、行ってくる。売春も商売なのだから、主人に言って行けばよい。あの子によう世話になったやろ、一ぺん寝に行ったるわな。これも平素の借りに対する返しなのだから、当然のことである。うちも、あの子が好きやし、あの子もうちを好きらしいが、返しができん思って遠慮しとるんやろ。そんならオトコにしようか、とオッサンにも承知させる。買いたいといって売れば、ゼニをとるのが当然だ。好きで遊ぶのなら、ゼニをとれば商売になる。それには主人に承知させないと、ゼニ儲けしてかくしていると、疑われてもしようがあるまい。主人が承知なら、その前で遊んでみせても文句はないし、あの子、うちのオトコにしたと触れておけば、連れ立って歩いておろうと誰も干渉しないのである。その根本的な原理は、真実をかくすな、ということだ。汚れたものを、美化してオブラートで包みかくそうとするから、よけい醜悪なものになる。

かかる論理は、一般社会では、どうにも理解できないらしい。たとえば売春防止法、あれで日本から売春がなくなったと思っているバカはいないだろう。「遊廓」が、「トルコ温泉」に看板を変えただけで、「売春」でなくなるという論理こそ奇怪なのである。長屋街、ドヤ街でいうオトコにする、オンナになるという考え方には、一般にいうのとはまた違うところもあった。女に生活費まで負担させるのは、ヒモである。オトコは女から生活の援助を受けるような経済的関係が全くなく、ただ性的関係を随意に結ぶだけだ。週に一回とか、月何回というような、契約関係も全くない。契約するなら金銭関係にならざるをえないのは、いずれ双方に不満が出るだろうからだ。ともかく双方か、または一方は結婚生活をしているのだから、そんなに自由ができるわけがない。それではオトコも、女も、ただ性的関係だけでつながるのかといえば、それだけのことなら、改めてオトコにせずとも浮気で処理できる。お互いに愛情もあるし、経済的関係を除いて、双方に共通する信頼関係があって、初めて成立した。こうした関係が崩れるとすれば、殆ど経済的関係が介入してきたためだ。オトコが、ヒモに変化するようになれば、女は離れて行く。ただ、女頭目連にいわせると、そんな男をオトコにした女に目がなかったのだから、女の方も悪いという。つまり色恋沙汰で、女が騙されたということだ。

長屋街、ドヤ街にしても、いろいろの男や女が流れ込んでくる。夫婦別れや内縁関係、同棲関係も発生するし、騙し、騙されるのは日常茶飯事で珍しいことではない。借りを返すどころのことでなく、油断すればなんでも盗んで逃げて行く。ドヤ街は、そうした一過性の人間が多いから、どうしても自分で用心するほかない。しかし長屋街は定住性があるから、その環境によってかなりの差が出てくる。どの程度の期間から定住と見るかに問題もあるが、独身者ではフトン、衣類、炊事用具を残して、働きに出るのだから、その日から隣近所の世話になるほかあるまい。いまのアパートのように鍵をかければよいという構造にはなっておらず、いつでも自由に出入りできるから、現金や金目のもの、たとえば時計、指輪、万年筆などというものは置いておけないのである。隣近所が気をつけてくれないと、夜具や衣類はもとより炊事用具でもなくなった。したがって隣近所へは、ときどき見張り料ともいうべき贈り物が必要になる。少し住めば誰に頼めばよいかぐらいわかるので、しかるべく処置しておく。そうしておけば一応、留守は安心しておれた。

長屋の住人にしてもだいたい五、六十円の収入が普通であると思うが、酒とバクチとで使ってしまうのが多い。そこで女頭目が夫婦喧嘩の仲裁から、オヤジの仕事まで探してやるということになった。女房にもまじめな人があるけれども、箸にも棒にもかからぬというアバズレもあって、少しでも雨が続くと自分や娘の買い手を探してくれと頼み込み、しようがない女やと怒りながらも世話をする。内情を知っておればドヤや長屋で、女の方から買えというのは絶対に買わない。百発百中で性病、それも悪質なのを伝染させられた。そのかわり交渉次第では五十銭、それ以下でも買える。普通に飛田遊廓へ行けば最低五円、まず十円は要った。安く値切れば一円五十銭、二円でもあるが、これも危い。天王寺公園あたりに出没する私娼にはドヤや長屋住まいも多く、五十銭ぐらいでないかという話だが、二十銭でも買えるそうだ。そうした安い女を買う男も居るわけだが、要心して買わぬ男も居るから、世話をするといってもよほど実情に通じていなければならず、うまくまとまってあたりまえ、下手すればうらまれるという大へんな仕事なのである。したがって稲荷さん、聖天さんその他の民間信仰の信者が多かった。女頭目たちは保守主義で、宿命論者が多く、社会主義、共産主義などの社会思想の理解は難しい。しかし彼女たちは、彼女たちの流儀で社会生活に貢献していたのであり、その役割は高く評価されるべきだろう。

そうした世界であって、生活的経済的に双方とも負担がなく、ただ随意に性的関係をもつだけの、男と女の連帯意識がある。注意していると、よく似たような型の男女関係が、そんなに珍しいほどでもないとわかった。同じような型は女にもあるので、男から生活費をもらうのならメカケだが、そういう負担を全くかけずに、妻も承知の上での性的関係をもつのが、オンナである。もちろんオトコも、オンナも、その境界は多様であるが、ヒモやメカケとは違うと一般から認められている、ある一線はあった。そこで女房の主人とオトコの関係はSANE兄弟、BOBO兄弟ということになり、主人のオンナと妻との関係はMARA姉妹ということになる。こうした名称は一般のムラでも行われてはいるが、殆ど一過性のことが多い。しかしスラム街では、比較的長期の関係が維持され、単なる浮気でもない、一つの社会的な男女関係として存在する。

男女の相互関係を、法律によって固定し、「家」という型に押し込めて、国家社会が管理し始めたのは、近世になってからのことだ。古代や中世では、男女の相互関係は極めて流動的で、かつ多様性をもっていたことが、文献や物語の類でも明らかである。もともと流動的であり、多様性をもつのを本質とする男と女との関係を、国家的管理のために法律をもって固定し、「家」の枠にはめて支配しようとしたのが結婚制度であり、その極端な定型化が一夫一婦制であった。こうした非人間的な定型化は、いつの時代でも民衆の負担を大きくするだけであろう。したがって生活的にも流動性のあるスラム街、とくに長屋街では、内縁関係、同棲関係の他にも、いろいろと多様な男女関係が、社会的なものとして存在したのである。ヒモ、あるいはメカケと似て非なるものとしての、オトコ、オンナの男女連帯関係は、古代、中世の残存ともいえるし、一夫一婦制の定型化から発生した、新しい男女の社会的関係ともいえるだろう。戦後、ある役所の工事現場監督となって、いわゆるニコヨン、失業対策事業の人夫たちと接触し、これ、わしのオンナや、たのむと紹介され、戦前と同じようなオンナの存在がわかった。この後、よく気をつけていると、同じ型のオトコもある。それだけ自由な男女関係が、ここでは維持されているということだろう。

昔の今宮というのは男色関係者の巣窟といった面もあり、これにもいろいろの型があった。ドヤに住んで、天王寺公園あたりまで出て行く外商型、ドヤや長屋の住居へ客を誘ってくる内商型、夫婦になる同棲型、客に誘われて遠出する出商型など、まあ主な形式だろう。技法ということになれば、これは省略の他あるまい。少年院や刑務所は当然のことだが、警察の留置場でもよく行われていた。警察は否定するのに違いないが、夜の巡視は二時間毎であるし、そう正確にすることもないから、十分に時間はある。ただ入監者で好きな者も居れば、全く興味のない者も居るから、それで必ずともいえない。好きな者の居る房へ、若い男が入れられると、まず犠牲になった。下手をして巡視の巡査に発見され、通路へ引き出され、実演して見せろと強要されていたのもある。私はどうも興味がなく、監房長、どうぞといわれても断った。食わず嫌いだ、と笑われたが、しようがあるまい。ただし技巧となるといろいろで、私など素人の考えているほど単純でないのがわかった。

思想犯というのは二、三カ月も同じ警察に居るかと思うと、同じ組織や団体の者が検挙されると取り調べの都合で、他の署へ移送されることが多い。昔はタライ廻しといったが、昭和七、八年頃の大阪では、それほど激しいことはなかった。正式の罪名は行政執行法違反で、署の近くの遊廓や盛り場で酒を飲んで暴行していたので検束したなどということになっている。二十四時間拘束で翌朝には釈放ということになるのだが、書類だけ更新して何日でも留置した。そのとき戎署へ廻されたが、ここはオカマが密淫売でよく留置されるところで、その兄貴分みたいのがきたからいろいろと教えてもらったのである。その頃、今宮にお師匠さんが居て、新しい弟子を教育した。早くて半年、まず一年の修業は必要で、ほんとに女と変わらぬようになるのは二年かかるという。女装して公園近くのうす暗い場所で客をとると、ほんとの女だと思っているそうだ。いわゆるスマタと五本指を使ってやるのだが、少しもわからない。私は、みんなお尻を使うのかと思っていたら、それは情夫か、よほどナジミにならぬとやらさないらしい。しかしそうした教育を受けずに、すぐ商売に出るのもあって、それは尻を使うことになる。たいてい少年院出身が多いだろうということで、二つの系統があるとわかった。ドヤでも、長屋でも女装したのと夫婦暮らしみたいのが居たが、その調査だけはどうにもあつかいかねたものである。

もう一つ面白いと思ったのは、やはり附近にスリのお師匠さんが居て、弟子の教育をしていたことだ。これも兄貴分がかかって、いろいろと教えてくれる。刑事も大切に扱うほどのプロで、十二歳ぐらいから箸より重い物は財布などの贓物より持たぬそうで、両方の手や掌は餅のように柔らかであり、若い女の手よりなおきれいであった。にもかかわらず人差指と中指の間だけ、堅いタコができている。これは入門当初にレンガ一枚を紐でくくり、毎日引き上げる練習をしたからで、これができるようにならぬと、とてもポケットの財布を抜き取る早業はできない。これが基礎訓練みたいなもので、それからいろいろと応用に入ることになり、やはり一人前になるには二カ年かかるそうだ。まあスリであげられて、ええかげんホラ吹くのも居るが、この男は確かにスリ学校卒業であることは、その後、他のスリに聞いてわかる。誰は、誰の弟子というように系統があって、正式の訓練を受けた者はわかっているらしい。ただ素人の一人免許みたいなのも多く、こんなのに乗り合わせるとガンのつけ方だけですぐわかり、同業としては迷惑だという。どうしてつかまったのかと聞くと、急に金が要ったりして、どうしても無理すると隙ができてやられる。金に余裕があれば、危いと感じると手を引く。そういう状況でなら、絶対にあげられないそうだ。なおスリというのは関東で、関西ではチボという。しかし犯罪者間では、符帳のモサで通っている。関東のスリは手技の早業が自慢で、絶対に刃物は使わない。関西のチボは西洋かみそりの刃のようなものを使って、タモトや懐中の贓物を切り取るのを特技とした。堺にスリ専門の刃物屋があり、そこで製造している。西洋かみそりの刃より半分ぐらいうすい刃、あるいは時計のゼンマイようのものを加工するといい。これも人差指と中指との間にはさんで使った。外側へ出して使うことも、内側に出して使うこともあるが、それは相手の状況による。ただし関西でも大正末頃までで、洋服が多くなってからはあまり使わぬそうだ。これにも系統でよく使うのと、殆ど使わぬのもあったらしい。こうしたことはあまり書いたものがないので、記録しておく。もう一つ面白いと思ったのは、スリは商売で、泥棒でないという感覚である。徳川時代からの伝統らしく、職人、または手職人というわけで、フケ(窃盗)、キス(空巣)、タタキ(強盗)のように誰にでもできるものではない。一つの芸として認められているというので、まあヤシに近い職種の感覚である。ただし、それは全くの本職のことで、素人上がりの我流スリにはそうした考え方はなかった。

32　町工場の性風景

スラム街の人たちは、木津、大正橋、芦原橋周辺の町工場へ雑役工、雑役人夫として働くのが多かった。私は工場の経験もあるので、大正橋付近の町工場へ仕上工として勤める。

大きな倉庫みたいな工場で、一軒かと思っていたら、同じ棟の中に三つも、四つも超零細企業が寄り合っていた。六尺バンコ二台、ボール盤一台、仕上台というわけで、オヤジと兄貴とがバンコ、私がボール盤、イバリハツリ、火造りその他雑役ということになる。日給一円二十銭ぽっきり、他に尋小卒のぼんさん一人、これは主にバンコつきに使われた。オヤジは仕事をとりに行くので、留守が多い。主にボルト、ナットなどの製作だが、ときにはいろいろと部品をとってくる。小工場主には設計図を読めるのが少なく、ときどき迷っているので教えてやると日給を一円五十銭に上げ、事務の方もやってくれと頼んだ。そこで工場内の連合事務所、俗にハウスで「工務」ということになる。まあ技術者待遇というわけだが、工場主たちは腕があっても事務処理は全く苦手で、よくこれで商売できると感心した。他に共同の雑役人夫、炊事婦各一名であるが、その他の工場は真鍮小物製作、電機部品製作、木型製作で、オヤジを加えて三、四名の小規模である。しかし名刺は○○工場第三分工場などということになった。木津川の両岸の表通りには鉄工所がならんでいたが、裏通りにはこうした零細工場や民家が混在しており、まあスラム工場地帯といった方がわかりやすい。

バンコ使いは最低十年の修業といい、ときどき旅廻りのセンバン師が一宿一飯の仁義を切ってきた。汚れた手拭いを折って手土産にするが、使うときは預かり、帰る時に渡す。断るときは、寸志を添えて返す。使うときは、まず棒鋼を削らせてテストし、それで給料を定めた。オヤジの話では、バンコの前に立って、ハンドルを握るだけで、だいたいの技倆がわかるらしい。棒鋼の削り方を見ると関東者か関西者か判定できるそうで、バイトの削り紋様を残すのが関東流である。旋盤工も、仕上工も三菱造船、川崎造船、大阪造船など大工場の系統で、いろいろと流儀があるらしく、誰に仕込まれたということが問題であった。その頃、工業学校出身も多くなってきたが、大阪では都島工業が抜群で、今宮、西野田などは職工学校といった時代が長い。小さい町の工場でも、いろいろと系列化の動きがあるものだとわかる。

近くにかなり大きい電線工場があったので、昼休みになると巻線女工の一群が川ぶちへ出るので、周辺の男工たちも遊びに出て賑やかになった。他にゴム工場の貼工、機械工場のラッピング工などもあって、あんがいに女工が多い。一週間もすると、すぐ顔をおぼえるので、誘うと遊びにきた。茶とせんべいで接待すると、昼休みになると遊びにくる。娘は少なく、だいたい三十代までの女が多かった。好きな型の女を映画に誘ってみると、すぐ反応があり、近くの九条、住吉神社付近の映画館へ行く。この辺のことはよく知っていたが、スラム街に近い長屋群の多い街区で、生活状況は僅かに良い程度だろう。この頃は、下町らしく十八、九歳くらいの娘まで、桃割れ髪が多く、また中年女には丸まげもあった。そのうちに、この辺では女の方が積極的なので驚く。

オバハンたちがわいわい騒いでいるので、どうしたのかと聞くと、いま工場のボンサンに筆下ろしさせたところやという。そんなかわいそうなことするな。なにがかわいそうやの、一人前にしたったのに。後あともかわいがってやるのか、でなかったら松島へ連れて行ってやるのか、こんなり放っとかれたらボンサンどうするのや。まあ、娘さん作るやろ。ということだ。廉売市場のように組織がないと、丁稚小僧の筆下ろしみたいなわけにならない。旋盤の兄貴に聞いたら、尋卒で二、三年して十五、六になると、だいたい兄貴分が九条あたりか、松島へ連れて行って筆下ろしさせるそうだ。しかしかわいい子だとオバハンたちが筆下ろしさせるのもあり、だいたい自分の家へ連れて行くのだが、面白がって昼休みやヒケ後に筆下ろしするのもあるらしい。あの子、あの子とかわいがっているオバハンを、ボンサンの上へ押し倒し、筆下ろしさせたそうだ。あの人、好きならかわいがってやればよいのに、うじうじしとるさかえ、みんなで思い通りさせてやったんや、ということになる。後家さんかいな。なにがいな、オヤジも子供もおるでえ。浮気か。オトコにするやろ。十五、六の子供でもオトコにする女があるわけで、実際に仲好くして私たちにまであの子が、あの子がとのろけてみせた。お前、俺まだチョンガーやでえ、ええかげんにせえ。あんた欲しいのならなんぼでもあるやないの。連れてきたろか、と脅かされた。やはり男前で、気性のよいボンサンは、早く売れるらしい。兄貴分に連れられて行くようなのは、売れ残りということになる。

女工たちも殆ど尋卒で働きに出るので、十四、五になると男もできたり、周辺の大人に誘われて水揚げするらしい。高小卒の女子は商店の販売員、会社の給仕などに出るのが多く、女工になるのは尋卒ということになる。しかし尋卒はまだよい方で、四十、五十代の女となると字の読めない、書けないのも多かった。若い女は移動が激しく女中に行くとか、女給になるとかでやめる。女中になるというのは、どこかへ売られたのだろうという。スラム街とあまり変わらないともいえるが、底辺はどこでも同じだ。農村でも嬶どものわい談は野郎どもの及ぶものでないが、工場街の嬶どものわい談はもう一つしんにゅうをかけたほど凄い。それだけ他流試合が多いわけで、ほんとか、試してみるか、と笑われた。昼休みに集まってくると大へんで、あのオヤジは、あしこの職人はと具体的な情報の交換や性交体位の論争になる。初めての水揚げの体験を聞かせろ、と頼んだら、あんた、スケコマシかいなといい出し、初割の娘の子、世話しようか、と本気になった。オヤジで好きなのが居り、水揚げを世話させているが、だいたい三十円、五十円ぐらい、飛び切りベッピンで競争になれば百円ということである。しかし、それまでにも、すんでからもいろいろと世話せんならんし、仲介があったのなら礼もせんならんから、だいぶんかかるそうだ。あんたは嫁さんにしたら、タダですむやろ。アホいうな、それこそ後の世話がえらいこっちゃ、と大笑いになる。まあ、こうした話の中心になるのはガラガラのきまった二、三人だが、おとなしそうに聞いている嬶が、ときどき冷やっとするようなことをいってびっくりさせた。ああいうだんまりが、かえって恐いねんでえ。うちらみたいなしゃべくりは、しゃべるだけで、根はあかんねん、ということになる。

あんた、この頃どないしとんの、なんやぼやっとしとるでえ、ええ人できたんか。できとったら元気出るわい。ちと詰まっとるねんぜえ、下ろしたろか、と心配してくれた。徹夜作業の夜に、むりやり女を連れてきてハウスの中へ押し込んでくれる。あのオバハンはええなあなどといっていた女で、もう無茶ばっかりして、おぼえときなどと外の女と喧嘩していたが、入れられたらもうどうしようもない。無事で出たところで、誰も信用しないからである。あんた、あの人嫌いか。あんな人やけど、ええ人やでえ。一ぺんでもええから抱いたりんか。俺を好きそうでないがなあ、なんや女みたいな男、嫌いやいうとったでえ。アホやな、好きやさかいにそんなことというねん、ということで、女の相手も難しい。工場へ働きにくる女は殆ど亭主、子供もちだが、工場へ出ると別世界になる。工場働きしとれば、オヤジが工場でなにしとるかわかるやろ。同じことしとるだけや。子供ができたら、どうなるんや。あんたかて、うちが子産んだら、あんたの子か、うちのオヤジの子かわからへんやろ。うちの子は、うちが育てたらええねん、ということになった。農村の夜這い風俗も、スラム街に限らず長屋から女給に出ている家でも、娘が腹ボテになると、殆どその娘か、親たちが育てている。底辺の社会では女や娘が生んだ子供は、自分たちで育てるという性根があった。したがって姦通だの、父親の認知だのという事件にはならない。ときたま事件になるとすれば、男の方がかけ離れて地位、財産をもっているからで、お互いの仲間なら事件にしてもしようがなかろう。

しかし事件が全くないかといえば、そんなことはない。オヤジや古手の職人は収入も良いから、遊廓や料飲店で芸妓、女郎、酌婦、仲居、女給など、いくらでも遊べる。若い職人や小僧は収入が低いし、勤務時間が長いし、なにかといえば残業させられたり、徹夜作業ということになり、したがって工場へバイト稼ぎにきている嬶や娘を相手にするほかあるまい。嫁や嬶どもも、もう亭主は食いあきているから、若いリーマボートの味を楽しんでみたくなる。やっぱり若い方がええか。そらええわいな、リーマボート通されてみい、もう飛び上がるでえ。若い工員にしても娘と遊ぶと後が恐いが、嬶連中ならどうなろうと後くされがないので遊んでいた。そのうちに双方が好きやということになったら、たいてい女の方がオトコにしたと宣言する。もう工場に来たら夫婦みたいな関係で、誰も横槍を入れんようにした。しかしいろいろと横槍を入れて掻き廻すのもあり、それが面白いというのもあって大喧嘩をやる。逢引きの場所は、夜ともなればどこにでもあるし、昼でも倉庫や休業の工場があるから苦労しない。ただし湯に浸って、酒のんで、めし食ってというのは難しいだろう。あんた、どないしたん。ここにスミついとるでえ。ほんま、と顔へ手をやるようだと早いこと一丁、けられてきたのはまちがいない。あのオバハンどこへ行ったんやろ、さっきから見いへんでえ、などといっているところへ帰ってくると、見事にひっかけられた。

工場は大工場でも、中小工場でも、よくセキマエということで徹夜作業をやる。しかし、ほんとに徹夜したのでは倒れてしまう。どこの工場でも殆ど同じだが、夜の十二時までの作業が徹夜で、十二時すぎると翌朝六時頃まで休養、それから八時の始業まで働いて交替する。こうして徹夜すると二日分の給料になるから、若い工員は徹夜をしたがった。大工場は交替要員もあるが、中小工場ではもっと厳しいことにもなるけれども、だいたいそんなものである。しかし現場監督が困るのは、十二時から先だ。大工場から中小工場に至るまで、これは同じで、十二時になって休養、仮眠となると、すぐバクチの開帳になる。工場や監督によって二十分でも、三十分でも休んでからにしてくれ、と頼むのもあって多少のズレはあるが、まず開帳した。監督にしても夜は恐い。とくに造船関係になると海中へ落ちたら、まず助からない。二時間毎の巡視を細工して廻ったことにし、二度ぐらい廻るときだけやめてくれと頼むのも居る。これは戦時中の工場でも、殆ど変わらなかった。男工の楽しみは酒、女ということになるが、最大はバクチだろう。とくに下請けが多くの業者の混成で作業することになったり、船舶修繕の突貫工事になると、あちらこちらで突貫バクチの開帳となり、すさまじいことになった。ひどいのになると酒を持ち込むのもあって、賑やかなことになる。

酒も、バクチもあまり好きでない私は、理由をつけて断るのに閉口した。酒とバクチだけは、どうにも好きになれんからかんにんしてくれ。そのかわり嫖だろうが、娘だろうが女は大好きだから連れてきてくれ。今夜、寝んとでも番したる、と宣言する。バクチも女とするのは余裕があるし、詩もあるが、野郎どもが血眼でやるのは、どうにも好きになれない。しばらくするとゾロゾロと女が七、八人も現われ、今晩、番してくれるんやろ。なんやババアばっかりか。ババアですまんなあ、これでも女やでえ、と叱られた。酒や菓子などを買ってきて接待すると、喜んで民謡大会になる。バクチぐらい女でもするでえ、とカルタ遊びもするし、いいかげんにつかれるとふとんや毛布をならべて雑魚寝になった。あんた、気に入った人《モン》あるか。いや、もうねむたい。若いのになんや、遠慮せんでもええ。世話焼きが、この人にしとき。べっちょないでえ、となにをいうのと逃げる女を二、三人でつかまえて隣へ押し込んでくれた。べっちょないというのは、性病でないということである。サビ落とし、洗滌、研磨などで、女工もだいぶん徹夜作業に出るのがわかった。その後、徹夜になると遊びにきてくれるし、翌日は家には誰も居らんから遊びにおいでと誘ってくれる。

共同工場でも徹夜作業になると、工員は近所の工場へバクチに行く。私は事務室に机をならべて上にふとん、毛布を敷いて眠るが、近所の女工たちが遊びにきたり、寝にきて雑魚寝になった。若い娘や嫁は帰宅させるが、嬶になるとすこしでも稼ぐために徹夜作業に出る。だいたい月末の稼ぎがわかり、もうすこしでも入らんと困るということになると、男も、女も徹夜作業ないかといい出した。一つや二つ徹夜作業こしらえるか、というわけで、工員の稼ぎが目的でするのもある。経営からいえば損だが、工員をつないでおくためにはやむをえない。どこで、どうわかるのか、徹夜作業というと女たちもよく知っていた。ほんまに身体をぶっつけてくるみたいな女も居って、雑魚寝もなかなかしんどい。だいたい付近の一ぜんめし屋が発信地で、昼めしを食っている間におおよそわかってしまった。下請工場となると、親工場の材料や倉庫係などとの交渉もうるさいもんだが、これは関係ないからやめておく。決して女と遊んでいるばかりではない。もう一つ上の受註はオヤジの責任で、これも飲ませたり、つかませたり、だかせたり、いろいろと苦労している。

工場街では、ときどき強姦事件というのが起こった。全く知らぬ男に襲われる、真正の強姦事件と、男たちがあの女、一丁けるかという談合強姦事件である。ほんとの強姦事件はそんなに起こらないようだし、殆どつかまることはない。しかし談合強姦事件は、双方とも顔見知りだから、かくしようもなかった。だいたい仲介人が出て、なんとかおさめるのが多い。私も夜番に、女に泣き込まれてウロウロした。馴れた女房が助けにきてくれ、まだ嫁はんもないもんにいうてもわからへん。どないしたんや、となだめてくれる。同じ工場の職人に強姦せられたというのだが、イヤならイヤと、きっぱりいえばええのに、あんたかてえへら、えへら、いうてるさかいに、向こうも気がある思うたんや。あんたかていかんでえ、とうまいことおさめてくれた。女の主人にわかると酒二升ぐらい持って謝りに行くか、十円ぐらいとられたのもあるらしい。女だけですめば着物、化粧品、装身具などを買わされる。もとより女の方から少しでも誘うようなそぶりがあれば、男も頑張るから笑い話にされた。工員が二、三人で娘を輪姦したのは、そのうちの首謀者が娘をもらうことで解決する。オバハンが輪姦されるときもあり、これはオバハンがちくりちくりと苛めてなにかと奉仕させていた。

そうした性風景のなかで、やはり夫婦関係の外で「オトコ」にもつという考え方があることは、スラム街などと同じく底辺社会の、一つの社会的規範の存在をしめすものだろう。また、いろいろの工場生活について、女工たちの意見や立場をまとめたり、連帯させて行く女頭目があることも明らかである。主として「世話焼き」「もんくたれ」などといわれながら、社会的な一つの役割を果たしていた。細井和喜蔵『女工哀史』には紡績工場の性風俗についての記述があるが、大正末頃の大阪紡績工場の状況も、当時の女工生活者から聞くとだいぶんひどいものであったらしい。また、まだ誰も報告した者はいないが、大阪市電、市バスが女車掌を採用していた当時、運転手との間にかなり問題を起こしていた。これは大阪のみでなく京都、神戸なども同じである。ワンマンカーが普及するまでは、どこのバス会社でも運転手と車掌との問題に困ったはずだ。そんな問題はどこの官公庁、会社でも起こっているではないかというかも知れないが、そうではない。男と女との比率が違い、殆ど同量に近いだろう。必ず女頭目が擡頭して、一定の役割を果したにちがいない。単に淫風だの、不倫だのという政治的対応で解決できるものでなかろう。政治的解決をすれば、必ず弱い者、いまの社会では女性が犠牲にされる。そこで女頭目たちが、どのように同僚たちをまとめて戦ったのか、その軌跡の発掘が問題なのだ。

33 新「母系社会」の展望

若い頃、ある初夏の候、京都、滋賀、奈良、三重の山奥の国境地帯を歩く。朝宮へ着いた頃、二番茶の最中でどことも女の摘み子が働いていた。一軒よりない宿屋で泊まりたいと頼むと、今はお茶摘みで満員で、どこの宿屋や寺なども借りているから、石山か大津へ出ないとなかろうという。いまから歩けるものでなし、どこでもよいから泊めろというと、あんたみたいな若い男は殺されるよ。女に殺されるのは本望だ。なにをいうか、田植えから引き続いて二カ月にもなるから、女はコッテ牛みたいになっていて、とてもそんな生やさしいもんでない。やめときなはれ、と断られた。三重、奈良など山村地帯の女性が組んで、出稼ぎに廻るのである。他所で尋ねたら、ここも同じだ。ときどき摘茶運搬の若い運転手が、オバハン連中に押さえ込まれて輪姦されている、という話である。その後、東北を廻って岩手、山形などで奥地へ入りたいというと、まだ北海へ出稼ぎに行っている男たちが戻っていないから、まあやめといたがよいとすすめられた。出稼ぎに出た漁村や山村地帯で、呉服行商や薬売行商などがやられるというのはほんとかと聞くと、面白がって記事にしているほどのことはないが、いろいろとあるだろうし、いっしょに連れて出ろいわれても困るだろう、とたしなめられる。

柳田民俗学が、最も誤解しているのは「夜這い」であった。夜這いはよばうで、太古の遺風などとは、もの知らずのドアホというほかない。「夜這い」が田舎でも盛んになるのは、徳川時代の後期初、享保ぐらいからで、つまり近世商業経済が農村へ侵入し、男たちの出稼ぎや離村が激増してからだ。それまでにも夜這いはあったのだが、ごく日常的な習慣として目立たなかったといえる。男女の比率が崩れ、商業的売淫産業が進出してくると、夜這いも階級性、あるいは商業経済性で歪曲され、その本態を失ってしまった。いま採取されている夜這い資料は、そうした最終末期の崩壊段階である。しかし、農村社会で一定の段階ごとに、どのように変化し、どのような役割をもっていたかが、私たちの解明しようとする課題であった。私たちが執拗に農村の、とくに底辺の性民俗の採取と解明とに努力しているのは、そのなかに性慣習の本態があると認めていたからである。そうした農村の性民俗が都市へ流れて、とくに零細商業街、町工場街、スラム街に、極めて歪曲された形態であるにしても残されていることが明らかになり、その実態を追求し、遡源するならば、また夜這いの段階的な発展の様相と、少なくとも中世終末期から近世初頭にかけての実態を解明できるであろう。

なぜ中世末、近世初が、夜這い民俗にとって一つの画期となったのか。戦乱時代の混乱と破壊のなかで、中世末の名主経営が破綻し消滅して、近世的な郷村結合が発展してくるわけだが、私はこうした郷村的結合の基盤となった村落共同体を支えたものが、「夜這い」に表明されている一つの非常時的婚姻様式であったと思う。雑兵として、あるいは戦夫としてどれほどの農民が徴発されたかは、具体的に不明というほかあるまい。実数はともかくとして一万、二万という軍勢の八割乃至九割が農民兵であり、恐らく戦死傷者も殆ど八、九割まで彼らであろう。これは太平洋戦争に徴発され、戦死傷した者の比率から考えてもわかる。そうした徴発と消耗のなかで、村落共同体の人口再生産と維持をどのように可能としたか。これまでの固定的な婚姻形態、あるいは近親相姦というタブーを越えて、解決しなければならない課題として発生し、発展したのが夜這い民俗であろう。徳川幕府の統一による沈静が第二の画期、享保以後の商業資本侵入による激発が第三の画期、明治初年の西洋文化の流入、農民の都市への流民化と貧民窟発生が第四の画期、教育勅語と売淫産業による国家的侵略に屈服、解体されるのが第五の画期と見て、ほぼ間違いあるまい。ただ、その具体的な様相を解明し、固定するのは、これからの作業である。

しかし、われわれはいま一つの新たなる画期を迎えた。戦前すでに北海漁業へ出稼ぎしたり、季節的な移動出稼ぎによって、男も女も家庭生活を破壊され、新たなる性民俗の創出に苦悩したことは、すでに明らかにした。その影響を受けたのは農村のみでなく、都市の零細商店街、町工場街、スラム街、あるいはその源基となる工場の女工、電車やバスの女車掌、中小商店の女店員にまで波及したであろう。これに対して政治権力は教育勅語の強制と学校教育の強化、風俗壊乱の防止をもって弾圧してきたが、他方では遊廓、待合、料飲店など売淫産業を保護し、繁栄せしめることによって混迷と頽廃を深化させるほかなかった。その解決の道を戦争に求めたわけだが、敗戦によって沈滞し、一時的な安定を生じる。しかし朝鮮戦争および高度成長政策によって都市への人口集中が激化したのみでなく、東北、山陰、北陸などから都市への組織的出稼ぎが、戦前より大規模に発生した。こうして夫を奪われた農村の嬶どもが、どのような対応をしめしているか。

だが都市でも新たなる問題が発生してきたので、企業機構の拡大によって社員の国内、国外転勤が激化してきた。いわゆる転勤族の発生、発展についても国家や企業は責任を放棄し、転勤者の個人的犠牲的処置を強制している。こうして空閨を押し付けられた女房たちが、どのような対応をしめしているか。つまり社会的底層の出稼ぎ後家、比較的中層の転勤後家の発生と激増は、新たなる性民俗を創出する他に解決の方法はなかろう。すでに知られている息子との近親相姦現象のみで、これが解決できるものであるまい。かりに会社の同僚職、工員たち、または同じアパートやマンション内部で「夜這い」を復活させたら、どうであろう。もとより村落共同体的な基盤がない限り、それは不可能であった。しかし核家族的家庭ですら崩壊、解体の危機に立って、新たなる性民俗の創出がない限り、いずれわれわれの社会は滅亡のほかあるまい。いまになって、まだ法定の夫婦関係以外は淫風陋習として排除するだけで、われわれの社会的生存が可能であろうか。どのような社会的集団の内部であれ、一定の規格で処理できるものはなかろう。そうした反規格、反権力闘争のなかに、新しい人間の思考、新しい人間意識の創造が行われないだろうか。それが私の求めてきた課題であり、いま新たなる性民俗の画期として、「夜這い」民俗形式の復活、いわば第六期の開創を考えてみたい。

いままでの一夫一婦制を「単婚」型としてみれば、いくつもの「オトコ」「オンナ」の連帯による「複婚」型へ改組せしめるならば、私たちの性的社会関係は極めて開放的となり、また性的世界が著しく拡大されるだろう。これは原始的乱婚、あるいは雑婚とは全く関係のない、人間としての新しい自由な性的社会関係の創出である。それはわれわれの底層社会では、すでに作動し、成長しつつあった。ムラであれ、部落であれ、スラム街であれ、町工場街であれ、そうした新しい性的社会関係が、「女連中」によって切り拓かれているることは、また未来の展望に一つの鍵となるだろう。企業優先で心身とも会社にささげ、家事のできぬ日本の男を「産業廃棄物」と呼びたいという女性たちは、新たなる「オトコ」を造出し、「産業廃棄物」を追放し、独占資本主義を打倒するためにただちに行動しなければなるまい。ムラや、部落や、スラム街や、町工場街などに生息する「女頭目」たちは、すでにして「産業廃棄物」である野郎どもを追放し、新たなる「オトコ」「オンナ」の複婚制造出の先鞭をつけている。単婚制を信奉する限り、女は男に隷属するほかあるまい。

売春禁止法を作って、売春がなくなったのか、そうではなかろう。公娼がなくなれば売春はなくなったので、個人的な売春は淫売でないという論理ほど、人を喰ったふざけたものはない。公娼であろうと、私娼であろうと、管理売春であろうと、自由恋愛であろうと淫売は売春だろう。なぜ売春はわれわれの社会に必要なのか、社会的必要があれば売春はなくならない。かりに男も女も十五になれば、地域の先輩が本当の性教育をしてやる。その後は自由に夜這いをさせ、オトコ、オンナの関係が成立するように指導してやれば、買春も、売春も必要でなかろう。それは楽観的すぎるというのなら、買春も、売春もなくなるときはあるまい。私も、なくなるときはないと思っている。しかし、それを極めて病的なものにとどめ、少なくとも通常的には避ける方法はないか。それが現代社会の、われわれの課題だろう。

現代の社会の経済構造的なものから発生したものに、出稼ぎ後家、転勤後家、出張後家がある。これは出稼ぎ、転勤、出張、すべて夫婦、または男女一対を原則とし、それだけの経費は企業、官公庁が負担するのが当然だろう。でなければ男は、ますます「産業廃棄物」となるほかあるまい。しかし、いまわれわれが直面している大きな問題は、家庭の主婦を誘い出しているバイト働きであろう。昔、われわれがスラム街、町工場街、零細商店街で見た嬶たちのオトコ、オンナの新しい性関係の創造は、いまのバイト働きの先駆であるとすれば、広汎なバイト職場で、オトコ、オンナの新しい関係が発生していることは容易に推察できる。いわゆる翔んでいる女たちが求める男女同権は、この事実を確認し、これまで父系社会を支えてきた「単婚」制を破毀し、この「複婚」制を確立するほかあるまい。つまりは女が生まれ出る子供に責任をもつ「母系社会」の、新しい創造である。

いま私たちを腐敗させている、もう一つの内面的な傾向として「夫婦交換」「乱交パーティー」「同性愛」「異常性愛」などの問題が起こってきた。これを極めて一部の現象とするのは、非現実的だろう。いまエイズが世界的な瀰漫と拡大を見せているのは、父系社会の崩壊と単婚制の支配が全般的に解体されつつあることの明らかな徴候である。いわゆる核家族の崩壊、バイト家庭の激増は、子供たちの登校拒否、学校暴力、いじめを産んだ。いま「いじめ」を鎮圧したところで、新しい火種を作るだけであろう。残されたのはセックスとバクチの他にないから、お手てつないで仲よくセックスを楽しみ、バクチをして遊びましょうということになる。こうして幼少年の段階にまでオトコ、オンナの関係が拡大され、一か八かのバクチ精神が浸透するだろう。ということは「複婚」制の基盤が普及してくるわけで、「父系社会」の全般的崩壊のなかでこれを解体させ、新しい社会関係を再建するには、「複婚」制を基盤とする母系社会の建設以外にないことの徴表であろう。母系社会の「複婚」制もまた、いろいろの矛盾と亀裂をかかえていることは必然だが、その解決と修整は新しい世代の作業である。

34　新「共同経済社会」の展望

父系社会では村落、部落の最底層、都市の町工場街、零細企業街、スラム街の最底層でも、それなりの社会的なルール、難しくいえば規範があることは既述の通りであった。そのうち一夫一婦制的単婚の他に、オトコ、オンナの二次的夫婦関係があって、複婚制への発展を秘めている事情は明らかにしている。これを既存の男女性関係から見て、妾、愛人、あるいは間夫、ヒモという頽廃した性関係と同一視するのは愚劣であろう。

われわれが彼らの愛情関係の新しい展開から、未来の複婚制への展望、女系社会の創出を見たように、かれらの経済的な慣行のなかから、いまの資本主義を否定し、新たな経済社会を建設するための、一つの基盤を見出すこともできたと思われる。それは、いわゆる「カエシ」の思想であり、慣行であった。農村で一般的によく使われる「カエシ」は、たとえば冠婚葬祭、とくに嫁入りとかお祭り行事の際に行われる。結婚祝いなどに祝儀の強飯や赤飯を重箱に詰め、南天の葉、ゴマ塩包みを添えて親類、知人宅へ持参すると、空重の内へポチ袋を入れて返してくれた。これをお返し、「カエシ」といったが、またオウツリとも、オタメともいう。いずれにしても、いただいた品物の内容にはとても比較できませんが、ほんのしるしまでにお礼のまねごとをさせていただきますということだ。もらっただけのものを返納するのなら、それは売った、買ったの商売である。もともとカエシとはそうした性格のものだが、最近は結婚祝いや香典返しにもらった金員の何分の一が標準などというのは、全くの誤解であり、また一つの社会的頽廃であろう。

村落共同体の生産関係を維持するために、農村には等量、等質、等物の貸借関係もあった。その詳しい解説は省くほかないが、一般にいわれている「ユイ」がそれである。「ユイ」とは農業生産に必要な手間、すなわち労働力あるいは物資をお互いに交換する慣行で、原則として等価、等質、等量ということになった。たとえば田植えに女二人で手伝ってもらえば、その家の田植えにはこちらからも女二人が手伝いに行く。もし女一人より行けないと、他より女一人を雇うて派遣するか、雇賃を支払わねばならない。同じ田植えで米一斗とか、苗を二十束借りれば、これも米一斗、苗二十束を返還する。米が五升より返せなければ、後の五升分は時価で支払う。つまり貸借とも等価、等質、等量で行うのが原則で、そのかわり利息をとることは殆どない。いわば田植え期間中の短期決済であり、サナブリに勘定することになっている。サナブリに決済できないと、後に残された分については延滞利息をとるということになるが、だいたいその家の事情もわかれば利息をつけるのは少ない。それがユイ、またはテマといわれる相互交換、相対援助の慣行であるが、これにも一戸対一戸のもの、組対組のもの、ムラ対ムラのものと、その協同範囲にかなりの広狭がある。ともかく、日本の農村には、そうした「共同経済」の慣行があって、これまで長い年代を生きてきた。

社会の最底層の多い部落や都市のスラム街にも、同じような相互交換、相対援助の「共同経済」現象が見られる。日常的には米五合とか、醬油一合、塩一合、味噌五勺というような形で、相互交換、相対援助が行われた。つまり米や食料品の等量、等質、等価を原則としての交換であり、これに利息をとることは殆どない。また返還の期限をつけることも少ないが、だいたいその家の事情によって暗黙に了解できる。借りた五合の米を、明朝までに返さないと、隣の家は一日欠食しなければならないとわかっておれば、そんなに延滞できるものでなかろう。そうした信頼関係がないと成立しないのは、農村の「ユイ」と同じであった。

しかし、他に等質、等価、等量に限定されない貸借関係もある。スラム街では、とくに長屋街では家庭や家族の生活状況がよくわかることもあって、困っている家庭から米、その他の食料品、金銭などの貸借を申し込まれることもあるし、申し込まれなくとも貸すこともあった。その場合に借りた家庭の状況によっては、同質、同物、同量で返せない場合も多い。たとえば米一升を貸すとして、六合までは返したが、後は晩の一食を提供するから帳消しにしてくれんか、ということになる。長屋街ではよく子供の急病が突発するが、医療費がなくて困るのが多い。そこで貸してやってくれんかとか、立て替えてやってくれんかとか頼みに廻ることになる。そのときの家庭や家族の状況、平素の交際関係、信頼関係で違うわけだが、五円あるいは十円を貸すことにもなった。十円借りて、五円はなんとか返せたが、後の五円がなかなか返せない。そうすると仲介人を通じたり、直接に女房が出て二度でも三度でも好きなように遊んでもらえないか、という申し出になる。他で売淫して金を儲けて返せばよいではないかという意見もあろうが、売淫を商売にしている女は別として、どこであろうとすぐ取引ができるわけでもない。売淫を続ける気であれば、相手を選ぶ必要もないが、やむをえないから目をつぶってということになれば、後くされのない相手を選ぶのは当然であろう。そうした双方の信頼関係があって、こうした異物、異質、異量の返却も異存がなければ成立する。

スラム街にも金貸しはあるが、下手な借り方をすると娘や女房が身売りすることになった。極めて悪質な高利貸も出入りしており、日銭で利子込めで返すと返し易いようだが、毎日確実な収入があっての話で、三日不払い、五日不払いと続けていると雪だるまのようにふくれ、とても返せるものでなく娘、女房が身売りということになる。もう平素から売春生活で荒れているような女には貸さないが、流れ込んで間なしの家庭の娘や女房であると、主人や子供が病気その他の突発的事故で困っているのをねらった。貧民救済事業として方面委員の仲介で市、済生会その他の団体の資金から借りることもできるわけだが、借りるには就労または勤務状況、借金の理由、返済の条件、保証人という具合で、なかなか右から左へ貸してくれない。無条件で貸せるものでないのはわかるが、それでは利息も元金も確実に支払う能力をもっている者に限るから、殆どの者が失格であろう。そうした状況をねらって、金を貸す者を世話しようという仲介人が現われ、高利貸しの世話をするが、こうなるともう娘や女房が身売りする以外にあるまい。もし、そういう保証がないようなら、金など貸す者はいないだろうから、いずれは乞食、ルンペンになるほかなかろう。

そうした底辺の社会でも、お互いに生存するための一つの規範ができている。それはお互いに借りた物は、返さなければならないという感覚、思考であった。もし借りて返さなければ、次に借りようとしても殆ど貸してくれないだろう。それほどの余裕がないからで、前の借りを返さない限り、次の借りは原則として不可能である。ただ等価、等物、等量でなくとも、精一ぱいの努力と認めれば、それで異物、異量、異質であっても、貸借の帳消しに応ずる場合もあった。三円借りて、現金で払えないから、副食物を三回持参するのを代替にしてくれということである。こうした返済の方式を、普通に「カエシ」といった。とくに緊急の場合に助けてもらったりすると、それに応じて相当の返礼をするのを「義理ガエシ」という。つまり今日、食う米を割いて貸してもらったとすれば、どのような手段であろうとも返却しなければ、貸してくれた家や家族が忽ち飢えることになる。そうした緊急状況での返却が、「義理ガエシ」であった。「義理ガエシ」せんならんから、ぜひ米五合貸してくれんか、などと借りにくる。

昔の諺に「百両のカタに、笠一つ」というのがあった。百両借りても、払えなければ笠一つもらうだけでもよい、というわけだが、私たちの周囲にでも同じ状況はあることで、豊田商事で二千万円とられたとして、返るのは二万円ぐらいかもわからない。底辺の人たちの生活もいわば緊急避難状況であるから、二十円貸して、月末に利息ごと二十二円返せというのでは商売である。そうではなくて天王寺公園の草取りを、午前中三時間ずつ十日間すれば帳消しにする、というようにならないか、であった。三日でも終日、草取りせよでは働き口がないから食えなくなる。どうにか食えるようにしてやりながら、百両のカタに笠一つの例で、等質、等量、等物でなくとも、それで帳消しにしてやるということだ。それができなければ、いくら利息を安くしようとも、返却できるものではあるまい。そうすると結局は社会福祉事業費とか、貧民救済事業とかの形式で支出するほかなかろう。方面委員に頼めば、いろいろと貧民救済の道がつけてあるというが、方面委員の世話した事蹟とか、記録を読んでもわかるが、かれらの手で救済できるような者は、ほんとに困っていたわけでもなく、ほっておいてもなんとか自力でやれるものにすぎない。それでは無条件で金を貸してやれというのか、と疑うかも知れないが、そうではなくて、スラム街の人たちでもタダで恵まれるのを嫌う者もある。百両のカタに笠一つでもよいから取ってくれ、それで帳消しにしてくれるのなら、なんとか自力で生活する道が開かれるだろうという展望をもっていた。現代の資本主義、とくに独占資本主義では、そうした多数の犠牲の上に成立しているのだから、もともと不可能である。アジア、アフリカの難民、飢民の救済というが、一方で搾取して貧飢させながら、一方で僅かな物資を供出してみてもしようがなかろう。ただ、そうした一方的な掠奪、破壊が、いつまでも続けられるわけがない。スラム街の人たちは、独占資本主義の犠牲であることでアジア、アフリカその他の難民、飢民と同質といえるだろう。私たちの古い民俗によれば、立派な赤飯の祝儀をもらっても、カエシやオタメは僅かな志でよかった。そうした「共同経済」の道を探るということが、いまの私たちの課題であろう。

大阪地方の廉売市場の商人とか、零細商店街の商人たちが、「イットキ（一時）借りの、あるとき払い」とか、「イットキ借りも、あるとき払い」という、一つの貸借処理方法をもっていた。この解釈も、実はいろいろとあって、まあそれぞれに都合好く解釈していることになるだろう。その一つの例は、イットキ借りは緊急の際のせっぱつまっての借りだから、すぐに返せるものでない。お金が返せるまでに立ち直ってから、お礼を込めて返せばよい、というのがある。もう一つの解釈は、緊急のせっぱつまったときに助けてもらったのだから、全額を返すのが困難であれば、できる端から少しずつでも早く返却して行くべきだという。「も」の場合は、「あるとき払い」を初めから肯定していることになる。ただ、こうした寛大な貸し主が、どれだけあるかということだ。趣意からいっても、双方の信頼が厚くないとできるわけがない。こうした貸借なら明確な証文や保証人もなく、返却の厳しい条件もないだろう。要するに貸し人と借り人との、信用貸しということだ。したがって貸す方には、かりに流されても忽ちに困ることのないだけの資力があるだろうし、借りる方には必ず返すという義理固さが認められていることが必要だろう。

廉売市場や中小商店街であるから、臨時、緊急の融資として、大企業や大商社とは金額からいえば比較にならぬほど小さいのにちがいない。しかし銀行その他の金融機関が、こうした寛大な融資をしてくれるだろうか。瀕死の企業が、これによって更生するだろうし、万一に失敗すれば、それは不運とあきらめるほかあるまい。こういえば銀行や他の金融機関でも不良貸付はあるし、倒産で踏み倒されることも多いというだろう。しかし、それは厳しい条件をつけ、保証人や担保をとっての話だ。対人的な、信用貸しとの話とは違う。つまり私のいうのは、そうした近代資本主義的な貸借の他に、はるかに寛容で、人間的な貸借関係が民俗的にはある、ということなのである。スラム街のある長屋群で子供の急患が発生したとき、金を用立て、イットキ借りやから、あるとき払いでええ。心配せんと看病してやれや、ということになった。これは実際にあった話で、スラム街のなかでも時によれば、そうした寛容な貸借関係の民俗が行われている。あるいは、もっと多くの機会に行われている民俗であるかもわからない。

われわれが当面している資本主義社会体制の中でも、お互いに労力や物資を相互交換（ユイ）したり、相対援助（カエシ）したり、また資金もあるとき払いのイットキ借りで融通し合うなど、農村や部落の低階層、都市のスラム街、町工場街、廉売市場街などに古い澱滓《おり》のように生きている民俗があるということが明らかである。いまの独占資本主義体制は、「競争経済」を原理として、ひたすら拡大再生産の軌道を驀進したため、自然破壊、社会機構の解体、人間精神の頽廃などをひき起こし、核爆発による地球破壊より他に救済の道がないような危機的様相を造出してしまった。これを阻止し、人間的な経済構造を創造するには、まず「競争原理」を否定し、「共同経済」社会を創建するほかに手段はあるまい。この苛烈な「競争経済」社会にあっても、その底辺には人類の古い「共同経済」の慣行が生かされていたわけで、それを発掘し、われわれの新たな「経済原理」として発展させなければ、私たちに未来はなかろう。

しかし、この経済構造の変革は、また父系社会の追放とも連結するものであり、とくに単婚制を基盤とする資本主義社会を解体させ、複婚制を主礎とする母系社会を創造する他に、そのあらゆる矛盾を止揚させる道はあるまい。ただ複婚制は、原始的といわれる乱婚や雑婚、あるいは一婦多夫とは全く異なる。複婚制では男女の固定的、特権的、独占的結合は許されない。つねに男は女に、女は男に開かれた対象であり、性的交渉と選択の自由は保証されている。つまり社会関係の基本となるのは父系家族ではなく、母系家族であって、男は母系家族の附傭として位置し、その主人となることは否定されねばならない。子供は母系家族に扶養され、その父を問われることはないだろう。ただし父系社会の古い夜這い風俗の復活ではなく、また近世村落社会における夜這い慣行とも異なって、母系社会では男女の自由な交渉と結合の保証があって、「複婚制」の維持と発展とがある。つまり「単婚制」が男女一対の半永久的な結合を、権力によって強制されたものであるに反し、「複婚制」は男女が自由に個別、または複数の結合を選定することになるだろう。社会的財産は共同消費されるが個人的に継続維持、すなわち「相続」されることはない。地球の資源が無限大でないならば、拡大再生産原理はいつか破滅する。社会主義、共産主義世界も、拡大再生産原理をとる限りいつか破滅するのは同じだろう。われわれが地球の限界点を測定しながら生存しなければならない限り、社会の競争経済を否定し安定した共同経済を選定するほかあるまい。競争経済を前提として発展してきた父系社会は、いまや地球そのものを破壊する自殺的暴挙を犯さんとしている。これを拒否し抑止できるのは共同経済への転換と、その展開とを保証することのできる母系社会を創造し、確立するほかに、再生への道はあるまい。いろいろの問題点は底層社会の慣行のなかに出ており、その発掘と定着によって解決の示唆は与えられているだろう。それが、いまの私にできる結語である。

解説

阿部謹也

私は赤松啓介氏とは一面識もない。そのうえ日本民俗学については全くの素人であるにも拘らず本書の解説を書くことになったのは明石書店の石井昭男氏の慫慂もさることながら、本書をよんで感銘をうけたからに他ならない。学問の真似事をはじめてから三十年に近い年月が流れている。その間やみくもに史料にとりくんだ年月もあったし、研究という洞穴から首を出してまわりを見廻したこともあった。廻り道をしながらも追い求めてきたのは人間と人間の関係の変化を明らかにしたいということであり、それを私はモノを媒介とする人間と人間の関係と、目にみえない絆によって媒介された人間と人間の関係の変化としてとらえようとしてきた。ごく最近『死者の社会史』という論文を書き、ついで『ヨーロッパ中世賤民成立論』を書くなかで性の問題につきあたった。これまでの研究と違ってこの問題は私にはあまりに奥行が深く、今のところ手がかりすらつかめずにいる状況である。これが今後の最大の難問になるだろうという予感がある。性の問題はヨーロッパでも日本でもまだ正面からとりあげられていない。もちろん性風俗を扱った書物は枚挙に遑がない程である。しかしながらそれを天皇家や貴族、町人や武士の生活のなかに位置づけ、村落共同体の仕組みのなかで生きた絆として位置づける試みはこれまでほとんどなされてこなかったのである。

赤松氏の仕事はそういう点で私個人にとって極めて刺戟的なものであり、校正刷の段階で一気に読むことができた。特に私が被差別部落の問題に関心を抱いていたためもあって、賤視の根源にあるものに光をあてようとするなかで、それが自分の内奥をえぐる作業であることに気付いていたからに他ならない。先日京都のドイツ文化会館でドイツ人と日本人の学会が開かれ、その席で私は「被差別民の民話の世界像」と題する話をした。話の内容はかねてから私が主張していたヨーロッパ中世賤民成立論を土台にして日本の被差別民の民話とヨーロッパの被差別民であるジプシーの民話を分析し、それらがグリムなどが編集した民話と構造がかなり違うことを明らかにしたものであった。私の報告の材料は十分ではなかったものの、数多くの質問があった。そのなかである学者が「どのような状況のもとで差別が生ずるのか」といった趣旨の質問をした。それは私がヨーロッパにおいて特定の状況のもとで差別・賤視が発生するという話をしたことをうけての質問であった。そのような質問はしばしばうけるのだが答えに窮するのである。状況は私としては十分に説明したと考えている。この上でその説明が十分か不十分かは話を自分のなかで再構成する人間の問題になっているのである。このようにいうと話をする人間としては無責任だと考えられるかもしれない。しかし差別や賤視の問題については「どのような状況のなかで差別が生ずるのか」という問に対して最終的な答は個人が出すほかないのであって、百人の聴衆を前にしてそれらの人びとが全員同じように納得するということは困難なのである。差別する心を自分のなかに発見しえない者には差別の状況の説明はどこまで説明しても不十分なものでしかありえない。賤視という問題を本当に理解するためには自分自身が差別し、賤視する存在であることに気付かなければならないからである。

被差別民の問題を理解するためにはこのような問題がある。赤松氏はこのような問題を身をもって経験されてきた。本書の「はしがき」で「反人間、非人間の集団が、われわれ人間の、新たなる地平を切り開くときが来たのである。……底辺の人たちに対する民衆、市民、常民の攻撃は、仮借のないもので、女郎、芸妓、仲居、酌婦、軍慰安婦はもとより、子守、女工、女労働者に対する凌虐は無惨というほかあるまい。しかし非人間、反人間の世界では、そうした呵責、凌虐は起こらなかった。起こしたとき、すでに『人間』になっているからである。……人間にワイセツはあるが、われわれ反人間、非人間にワイセツはなかった」と述べておられる。

学問が大学や学術機関のなかで営まれる時代はもう終わってしまった。私自身大学に籍をおいているが、ドイツにいたときも大学ではなく古文書館で仕事をしていたし、今でも本当に学ぶことができる人びとは大学の外にいる人びとである。赤松氏は一九〇九年に生まれ、小学校高等科を卒業後、証券業の給仕をふりだしに丁稚奉公などをし、病いをえて入院するかたわら、民俗調査をはじめられた。そののち商業学校や工業学校などにも通いながら喜田貞吉や津田左右吉の書物をよみ、生駒山脈地帯の宗教、民俗調査をはじめられ、その成果は『旅と伝説』『民俗学』などに発表され、『かたくま寺の話』(「ドルメン」四ノ三)などの農村性民俗報告をもなされた(一九三五年)。赤松氏の調査は氏の言葉を借りれば、「外面的な調査とともに内部に入っての調査、信者としての体験調査と併行して行われた」ものである。そこに最近の民俗調査に対する氏の厳しい批判が出される根拠がある。のちに治安維持法違反で検挙され、一九四一年二月に非転向の故に保釈も認められず大阪刑務所に服役し、一九四三年五月に刑期を終え、釈放された。そののち『結婚と恋愛の歴史』(三一書房)、『天皇制起源神話の研究』(美知書林)、『一揆　兵庫県農民騒擾史』(庶民評論社)、『民謡風土記』(のぢぎく文庫)、『神戸財界開拓者伝』(太陽出版)、『はりま文庫』(兵庫県郷土研究会)などをつぎつぎに刊行された。

以上は赤松氏の研究のごく一部にすぎないが、その日暮らしの生活のなかから数多くの論文や著書を発表されている。それらについては私のような素人ではなく、専門家によっていずれ紹介されるであろうから、ここですべてをあげる必要はないであろう。ヨーロッパでは在野の研究者が数多くいて、アカデミズムの研究者にまさるともおとらない仕事をしている。日本でも本当にすぐれた研究者はアカデミズムの外にあって自分の魂の根底にふれるところで仕事をしている。このような研究者の一人として赤松氏の書物が刊行されることは実に有難いことであって、版元となった明石書店にも敬意を表したい。

江戸人の生と死　立川昭二

神沢杜口、杉田玄白、上田秋成、小林一茶、良寛、滝沢みち。江戸後期を生きた六人は、各々の病と老いをどのように体験したか。（森下みさ子）

差別語からはいる言語学入門　田中克彦

サベツと呼ばれる現象をきっかけに、ことばというものの本質をするどく追究。誰もが生きやすい社会を構築するための、言語学入門！（礫川全次）

汚穢と禁忌　メアリ・ダグラス　塚本利明訳

穢れや不浄を通し、秩序や無秩序、存在と非存在、生と死などの構造を解明。その文化のもつ体系的宇宙観に丹念に迫る古典的名著。（中沢新一）

宗教以前　高取正男　橋本峰雄

日本人の魂の救済はいかにして実現されうるのか。民俗の古層を訪ね、今日的な宗教のあり方を指し示す、幻の名著。（阿満利麿）

日本伝説集　高木敏雄

全国から集められた伝説より二五〇篇を精選。民話のほぼ全ての形式と種類を備えた決定版。日本人の原風景がここにある。（香月洋一郎）

人身御供論　高木敏雄

人身供犠は、史実として日本に存在したのか。民俗学草創期に先駆的業績を残した著者の、表題作他全13篇を収録した比較神話・伝説論集。（山田仁史）

売笑三千年史　中山太郎

〈正統〉な学者が避けた分野に踏みこんだ、異端の民俗学者・中山太郎。本書は、売買春の歴史・民俗誌に光をあてる幻の大著である。（川村邦光）

グリム童話　野村泫

子どもたちはどうして残酷な話が好きなのか？　残酷で魅力的なグリム童話の人気の秘密を、みごとに解きあかす異色の童話論。（坂内徳明）

初版　金枝篇（上）　J・G・フレイザー　吉川信訳

人類の多様な宗教的想像力が生み出した多様な事例を収集し、その普遍的説明を試みた社会人類学最大の古典。膨大な註を含む初版の本邦初訳。

初版 金枝篇（下）　J・G・フレイザー　吉川信訳

なぜ祭司は前任者を殺さねばならないのか？　そして、殺す前になぜ〈黄金の枝〉を折り取るのか？　事例の博捜の末、探索行は謎の核心に迫る。

火の起原の神話　J・G・フレイザー　青江舜二郎訳

人類はいかにして火を手に入れたのか。世界各地より夥しい神話や伝説を渉猟し、文明初期の人類の精神世界を探った名著。（前田耕作）

未開社会における性と抑圧　B・マリノフスキー　阿部年晴／真崎義博訳

人類における性は、内なる自然と文化的力との相互作用のドラマである。この人間存在の深淵に到るテーマを比較文化的視点から問い直した古典的名著。

ケガレの民俗誌　宮田登

被差別部落、性差別、非常民の世界など、日本民俗の深層に根づいている不浄なる観念と差別の問題を考察した先駆的名著。（赤坂憲雄）

はじめての民俗学　宮田登

現代社会に生きる人々が抱く不安や畏れ、怖さの源はどこにあるのか。民俗学の入門的知識をやさしく説きつつ、現代社会に潜むフォークロアに迫る。

南方熊楠随筆集　益田勝実編

博覧強記にして奔放不羈、稀代の天才にして孤高の自由人・南方熊楠。この猥雑なまでに豊饒な不世出の頭脳のエッセンス。（益田勝実）

奇談雑史　宮負定雄　佐藤正英／武田由紀子校訂・注

霊異、怨霊、幽明界など、さまざまな奇異な話の集大成。柳田国男は、本書より名論文「山の神とヲコゼ」を生み出す。日本民俗学、説話文学の幻の名著。

贈与論　マルセル・モース　吉田禎吾／江川純一訳

「贈与と交換こそが根源的人類社会を創出した」。人類学、宗教学、経済学ほか諸学に多大の影響を与えた不朽の名著、待望の新訳決定版。

山口昌男コレクション　山口昌男　今福龍太編

20世紀後半の思想界を疾走した著者の代表的論考をほぼ刊行編年順に収録。この独創的な人類学者＝思想家の知の世界を一冊で総覧する。（今福龍太）

貧困の文化
オスカー・ルイス
高山智博／染谷臣道／宮本勝訳
大都市に暮らす貧困家庭を対象とした、画期的なフィールドワーク。発表されるや大きなセンセーションを巻き起こした都市人類学の先駆的書物。

身ぶりと言葉
アンドレ・ルロワ＝グーラン
荒木亨訳
先史学・社会文化人類学の泰斗の代表作。人の生物学的進化、人類学的発展、大脳の発達、言語の文化的機能を壮大なスケールで描いた大著。（松岡正剛）

アスディワル武勲詩
C・レヴィ＝ストロース
西澤文昭訳
内堀基光解説
北米先住民に様々な形で残る神話を比較考量。『神話論理』へと結実する、レヴィ＝ストロース初期神話分析の軌跡と手法をあざやかに伝える記念碑的名著。

日本の歴史をよみなおす（全）
網野善彦
中世日本に新しい光をあて、その真実と多彩な横顔を平明に語り、日本社会のイメージを根本から問い直す。超ロングセラーを続編と併せ文庫化。

米・百姓・天皇
網野善彦
石井進
日本とはどんな国なのか、なぜ米が日本史を解く鍵なのか、通史を書く意味は何なのか。これまでの日本史理解に根本的転回を迫る衝撃の書。（伊藤正敏）

列島の歴史を語る
網野善彦
藤沢・網野さんを囲む会編
日本は決して「一つ」ではなかった！　中世史に新次元を開いた著者が、日本の地理的・歴史的な多様性と豊かさを平明に語った講演録。（五味文彦）

列島文化再考
網野善彦／塚本学／坪井洋文／宮田登
近代国家の枠組みに縛られた歴史観をくつがえし、列島に生きた人々の真の姿を描き出す、歴史学・民俗学の幸福なコラボレーション。（新谷尚紀）

日本社会再考
網野善彦
歴史の虚像の数々を根底から覆してきた網野史学。漁業から交易まで多彩な活躍を繰り広げた海民に光をあて、知られざる日本像を鮮烈に甦らせた名著。

図説　和菓子の歴史
青木直己
饅頭、羊羹、金平糖にカステラ、その時々の外国文化の影響を受けながら多種多様に発展した和菓子。その歴史を多数の図版とともに平易に解説。

今昔東海道独案内　東篇　今井金吾

いにしえから庶民が辿ってきた幹線道路・東海道。日本人の歴史を、著者が自分の足で辿りなおした名著。東篇は日本橋より浜松まで。（今尾恵介）

今昔東海道独案内　西篇　今井金吾

江戸時代、弥次喜多も辿った五十三次はどうなっていたのか。二万五千分の一地図を手に訪ねる。西篇は浜松より京都までに伊勢街道を付す。（金沢正脩）

物語による日本の歴史　石母田正　武者小路穣

古事記から平家物語まで代表的古典文学を通して、国生みからはじまる日本の歴史を子ども向けにやさしく語り直す。網野善彦編集の名著。（中沢新一）

増補　学校と工場　猪木武徳

経済発展に必要とされる知識と技能は、どこで、どのように修得されたのか。学校、会社、軍隊など、人的資源の形成と配分のシステムを探る日本近代史。

泉光院江戸旅日記　石川英輔

文化九年（一八一二）から六年二ヶ月、鹿児島から秋田まで歩きぬいた野田泉光院の記録を詳細にたどり、描き出す江戸期のくらし。（永井義男）

居酒屋の誕生　飯野亮一

寛延年間の江戸に誕生しすぐに大発展を遂げた居酒屋。しかしなぜ他の都市ではなく江戸だったのか。一次資料を丹念にひもとき、その誕生の謎にせまる。

すし　天ぷら　蕎麦　うなぎ　飯野亮一

二八蕎麦の二八とは？　握りずしの元祖は？　なぜうなぎに山椒？　膨大な一次史料を渉猟しそんな疑問を徹底解明。これを読まずに食文化は語れない！

増補　アジア主義を問いなおす　井上寿一

侵略を正当化するレトリックか、それとも真の共存共栄をめざした理想か。アジア主義を外交史的観点から再考し、その今日的意義を問う。増補決定版。

たべもの起源事典　日本編　岡田哲

駅蕎麦・豚カツにやや珍しい郷土料理、レトルト食品・デパート食堂まで。広義の〈和〉のたべものと食文化事象一三〇〇項目収録。小腹のすく事典！

ちくま学芸文庫

非常民《ひじようみん》の民俗文化《みんぞくぶんか》——生活民俗《せいかつみんぞく》と差別昔話《さべつむかしばなし》

二〇〇六年 八月 十日 第一刷発行
二〇一八年十一月三十日 第三刷発行

著 者 赤松啓介（あかまつ・けいすけ）
発行者 喜入冬子
発行所 株式会社 筑摩書房
東京都台東区蔵前二—五—三 〒一一一—八七五五
電話番号 〇三—五六八七—二六〇一（代表）
装幀者 安野光雅
印刷所 明和印刷株式会社
製本所 株式会社積信堂

ISBN4-480-08999-3 C0139